农村金融创新团队系列丛书

陕西省农户借贷行为比较研究

RESEARCH ON COMPARITION OF THE RURAL HOUSEHOLDS'
BORROWING BEHAVIOR IN SHAANXI PROVINCE, P. R. CHINA

王 芳 著

中国金融出版社

责任编辑：张怡姮
责任校对：李俊英
责任印制：丁淮宾

图书在版编目（CIP）数据

陕西省农户借贷行为比较研究（Shanxisheng Nonghu Jiedai Xingwei Bijiao Yanjiu）／王芳著．—北京：中国金融出版社，2015.9
（农村金融创新团队系列丛书）
ISBN 978 – 7 – 5049 – 7815 – 8

Ⅰ.①陕…　Ⅱ.①王…　Ⅲ.①农户—借贷—金融行为—对比研究—陕西省　Ⅳ.①F832.43

中国版本图书馆 CIP 数据核字（2015）第 024297 号

出版
发行　中国金融出版社

社址　北京市丰台区益泽路 2 号
市场开发部　（010）63266347，63805472，63439533（传真）
网 上 书 店　http://www.chinafph.com
　　　　　　　（010）63286832，63365686（传真）
读者服务部　（010）66070833，62568380
邮编　100071
经销　新华书店
印刷　北京松源印刷有限公司
尺寸　169 毫米×239 毫米
印张　15.25
字数　250 千
版次　2015 年 9 月第 1 版
印次　2015 年 9 月第 1 次印刷
定价　40.00 元
ISBN 978 – 7 – 5049 – 7815 – 8/F. 7375
如出现印装错误本社负责调换　联系电话（010）63263947

农村金融创新团队系列丛书
编委会

名誉主任：韩　俊

编委会主任：罗剑朝

编委会委员：（按姓氏笔画为序）

序言一

农村金融是农村经济发展的"润滑剂",农村金融市场是农村市场体系的核心。党和国家历来重视农村金融发展,党的十八届三中全会明确提出了扩大金融业对内对外开放,在加强监管的前提下,允许具备条件的民间资本依法发起设立中小型银行等金融机构,进一步发展普惠金融,鼓励金融创新,丰富农村金融市场层次和产品,同时赋予农民对承包地占有、使用、收益、流转及承包经营权抵押、担保权能,为下一步农村金融改革指明了方向。2004—2014年连续11个中央"一号文件"从不同角度提出了加快农村金融改革、完善农村金融服务、推动农村金融制度创新,这些农村金融改革创新的政策、决定对建立现代农村金融市场体系、完善农村金融服务、提升农村金融市场效率起到了积极的推动作用。但是,当前农村金融发展现状距离发展现代农业、建设社会主义新农村和全面建成小康社会的目标要求仍有较大差距,突出表现在:农村金融有效供给不足且资金外流严重、农村金融需求抑制、市场竞争不充分、市场效率低下、担保抵押物缺乏等,农村金融无法有效满足当前农村发展、农业增产和农民增收的现实需要。进一步推动农村金融改革、缓解农村金融抑制、加快农村金融深化、鼓励农村金融创新以及提升农村金融服务效率,任重道远。

根据世界各国经济发展的经验,在城市化进程中,伴随着各类生产要素不断向城市和非农产业的流动,农村和农业必然会发生深刻的变化。改革开放以来,中国经济取得了举世瞩目的成就,农村经济体制改革极大地调动了亿万农民的积极性,经济活力显著增强。经济快速发展的同时,城乡发展不平衡、城乡收入差距扩大、农村经济落后等问题也日渐凸显,"三农"问题则是对这些突出矛盾的集中概括。"三农"问题事关国家的发展、安全、稳定和综合国力的提升,历来是党和政府工作的重中之重。金融是现代经济的核心,农村金融发展对农村经济发展至关重要,解决"三农"问题离不开农村金融支持。由于中国农村金融不合理的制度安排,农村金融抑制现象严重,农村金融与农村经济并未形成互动共生、协调发展的局面,农村金融资源配置功能并未真正得到发挥,滞后的农村金融在一定程度上抑制了农村经济的发展。

1978 年改革开放至今,农村金融改革的步伐不断加快,经历了农村金融市场组织的多元化和竞争状态的初步形成、分工协作的农村金融体系框架构建、农村信用社主体地位的形成,以及探索试点开放农村金融市场的增量改革四个阶段。农村金融改革取得初步成效,多层次、多元化、广覆盖的农村金融体系基本形成,农村金融供求矛盾逐步缓解,农村金融服务水平显著提高,农村金融机构的经营效率明显提升,农村信用环境得到有效改善。然而,农村金融仍然是农村经济体系中最为薄弱的环节,资金约束仍然是制约现代农业发展和新农村建设的主要的"瓶颈"。在统筹城乡发展、加快建设社会主义新农村以及推进现代农业发展的大背景下,农村金融如何适应农村及农业环境的快速变化、如何形成"多层次、广覆盖、可持续"的农村金融体系、如何破解农村"抵押难、担保难、贷款难"的困境,推动农村金融更好地为农村经济发展服务,让改革的红利惠及 6.5 亿农民,依然是需要研究和解决的重大课题。

可喜的是,在西北农林科技大学,以罗剑朝教授为带头人的科研创新团队,2011 年 12 月以"西部地区农村金融市场配置效率、供求均衡与产权抵押融资模式研究"为主攻方向,申报并获批教育部"长江学者和创新团队发展计划"创新团队项目(项目编号:IRT1176)。近 3 年来,该团队紧紧围绕农村金融这一主题,对农村金融领域的相关问题进行长期、深入调查和分析,先后奔赴陕西、宁夏等地开展实地调研 10 余次,实地调查农户 5 000 余户、涉农企业 500 余家,走访各类农村金融机构 50 余家,获得了大量的实地调研数据和第一手材料。同时,还与中国人民银行西安分行、中国人民银行宁夏分行、陕西农村信用社联合社、杨凌示范区金融工作办公室、杨凌示范区农村商业银行、高陵县农村产权交易中心等机构签订了合作协议,目前已拥有杨凌、高陵和宁夏同心、平罗 4 个农村金融研究固定观察点。针对调查数据和资料,该团队对西部地区农村金融问题展开了系统深入的研究,通过对西部地区农村金融市场开放度与配置效率评价、金融市场供求均衡、农村产权抵押融资试验模式等的研究,提出以农村产权抵押融资、产业链融资为突破口的农村金融工具与金融模式的创新方案,进而形成"可复制、易推广、广覆盖"的现代农村金融体系,能够为提高农村金融市场配置效率及农村金融改革政策的制定和实施提供依据。本项目调查研究取得了比较丰硕的科研成果，其中一部分纳入本套系列丛书以专著的形式出版。虽然其中的部分观点可能还有待探讨和商榷，但作者敏锐的观察视角、务实的研究作风、扎实的逻辑推导、可靠的数据基础，使得研究成果极具原创性和启发性，这些成果的出版，必然会对深刻认识农村金融现实、把握农村金融的运作规律提供有益的依据参考和借鉴。

实现全面建成小康社会的宏伟目标，最繁重、最艰巨的任务在农村。要解决农村发展问题，需要一大批学者投入到农村问题的研究当中，以"忧劳兴国"的精神深入农村，深刻观察和认识农村，以创新的思维发现和分析农村经济发展中的问题，把握农村经济发展的规律，揭示农业、农村、农民问题的真谛，以扎实的研究结论为决策部门提供参考，积极推动农村经济又好又快发展，以不辱时代赋予的历史使命。

我相信，此套农村金融创新团队系列丛书的出版，对于完善西部地区农村金融体系、提高西部地区农村金融市场配置效率，推动西部地区农村经济社会发展具有重要意义。同时我也期待此套丛书的出版，能够引起相关政策的制定者、研究者和实践者对西部地区农村金融及农村金融改革问题的关注、积极参与和探索，共同推进西部地区农村金融改革的创新和金融市场配置效率的提高。

是为序。

中央财经领导小组办公室副主任、研究员　韩俊

二〇一四年八月三十日

序言二

金融是现代经济的核心，农村金融是现代金融体系的重要组成部分，是中国农业现代化的关键。当前，我国人均国民生产总值（GDP）已超过4 000美元，总量超过日本，成为世界第二大经济体。如何在新的发展阶段特别是在工业化、信息化、城镇化深入发展中同步推进农业现代化，构建起由市场配置各种要素、公共资源均衡覆盖、经济社会协调发展的新型工农关系、城乡关系，破解推进农业现代化的金融难题和资金"瓶颈"，是实现"中国梦"绕不过去的难题。

改革开放以来，党中央、国务院先后制定并出台了一系列促进农业和农村发展的政策与文件，在农村金融领域进行了深入地探索，特别是党的十八大、十八届三中全会提出"完善金融市场体系"、"发展普惠金融"、"赋予农民对承包地占有、使用、收益、流转及承包经营权抵押、担保权能"，农村金融产品与服务方式创新变化，农户和农村中小企业金融满足度逐步提高，农村金融引领和推动农村经济社会发展的新格局正在形成。但是，客观地说，农村信贷约束，资金外流，农村金融供给与需求不相适应、不匹配等问题依然存在，高效率的农村资本形成机制还没有形成，农村金融与农村经济良性互动发展的新机制尚待建立，农村金融依然是我国经济社会发展的一块短板，主要表现在以下几个方面：

1. 金融需求不满足与资金外流并存。据调查，农户从正规金融机构获得的信贷服务占30%左右，农村中小企业贷款满足度不到10%。同时，在中西部地区，县域金融机构存贷差较大，资金外流估计在15%~20%。农村资金并未得到有效利用，农村金融促进储蓄有效转化为投资的内生机制并没有形成。

2. 农村金融需求具有层次性、差异性与动态性，不同类型农户和中小企业金融需求存在不同，多层次的农村金融机构与农村金融需求主体供求对接的有效机制尚待形成。农户资金需求具有生产性、生活性并重且以生活性为主的特点，农村中小企业多属小规模民营企业，对小额信贷需求强烈，加之都没有符合金融机构要求的抵（质）押品，正规金融服务"断层"现象依然存在。

3. 农村金融市场供求结构性矛盾突出，市场垄断、过度竞争与供给不足同时并存。从供给角度看，农村金融的供给主体以农业银行、农村信用社、邮储银行等正规金融为主，其基本特征是资金的机会成本较高、管理规范，要求的担保条件比较严格；从需求的角度看，农村金融需求主体的收入、资产水平较低，借贷所能产生的利润水平不高，且其金融交易的信息不足。尽管存在着借款意愿和贷款供给，但供求双方的交易却很难达成，金融交易水平较低。因此，要消除这种结构性供求失衡，就要充分考虑不同供给与需求主体的特点及他们之间达成交易可能性，采取更加积极的宏观政策与规范，建立多层次、全方位、高效率、供求均衡的现代农村金融体系。

必须改变用城市金融推动农村金融的理念和做法，以及单方面强调金融机构的调整、重组和监管的政策，从全方位满足"三农"金融需求和充分发挥农村金融功能的视角，建立农村金融供求均衡的、竞争与合作有效耦合的现代农村金融体系。按照农村金融供求均衡理念，对农村金融机构服务"三农"和农村中小企业做适当市场细分，实现四个"有效对接"，推进农村金融均衡发展。

第一，实现正规金融供给与农业产业化龙头企业金融需求的有效对接。由于农村正规金融机构的商业信贷供给与农业产业化龙头企业的金融需求相适应，正规金融机构的商业信贷交易费用较高，交易规模较大，客户不能过于分散，担保条件要求严格，而龙头企业在很大程度上已参与到了城市经济的市场分工中，在利润水平及担保资格都能够符合正规金融机构要求的情况下，有些企业甚至能够得到政府的隐性担保，加之建立有相对完善的会计信息系统，能够提供其经营状况的财务信息，信贷信息不对称现象也能有所缓解，因此，二者具有相互对接的可行性。尽管农村正规金融发展存在诸多问题，但从其本身特点以及龙头企业发展角度看，实现正规金融供给与龙头企业金融需求对接具有必然性。所以，中国农业银行应定位为农村高端商业银行，在坚持商业化经营的前提下，加大对农业产业化龙头企业的支持力度，主要满足大规模的资金需求。通过政策引导，把农业银行在农村吸收的存款拿出一定比例用于农业信贷，把农业银行办成全面支持农业和农村经济发展的综合性银行。

第二，实现正规中小金融机构的信贷供给与市场型农户、乡镇企业、中小型民营企业金融需求的有效对接。由于正规中小型金融机构的小额信贷与市场型农户、乡镇企业、中小型民营企业的金融需求相适应，市场型农户、乡镇企业、中小型民营企业的金融需求主要用于扩大再生产，所需要的资金数额相对较大，借贷风险较大，不易从非正规金融机构获得贷款；由于其自身在资产水平存在的有限性，它们不能像龙头企业那样，从正规金融机构获得商业贷款。而正规中小型金融机构，尤其是农村商业银行、农村合作银行、村镇银行等，相对于大银行，在成本控制上存在较大优势，而且较易了解市场型农户、乡镇企业、中小型民营企业的生产经营状况，可根据其还款的信誉状况来控制贷款额度，降低金融风险；中小型金融机构倾向于通过市场交易过程，发放面向中小企业的贷款，按市场利率取得更高收益，市场型农户、乡镇企业、中小型民营企业是以市场为导向的，接受市场利率，也倾向于通过市场交易过程获得贷款，二者之间交易易于达成。另外，正规中小金融机构具有一定优势：其资金"取之当地、用之当地"；员工是融入到社区生活的成员，熟悉本地客户；组织架构灵活简单，能有效解决信息不对称问题；贷款方式以"零售"为主，成本低廉、创新速度快；决策灵活，能更好地提供金融服务，二者之间实现金融交易对接具有必然性。目前，农村正规中小型金融机构发展较为迅速，应继续鼓励和引导农村商业银行、农村合作银行、村镇银行发展，构建起民营的、独资的、合伙的、外资的正规中小型金融机构，大力开展涉农金融业务。

第三，实现正规金融机构、非正规金融机构的小额信贷供给与温饱型农户金融需求的有效对接。农村小额信贷，主要指农村信用合作社等正规金融机构、非正规金融机构提供的农户小额信贷，是以农户的信誉状况为根据，在核定的期限内向农户发放的无抵押或少抵押担保的贷款。正规金融机构、非正规金融机构的小额信贷供给与温饱型农户金融需求相适应，他们之间的交易对接具有充分的可行性。目前，温饱型农户占整个农户的40%~50%，他们的借贷需求并不高，还贷能力较强，二者之间的信贷交易易于达成。农信社和其他非正规金融机构的比较优势决定其生存空间在农村，从国外银行业的发展情况看，即使服务于弱势群体，也有盈利和发展空间。农信社应牢固树立服务"三农"的宗旨，通过建立良好的公司治理机制、科学的内部激励机制，切实发挥农村金融主力军作用；适应农村温饱型农户金融需求的特点，建立和完善以信用为基础的信贷交易机制，提高农户贷款覆盖面；通过农户小额信贷、联户贷款等方式，不断增加对温饱型农户的信贷支持力度。当前，农户小额信贷存在的问题主要有：资金缺口大、贷款使用方向单一、贷款期限无法适应农业生产周期的需要、小额信贷额度低等。针对这些问题，应采取措施逐步扩大无抵押贷款和联保贷款业务；尝试打破农户小额信贷期限管理的限制，合理确定贷款期限；尝试分等级确定农户的授信额度，适当提高贷款额度；拓展农信社小额信贷的领域，由单纯的农业生产扩大到农户的生产、生活、消费、养殖、加工、运输、助学等方面，扩大到农村工业、建筑业、餐饮业、娱乐业等领域。

第四，实现非正规金融机构的小额信贷与温饱型、贫困型农户金融需求的有效对接。民间自由借贷的机会成本相对较低，加上共有的社区信息、共同的价值观、生产交易等社会关系，且可接受的担保物品种类灵活，甚至担保品市场价值不高也能够较好地制约违约，与温饱型、贫困型农户信贷交易易于达成，实现二者之间的有效对接具有必然性。发达地区的非正规金融，其交易规模较大、参与者组织化程度较高，以专业放贷组织和广大民营企业为主，交易方式规范，具备良好的契约信用，对这类非正规金融可予以合法化，使其交易、信用关系及产权形式等非正式制度得到法律的认可和保护，并使其成为农村金融市场的重要参与者和竞争者；欠发达地区的非正规金融，其规模较小、参与者大多是分散的温饱型、贫困型农户，资金主要用于农户生产和生活需要，对此类非正规金融应给予鼓励和合理引导，防止其转化成"高利贷"。同时，积极发展小规模的资金互助组织，通过社员入股方式把资金集中起来实行互助，可以有效解决农民短期融资困难。应鼓励和允许条件成熟的地方通过吸引民间资本、社会资本、外资发展民间借贷，使其在法律框架内开展小额信贷金融服务。

总之，由于商业金融在很大程度上不能完全适应农村发展的实际需求，上述市场细分和四个"有效对接"在不同地区可实现不同形式组合，不同对接之间也可实现适当组合，哪种对接多一点、哪种对接少一点，可根据情况区别对待，其判断标准是以金融资本效率为先，有效率的"有效对接"就优先发展。

为了实现以上四个"有效对接"，还必须采取以下配套政策：一是建立新型农村贷款抵押担保机制，分担农业信贷风险。在全面总结农户联保、小组担保、担保公司代为担保等成功经验的基础上，积极探索农村土地使用权抵押担保、农业生物资产（包括农作物收获权、动物活体等）、农业知识产权和专利、大型农业设施、设备抵押担保等新型农村贷款抵押担保方式，降低农贷抵押担保限制性门槛，鼓励引导商业担保机构开展农村抵押担保业务。二是深化政策性金融改革，引导农业发展银行将更多资金投向农村基础设施领域。通过发行农业金融债券、建立农业发展基金、进行境外融资等途径，拓展农业发展银行资金来源，统一国家支农资金的管理，增加农业政策性贷款种类，把农业政策性金融机构办成真正的服务农村基础设施等公共物品、准公共物品投融资的银行。三是建立政府主导的政策性农业保险制度。运用政府和市场相结合的方式，制定统一的农业保险制度框架，允许各种符合资格的保险机构在总框架中经营农业保险和再保险业务，并给予适当财政补贴和税收优惠。四是加强农村金融立法，完善农村金融法律和监管制度。目前，农村金融发展法律体系滞后，亟须加以完善。建议在《中华人民共和国公司法》、《中华人民共和国商业银行法》中增加农村金融准入条款，制定《民间借贷法》，将暗流涌动的农村民间金融纳入法制化轨道。适当修改《中华人民共和国银行业监督管理法》，鼓励农村金融机构充分竞争，防范农村金融风险；以法律形式明晰农业银行支农责任，督促其履行法定义务，确认其正当要求权；明确农业发展银行开展商业性金融业务范围，拓展农村基础设施业务，以法律形式分别规制其商业性、政策性业务，对政策性业务进行补贴；限制邮储银行高昂的利率浮动，加强对其利率执行情况的监督、检查力度。制定《金融机构破产法》，建立农村金融市场退出机制，形成公平、公正的农村金融市场竞争环境。制定《农村合作金融法》，规范农村合作金融机构性质、治理结构、监管办法，促进农村信用社等农村合作金融机构规范运行。

教育部 2011 年度"长江学者和创新团队发展计划"
创新团队（IRT 1176）带头人
西北农林科技大学经管学院教授、博士生导师
西北农林科技大学农村金融研究所所长

二〇一四年八月三十日

目 录

第一章 导 论

　　金融对经济发展的推动作用已得到社会各界和业内学者的广泛认同。在我国农村经济发展进程中，农村金融体系的建设和完善，除受经济社会发展水平的影响和制约外，还与"三农"发展阶段、特点及其金融需求的类型和特点等息息相关。因此，深入了解和剖析作为农业和农村发展中最基本经济单元——农户的生产生活状况、金融需求及借贷行为特点等问题，对更好地改革和完善我国农村金融体系，为农业和农村经济的发展提供高效的金融服务，促进农村经济社会发展有着重要意义。基于此，本章主要阐述以陕西省农户借贷行为作为研究对象的目的、意义、国内外相关研究进展、本研究的主要思路、方法、数据来源、分析工具以及可能的创新之处等问题。

1.1　研究背景

1.1.1　理论背景

1.1.1.1　发展中国家农村金融问题备受关注

　　20 世纪 70 年代初，美国经济学家罗纳德·麦金农和爱德华·肖，通过对发展中国家金融问题的研究发现"传统的金融理论是以发达国家为研究对象，不符合发展中国家实际情况"的重要结论。他们认为，由于发展中国家的金融市场尚处于发展阶段，经济货币化和商品化程度都比较低，信用工具有限，金融形态上明显呈现出现代金融机构与传统金融组织（机构）并存的"二元"结构。此后，发展中国家的农村金融问题受到越来越多的关注，包括发达国家、发展中国家在内的许多大学、研究中心、金融机构、政府组织和非政府组织的专家学者都对这一问题产生了极大的研究兴趣。关于农村金融市场的分化、金融机构的组织建设和管理、各金融供给主体对农村、农户金融需求的满足程度等问题都成为农村金融问题研究的主要课题。随着研究思路和研究视角的不断深入和拓展，从需求层面研究农村金融问题的重要性也日益凸显。因此，对农户借贷需求差异性问题的研究，对现有农村金融供给水平和效率的评估，对需求视角下农村金融问题的研究以及调整和提高农村金融服务都具有重要意义。

1.1.1.2　行为金融中农户借贷行为比较研究的缺失

出现于 20 世纪 80 年代的行为金融学理论，其产生的基础是西方发达国家的金融学说，而对发展中国家农户层面的投资、融资等问题的研究则明显不足。虽然许多经济学家已经对农户借贷行为展开了相关的研究，有的还进行了大量的实地调查，对农户的借贷行为及其特征进行了分析和研究。但在社会经济急剧变革的今天，随着农户分化、农村劳动力流动以及农户现代农业意识的不断增强，不同类型农户借贷行为的差异性日益明显。因此，对不同特征农户借贷行为的比较研究，对于发现农户借贷行为的共性及差异性，进而有针对性地完善和提高农村金融服务质量，满足不同类型农户生产发展的资金需求，推动农户经济社会发展具有重要意义。

1.1.2　现实背景

近年来，随着经济社会持续快速发展，我国政治、经济、文化、教育等方面都取得了长足进步。特别是在经济建设方面，人民群众的物质文化生活水平明显提高。但受发展基础、环境条件、发展政策等诸多因素影响，城乡收入、区域发展的差距也呈现不断扩大和失衡的趋势，导致"三农"问题，特别是西部地区的"三农"问题日益凸显，已成为我国全面建设小康社会过程中的严重障碍。如何大力发展现代农业、繁荣农村经济、提高农民生活水平，已成为我国经济社会发展过程中亟待解决的突出问题。《中共中央　国务院关于 2009 年促进农业稳定发展农民持续增收的若干意见》中提出，将提高农村金融服务能力，作为加大对农业支持保护力度的一项重要举措。在农村金融服务能力提高的过程中，作为农村金融市场上数量最大的需求者和交易主体——农户，其金融需求则是现阶段乃至下一步农村金融改革和发展中需要研究和讨论的重要课题。基于此，选择陕西省农户借贷行为进行比较研究，其现实背景主要体现在以下方面。

1.1.2.1　城乡差距不断拉大，农村经济区域发展失衡

受二元经济结构的影响和制约，长期以来，我国经济发展过程中工农业产品价格的"剪刀差"，使农业创造的价值被强制性地转移到工业生产

领域，并为工业的迅速发展提供了巨大的支持，但其后果却直接导致了农业发展的严重滞后和城乡差距的不断拉大。据统计，1978—2008 年间，我国城镇居民和农村居民收入分别由 1978 年的 343.4 元和 133.6 元，增长到 2008 年的 15 780.8 元和 4 760.6 元，分别增长了 362.7 倍和 34.6 倍，城市居民收入增长速度是农村居民收入增长速度的 10 多倍。农业、农村经济发展的长期相对滞后，导致城乡矛盾日益积累，使城乡结构总体上处于严重失衡的"不和谐"状态。与此同时，区域经济发展也呈现出严重失衡，不同区域的农村经济发展更是如此。总体而言，东部地区农村经济相对发达，而西部地区农村经济发展水平相对落后。据国家统计局统计，2008 年，东、中、西部地区农户收入分别为 8 604.0 元、5 988.1 元和 5 285.8 元。而位于西部地区的陕西省，2008 年农村居民人均纯收入为 3 136.0 元，远远低于西部地区农村居民收入的平均水平。城乡收入差距的不断增大以及东、中、西部地区区域经济发展的严重失衡，已成为协调区域经济发展、维护社会稳定的突出问题。因此，解决好"三农"问题已成为当前一项十分重要和紧迫的发展课题。作为"三农"问题重要组成部分的农户，其经济的稳步发展和收入水平的持续增长则是解决"三农"问题的重要内容和根本目标。因此，从农户借贷行为和提高农村金融服务的视角，探讨位于西部地区的陕西省农户借贷需求的特点，对提高农户金融需求满足度、农户的收入水平、缩小收入差距、协调区域经济发展具有重要意义。

1.1.2.2 市场经济下农户分化现象日益凸显

随着市场经济的发展和农村土地家庭联产承包责任制、减免农业税、土地流转等一系列农村改革措施的实施，农民的生产积极性得到了充分调动，农业生产效率大幅提高（秦宏等，2005），有力地推进了农户分化进程，这些在农户收入结构和劳动力分配的变化上体现最为明显。在农户收入结构的变化中，工资性收入比重不断增加，而家庭经营收入的比重则不断下降（蒿建华，2011）。据统计，1995 年，陕西省农民工资性收入和家庭经营纯收入分别为 186.0 元和 723.2 元，分别占当时农民人均收入的 19.3% 和 75.1%；2009 年农村居民收入结构中，工资性收入和家庭经营纯收入分别为 1 428.5 元和 1 570.2 元，所占比重分别达到了当年农民人均收入的 41.5% 和 45.7%。农户家庭劳动力分配方面，伴随着农业生产效率的普遍提高，农村剩余劳动力向非农领域转移的现象日益明显，从事农业生产的劳动力在农村劳动力总数中所占比重不断下降，非农领域就业人口比重则不断增加。农村劳动力的分化除了量的分化，也在"质"的方面出现了明显分化现象。由于劳动力在非农领域的投入所带来的经济效益高于其在农业领域的劳动报酬（王芳和罗剑朝，2012），农村劳动力中"精兵强将外出务工，老弱病残搞农业"的现象较为普遍。由此可见，农村劳动力的流动和分化现象日益明显，对不同特征农户借贷行为问题的比较研究，有利于充分了解农户分化背景下不同特征农户借贷需求的特点和差异性，进而为有针对性地开展相应的农村金融改革和提高金融服务提供理论支持。

1.1.2.3 农户借贷行为历史悠久且随社会发展而变化

农户的借贷行为古已有之。传统的农户借贷供给，不仅包括在历史发展过程中形成的专门从事借贷业务的钱庄、当铺、高利贷等组织，也包括亲朋好友之间互助性质的民间借贷，这些都在农户经济社会发展过程中发挥了积极作用。伴随着现代金融以及银行、信用社等正规金融体系的发展，虽然传统的农村金融供给主体在农村经济的发展中仍然发挥着重要作用，但在经济转型的大背景下，农户借贷行为势必因金融供给环境的变化而出现一定的分化和差异性。因此，新经济环境下，农户借贷行为呈现什么样的特点和差异，农户面临正规金融和非正规金融构成的"二元"金融市场，又是如何选择等问题，逐渐成为现阶段农村经济发展过程中，如何构建和完善农村金融服务体系，实现金融支农、扶农功能亟须解决的关键问题。

1.2 研究目的和意义

1.2.1 研究目的

本书以陕西省农户借贷行为为研究对象，通过运用行为学、金融学、比较学、行为金融学以及经济学等多学科的知识体系，采用实证分析的方法，对陕西省农户借贷行为进行比较研究，以期实现以下目的：

（1）通过对不同特征农户借贷需求、借贷需求类型、借贷需求额度等特征的分析，以期了解现阶段陕西省农户借贷需求的总体特征及其差异性。

（2）通过农户对农村金融供给主体的认知及借贷路径的选择等问题的差异性比较分析，为准确把握不同特征农户对金融供给主体的选择偏好及特点，发现现阶段农村金融供给中存在的主要问题，改革和完善农村金融体系，提高农村金融服务效率，合理优化和规范农户的借贷行为提供可借鉴的参考。

（3）通过运用 Probit、MLogit 和 OLogit 等计量经济模型，分析不同特征农户的借贷需求、农户借贷路径的选择等问题并比较其中的差异性，从实证分析的视角为农户借贷行为比较研究提供支持。

（4）针对目前陕西省农户借贷行为的共性和个性问题，探讨如何构建涉农金融服务平台，以农户借贷需求为导向，推动农村金融改革和创新，推进农户经济社会发展，并为其他区域农户借贷行为问题的研究和农村金融供需矛盾的破解提供借鉴。

1.2.2　研究意义

随着农村经济社会的不断发展，农户分化现象普遍存在，农户借贷行为的分化也日益明显。正确地认识和把握农户借贷行为、影响农户金融需求的关键因素以及农户对金融市场各类型供给主体的选择特点及其中的差异性等问题，将是调整和完善农村金融市场结构、制定农业宏观发展政策，促进农户经济健康快速发展的关键环节。

1.2.2.1　理论意义

（1）从理论上为研究农户借贷行为提供新的思路。

本书选择陕西省农户借贷行为的差异性进行研究，将经济学、行为学、行为金融学等相关理论运用到农户借贷问题的研究中，既拓宽和丰富了上述理论的研究范围，又通过对现阶段不同特征农户借贷行为的比较，为农户借贷行为的研究提供新的思路。

（2）为其他学科的研究提供启示和借鉴。

农户借贷行为差异问题的研究是以行为经济学、金融学、农村金融学、行为金融学等学科为支撑，因此，农户借贷行为以及不同金融市场上农户借贷路径选择等问题的差异分析，都将从不同的角度对这些学科在农村金融领域的研究具有启示意义。

1.2.2.2　现实意义

本研究对优化陕西省农户借贷行为，完善陕西省农村金融供给以及增强农户自我发展能力，提高农户经济发展水平进而促进陕西省农村经济增长具有重要现实意义：

（1）有利于正确地认识和把握现阶段不同特征农户借贷行为特点。

对陕西省农户借贷行为进行比较分析，不仅能全面把握农户借贷行为的总体特征，还有利于正确认识和把握现阶段不同特征农户借贷行为的差异性，从而为剖析现阶段农村经济发展中农户资金需求的类型及特点，对有针对性地提出科学合理的政策建议具有重要意义。

（2）充分了解农户层面的金融需求，有利于推动农村金融改革和创新。

农村金融需求视角下，全面剖析现阶段不同特征农户资金需求的类型及特点，有利于了解现阶段农村金融发展和供给中存在的突出问题和关键症结，对推动农村金融体系的改革和创新，完善农村金融供给和服务体系，帮助农村金融供给主体明确目标客户群体，调整农村金融产品，具有一定的现实指导和借鉴意义。

（3）有利于提高农村金融市场效率，促进农户经济社会发展。

通过对农户借贷特征及农户对金融市场选择的分析，为调整和完善农村金融体系提供了依据，进而有利于不同类型农户借贷需求的满足，对提高农村金融市场效率，促进农户经济发展具有重要意义。

（4）有利于缩小区域差距，促进区域经济协调发展。

在对陕西省农户借贷行为研究和分析的基础上，针对分析中出现的主要问题，提出优化农户借贷行为、推动农户经济发展的政策和对策，可为我国西部欠发达地区其他省份农村金融问题的研究提供借鉴，进而对缩小区域差距，促进农村经济特别是农户经济的区域协调具有重要意义。

1.3　国内外研究动态综述

1.3.1　国外研究动态综述

1.3.1.1　理论回顾

农户经济行为的相关研究理论中，具有代表性的有：理性小农学派、组织生产学派和黄宗智的历史学派。

（1）理性小农学派。

理性小农学派以西奥金·舒尔茨（美国著名经济学家、诺贝尔奖获得者）、波普金和弗兰克·埃利斯等为代表。他们的主要观点是农民是理性的，其经济行为是追求利润的最大化。舒尔茨将传统农业定义为一种维持简单再生产、生产要素和生产技术长期不变的小农经济，而小农经济模式下传统的供给和需求处于长期的均衡状态。农民对生产要素的配置、生产方式以及耕种技术的选择等都非常合理，并且充分考虑了边际成本的收益问题。传统农业发展停滞落后的根源在于传统农业投资收益率低，无法刺激人们的投资积极性，因而发展处于停滞状态。要改造传统农业，需要从现代生产要素的引进入手，其中主要是对农民人力资本的投入和建立适于改造传统农业的激励机制，使农业成为经济增长的源泉。理性小农学派在农户理性假说前提下，对农户贫困的根源也做了分析。该学派认为，对发展中国家的成就最好从政策差异的角度予以解释，而不是归因于初始条件的差异性。国家的贫困不是因为不良的外在条件导致的，而是因其不恰当的政策导致的。

（2）组织生产学派。

组织生产学派以恰亚诺夫（A. V. Chayanov, 1888—1939）、K. 波兰尼（Polanyi, 1957）、J. 斯科特（Scott, 1976）为主要代表。恰亚诺夫认为，由于经济活动的主要要素（土地、劳动力和资本）的结合方式与资本主义不同，因此小农家庭经营与资本主义不同。农户家庭生产的产品主要是为了满足家庭的消费需求而非市场利润，农户家庭生产发展主要依靠自身劳动力而非雇佣劳动力，因此农户生产经营的投入无法向资本主义那样以工资的形式计算成本。农户家庭生产的投入与产出无法分割，其劳动力的投入是基于家庭需要和付出劳动的辛苦程度两方面考虑的综合，在生产目标上追求的是消费需求与劳动付出之间的均衡，而不是利润与成本之间的均衡。因此，只要农户消费的满足感高于其对需要付出的劳动的辛苦程度的判断，农户就会不断地追加劳动投入，直至达到均衡。恰亚诺夫还认为，小农经济长期存在是有其合理性的（侯建新，2011）。他认为在由传统农业向土地大规模集中的发展过程是一个较长的发展阶段，而在这一过程中，小农经济的生产经营模式比大规模土地集中经营更有优越性。这一预见性的观点，在半个世纪后的今天，在世界各国特别是发展中国家得到了验证。波兰尼从哲学和制度的层面分析了小农经济行为，认为小农经济的研究离不开其所处的特殊制度环境。美国经济学家科斯特在前人研究的基础上，提出了"道义经济"的理论，其主要思想是小农经济下的农户奉行的是"安全第一"的生存原则，他们有着强烈的风险规避意识。在这种思想的指导下，农户会为了追求稳定收益而放弃对目标或利润最大化的追求。因此，农户会对新技术和新生产方式都有一定的"厌恶"和"规避"心理。

(3) 历史学派。

美国学者黄宗智通过对明清以来华北及长江三角洲农村社会经济史的研究，提出了不同于以上两学派观点的历史学派，其主导思想是典型的"拐杖逻辑"。他认为中国小农家庭的收入是由农业收入加非农佣工收入构成的，后者是前者的拐杖，即将农民的农业收入比作人的两条腿，非农业收入比作拐杖，只有在腿不太好的时候，拐杖才会派上用场。按照这一逻辑，中国小农经济由于过密化，呈现出了一定的劳动力剩余现象，而这部分剩余劳动力则是通过雇佣劳动者的形式依附于小农经济之上。黄宗智的历史学派将此现象称为"半无产化"。该学派还认为小农家庭在边际报酬非常低的情况下之所以会继续追加劳动力的投入，可能的解释是小农家庭没有相对于边际劳动力投入的边际报酬的概念，可能在他们认为，劳动力投入和产出是不可分割的整体。因此，耕地不足带来的生存压力会导致农户在农业生产过程中对劳动力的投入达到非常高的水平，直至在逻辑上它的边际产品接近于零，这就是黄氏著名的"总产出在以单位工作日边际报酬递减为代价的条件下扩展"的"过密化"学说。该学派还指出了 20 世纪 80 年代以前中国乡村经济的停滞主要是"过密化"的结果，因此，应该走"工业化"的"反过密化"的道路。

1.3.1.2　农户借贷行为的文献综述

由于发达国家农村金融深化程度较高，已经建立了较为健全的农村金融服务体系，农户的借贷行为主要表现为从银行等正规金融机构获得借贷资金的行为。而发展中国家由于现代金融市场与传统农村金融供给市场并存而呈现的"二元"结构，故表现出来的农户借贷行为也呈现明显的差异性，这吸引了许多农业经济发展组织、研究机构及学者的关注和研究兴趣。综合而言，他们的研究主要集中在农村金融市场的分化、农户的金融需求和金融市场对农村金融的配给等方面，其中突出的研究包括以下方面。

（1）金融市场的分化。

关于农村金融市场分化理论，最早是由麦金农和肖提出的，他们认为发展中国家的金融市场存在着现代金融市场和传统金融供给组织（机构）并存的"二元"结构，这一观点在后续的研究中得到了广泛的认可和关注。Ravi，S.（2003）通过对位于印度北部的北方邦（Uttar Pradesh）和西南部的喀拉拉邦（Kerala）两地区农村金融市场的研究和比较指出，印度当地有银行和合作社两个信贷组织可以为农户提供信贷服务。两个地区银行的特性是基本相同的，其指导方针都是由国家农业和农村发展银行（National Bank for Agricultural and Rural Development，NABARD）制定的。合作社的运营方面，不仅遵循国家农业和农村发展银行（NABARD）的指导方针，同时还有其特有的区域特性。Akram 等（2008）通过对巴基斯坦的研究指出，巴基斯坦地区正规的信贷机构包括：商业银行、农业发展银行（Zarai Tarqaiti Bank，ZTBL）、妇女银行、非政府组织、金融公司和合作社等机构，70% 以上的正规贷款是由原农业发展银行提供的。由于农业生产效率低、风险高和还款约束力不强等原因，正规金融组织或部门的农村信贷供给无法满足农村金融市场的信贷需求（Gonzalez – Vega，1984；Von Pischke et al.，1983）。因此，许多有信贷需求却无法从正规金融市场上获得金融服务的农户，选择了非正规信贷市场。Ravi，S.（2003）通过对非正规信贷市场供给主体的分析认为，非正规信贷市场主要的表现类型有高利贷者（即专业的高利贷放贷人）、私人合作金融、商人、地主、雇员和亲戚朋友。这些供给方在非正规金融市场上都具有其独特的特点，并能为农户提供不同形式的借贷服务。一般情况下，专业高利贷放贷人提供贷款时会收取固定利息。私人合作金融是指由几个人组成合作小组将资金整合在一起轮流使用，因为一个人有限的资金不能满足个人投资经营的资金需求，轮流使用的资金会收取或者不收取利息。农户同样也可以用未来的收成或其劳动合同向经销商或土地所有者借款。

（2）借贷行为特征的描述分析。

借贷行为和借贷渠道。农户对借贷渠道的选择与农户所在地区金融供给体系的发展有关。Ravi 发现印度北方邦（Uttar Pradesh）30% 的农户借贷来自正规金融组织，而在喀拉拉邦（Kerala）这一比例则为 80%（Ravi，

S., 2003)。Zeller 发现 1990—1992 年间马达加斯加将近 96.3% 的受访农户至少有一次从非正规金融组织借贷的经历，69.3% 的农户曾从正规金融部门获得贷款，而有 63.4% 的农户从正规金融部门和非正规金融部门都获得过贷款，只有 32.8% 的农户仅从非正规金融部门获得过贷款（Zeller, M., 1994）。农户会依据借款用途的不同选择不同的放贷主体，例如，农户选择银行等正规金融供给主体的借贷主要会用于购买农机具（拖拉机、脱粒机等）等；而选择非正规金融供给主体的借贷则主要用于满足日常消费和医疗等（Ravi, S., 2003）。从不同用途借贷的比例来看，马达加斯加正规金融渠道发放的信贷总额的 78% 是用于农业机具、牲畜、作物生产投入和消费等需求；而非正规金融部门放贷总额的 64% 则用于食品、医疗、社交和教育等（Zeller, M., 1994）。

借款方式。马达加斯加 77% 的农户是通过小组联保的形式从正规金融部门获得贷款的，直接从正规金融部门获得贷款的农户仅为 23%。农业银行向农户发放的贷款大量减少，而商业银行也很少涉及农户信贷业务（Zeller, M., 1994）。

借款额度和用途。不同地区农户的借款额度和用途均有所不同。Zeller, M.（1994）发现马达加斯加农户从非正规金融市场和正规金融市场借款的平均额度分别为 11.9 美元和 59.6 美元（受访地区农户人均收入为 175 美元），非正规金融部门的平均借款周期仅有 65 天，而正规金融部门平均借款周期为 226 天。也有研究指出，正规借贷和非正规借贷的额度基本一致。其中一个原因就是非正规金融组织在搜集农户信用信息、还款能力及实际的信贷需求等方面比正规金融部门有优势，而且非正规金融部门更便于对大量信息进行筛选且可用其他方式替代抵押品。农户选择非正规金融的另一个原因是风险小。Boucher 指出，非正规金融组织的放贷方更容易获得当地的信息，以至于他们可以更为灵活地根据实际情况签署合约。因此，农户会主动规避风险相对较大的正规金融组织，而选择从非正规金融部门获得贷款（Guirkinger, 2007）。在借贷用途方面，Ravi 通过对印度农户借款原因分析发现，农户借款的主要用途分别是消费类支出（购买耐用消费品、日常经营消费和节日庆典费用）和生产经营，其他的用途还包括医疗、购买农机具（拖拉机、脱粒机等）、商业投资和建筑、子女教育、购买土地等；以上用途在不同地区都或多或少呈现一定的显著性

（Ravi, S., 2003）。Akram 等通过对巴基斯坦农户借贷行为的分析发现，农户借贷的用途依次是农业生产、购买农业用地、购买拖拉机、购买脱粒机、农田水利设施、牲畜、其他农业投资、食品/服装、医疗费用、婚丧嫁娶等礼节性开支、购买耐用消费品、购房或改善住房、偿还其他借款、非农业生产等（Akram, et al., 2008）。Akram 等还指出，巴基斯坦 Balochista 地区 45% 的农户贷款是用于农业生产，8.5% 的农户贷款用于购买拖拉机，6.1% 的农户贷款用于购买土地，50% 的农户贷款用于购买农业用地，这一结果与 Qureshi 等人的研究基本一致（1996）。

贷款偿还率。平均而言，马达加斯加非正规金融部门和正规金融部门到截止日期的贷款偿还率分别是 78% 和 80%，延长 30 天后，两种渠道贷款的偿还率可分别达到 93% 和 94%（Zeller, M., 1994）。

抵押和担保。发达国家和发展中国家的放贷方在信贷配给的过程中都会对抵押品有一定的要求以降低风险（Binswanger et al., 1989；Conning, 1996；Hoff and Stiglitz, 1990）。但对农户而言，向正规金融机构或部门申请贷款时，要提供满足放贷方要求的所有材料如抵押品等是比较困难的（Conning, 1996；Hoff and Stiglitz, 1990）。因此，许多农户的借贷需求，会被正规金融部门拒绝，导致这些农户转而尝试通过第三方担保、连带合同等方式向非正规金融部门借贷（Adams and Fitchett, 1992；Binswanger et al., 1989）。马达加斯加 36% 的正规金融部门贷款要求有抵押，三分之二的正规贷款不需要抵押，而是采用了比抵押贷款更为普遍的贷款条件，如借款人的信用记录和贷款证明人等（正规金融贷款的 39% 采用这种方式）（Zeller, M., 1994）。穆罕默德·尤努斯教授（Muhammad Yunus）在孟加拉国创办的格莱珉银行就是一个比较成功的适合发展中国家农户小额信贷的模式。格莱珉银行的显著特点是通过以小组的形式向农户发放贷款而不是向农户个人，这是因为小组成员之间对彼此还款能力和信用等信息有更全面的了解，一旦小组内任何一个成员不能顺利还款，小组其他成员都将受到连带责任的影响（Stiglitz, 1990）。这种连带责任有利于有效地利用当地信息，并降低合同费用和违约风险（Zeller, M., 1994）。

信贷约束。无论在正规金融市场还是非正规金融市场，农户的借贷都存在信贷约束现象。Akram 等对来自正规金融市场的约束进行了分析，这些约束同样也是农户不选择从正规金融市场借贷的原因。约束之一是需求方面的，如农户没有借贷需求、需要为借款支付行贿的费用、抵押品不足、有其他不需要支付利息的借款途径等，其中9%的受访农户认为正规金融市场的借款程序过于烦琐、28%的受访农户表示不需要借贷。这些结果与卡特尔、韦伯和斯蒂格利茨等（Carter，1988；Carter and Weibe，1990；Stiglitz and Weiss，1981）的研究结果一致。另一类信贷约束是由信贷供给方面引起的，如程序烦琐、距离金融机构较远等原因，近28%的农户认为抵押品不足；29%的农户认为没有必要借贷或者不喜欢借贷（能不借时尽量不借，可能是与当地文化宗教等有关）；将近5%的受访农户表示私人借贷渠道充足，不需向正规金融机构借款，抵押品不足还包括不接受抵押的情况。土地是最常见的抵押形式。反映不同地区相对贫困的信贷约束中，区域的差异性也不容忽视（Boucher et al.，2005；Zeller，et al.，1997）。Ravi（2003）发现马达加斯加农户的借贷行为与其所拥有的土地关系密切，农场面积小的农户更会选择向非正规金融组织（亲朋好友，放贷人）、合作社借款；而农场面积大于2.5英亩的农户更有可能选择从正规银行获得贷款而非其他渠道。同时，随着农户所拥有土地面积的增加，用于购买农资和农机具的贷款需求也随之增加，而用于消费、医疗等用途的贷款则呈现下降趋势。正规金融机构在考虑农户的贷款申请时，农户所拥有的比较贫瘠的水田和坡地的面积是不被考虑在内的，因为这些土地比较贫瘠故不能作为合适的抵押品。对于非正规金融借贷而言，78.6%的非正规借贷会有约束条件，而18.5%的非正规借贷的约束是未来获得贷款的可能性，却很少以抵押品作为约束条件（大概只有0.9%的非正规贷款要求有抵押品）（Zeller，M.，1994）。

交易费用。农户借贷过程中的交易费用问题也备受学者们的广泛关注，一些学者通过对正规金融市场和非正规金融市场的比较，得出了非正规金融市场的交易费用高于正规金融市场的结论（Conning and Udry，2005），他们认为，国家推行的低息或贴息信贷较多，加之信贷偿还强制性较弱，而私人部门的信贷利率通常遵循规定利率的上限，因而，比较而言，非正规金融借贷的交易费用相对较高。然而也有一些学者对此提出了质疑，他们认为，非正规金融市场的交易费用更低一些。Kochar（1992）通过对印度农村地区的研究得出，非正规金融市场的信贷特别是从亲戚朋友那里获得的借贷要比正规金融市场的信贷便宜一些，因此也成为农民解决资金困难的首选途径。Chung（1995）和 Mushinski（1999）也分别证实了 Kochar 关于非正规金融市场交易费用较为便宜的观点。他们指出，正规金融市场上较高的交易成本会降低农户选择正规信贷的积极性。Barham，Boucher 和 Carter（1996）称之为交易成本导向引起的农户对非正规金融的选择。Guirkinger, C.（2008）通过对秘鲁皮乌拉地区 1997—2003 年正规金融部门和非正规金融部门借贷数据的分析发现，正规金融部门的交易费用大概是非正规金融部门的四倍。即使非正规金融部门的利率会高于正规金融部门，但由于正规金融部门仍然需要不断考核并更新信息以确定农户具有偿还贷款的能力，因此，对农户而言，非正规金融市场的借贷要比正规金融市场费用更低。马达加斯加农户借贷时大多会选择向亲朋好友无息借贷，而这些借贷中大部分是用于生活性的借贷。亲朋好友之间对于额度较大或者借款周期较长的非正规借贷，通常会象征性地收取利息。其他非正规金融组织也提供类似的农村金融服务，但利率通常比较高，例如正规金融组织平均放贷额度为 50 美元，而非正规金融部门则很少发放此额度的贷款，平均年利率和平均还贷率根据借款农户的财产情况和借贷周期而不同（Zeller, M., 1994）。

（3）农户借贷行为的实证分析。

随着实证研究的普遍应用，越来越多的学者在研究农户借贷行为问题时已不再局限于一般的统计性描述分析，而是开始尝试通过多种计量统计模型的应用，从实证角度对农户借贷问题开展研究。Zeller, M.,（1994）通过对马达加斯加非正规放贷人和以社区小组成员构成的信贷配给行为调查的实证分析发现，以社区为基础的信贷小组比距离远的正规银行代理更具有信息优势。Akram, et al.,（2008）通过使用 Heckman 两阶段模型估计了信贷利率及其效果，发现男性户主的受教育水平和临时收入对农户的借贷行为有显著影响，农户初始的流动资产对其消费支出有显著影响。另外还有许多学者就农户对不同借贷主体的选择问题进行了分析。Zeller, M.,（1994）通过运用 Probit 模型对农户是否有借贷需求和放贷方是否批准农户借贷申请的影响因素进行了分析。结果显示，男性贷款申请人向正规金融机构申请贷款的概率高于女性，但在非正规金融机构却非如此；有工资性收入的农户会更倾向于向非正规金融组织申请贷款，因为在农户家庭中，有工资性收入表示其家庭比较贫困；因此他们更倾向于选择非正规金融市场；农户家庭成员生病天数不影响农户对正规金融的需求，但对农户选择非正规金融却有显著影响（Zeller, M. 1994）。Zeller还通过对金融供给机构放贷决策的比较，发现男性在正规金融市场上受到限制的可能性明显增加，而在非正规金融市场却非如此。Ravi, S.，（2003）通过构建基于随机效用的均衡排序模型，分析了印度农户的借贷行为，发现农户通过银行获取贷款的比例随着农场面积、全年总收入和受教育水平的增加而不断增加，而农户向放贷人借款的概率则随着农场面积、总收入和受教育水平的增加而下降。

1.3.2　国内研究动态综述

我国学者对农户行为的研究，主要是在三大经典理论的基础上，结合我国的实际情况进行了相关的研究和探索，其研究内容和范围主要涉及：农户借贷行为特征、农户借贷行为的影响因素、农村金融市场供给特征及农户借贷与农户经济发展之间的关系等。

（1）农户借贷行为特征。

农户借贷行为特征主要包括农户的借贷需求、农户借贷发生率、农户借贷来源、借贷的规模、用途、利率、期限、契约、借款行为的差异等方面。

借贷需求。很多学者通过对农户借贷需求的研究，普遍认为农户借贷需求旺盛，有逐年增加的趋势，且在经济欠发达地区更为明显。史清华等（2002）对山西745户农户的调查发现，随着时间的推移，农户发生借贷行为的比率呈大幅度上升趋势。屈小博等（2005）通过对陕西省渭北地区农户借贷行为的调查发现，传统农户资金借贷非常普遍，70%以上的受访农户有资金借贷行为，且资金借贷的发生率、借贷总规模和户均借贷次数均呈现出了逐年提高的趋势。吕青芹（2007）通过对欠发达地区与发达地区农户借贷需求意愿的比较，发现农户整体需求意愿较为旺盛，且欠发达地区更为明显。黎红梅和许洁（2008）通过对湖南省临澧县农户调查及中国人民银行临澧支行相关数据的分析，发现有借贷经历的农户所占比例较高，达78%。李颖等（2008）通过对黑龙江省巴彦县兴隆镇112户农户数据的分析，发现农户借贷需求增长较快，农户借贷比例由2004年的39.2%上升至2006年的81.3%。汪婉莉和杨林娟（2008）通过对甘肃省

250 户农户资金借贷问题的实证分析，发现甘肃省农户资金需求较为普遍，68.4%的受访农户在过去三年间发生过资金困难的情况。刘洁和秦富（2009）通过对河北省 435 户农户调查数据的分析，发现 54.9%的农户在未来一年内有借贷需求。王静和贾丹花（2009）通过对陕西省关中阎良、杨凌和宝鸡等地 200 户农户的调查，发现农户的资金需求较为旺盛，且借贷意愿较为强烈。张博（2009）通过对中部传统农户的借贷行为进行分析，发现农户借贷资金的现象非常普遍，且传统农区农户的借贷活动对民间金融依赖程度较高。然而，就农户的借贷需求随时间的变化趋势的研究，也有学者得出了相反的结论，李春（2005）以浙江省 10 个固定跟踪观察村的农户调查为基础，对 1986—2002 年以来农户家庭的借贷行为演变趋势进行了比较研究，发现随着时间的推移，农户的借贷比例呈现下降的趋势。

借贷规模。许多研究学者均得出了农户借贷需求规模以小额借贷为主，且农户从正规金融机构获得的贷款额度普遍高于从非正规金融机构获得的贷款额度。史清华和陈凯（2002）发现，与 1996 年相比，2000年农户发生借贷的比例呈大幅上升的趋势。李春（2005）发现，随着时间的推移，农户家庭现金性借贷水平不断上升。李晓明和何宗干（2006）通过对安徽省 1 000 个传统农区农户调查数据的分析发现，农户资金借贷数量较小，64.7%的受访农户借贷额度在 3 000 元以下，5 000元以上额度的借贷仅占受访农户借贷总数的 16.2%。万江红和张远芝（2006）对湖北省恩施州咸丰县农户的调查发现，农户的借贷额度以500 ~ 10 000 元居多。李延敏和罗剑朝（2006）对农户借贷行为的区域差异进行了分析，认为农户借贷水平的区域差异呈现东部、中部、西部梯级递减的格局，且借贷水平和借贷用途的差异格局呈现一定的稳定性，没有扩大趋势。张晓艳和罗剑朝（2007）通过对陕西省民间借贷问题的调查发现农户单笔借贷额度较小。汪婉莉和杨林娟（2008）研究得出农户从正规金融机构获得的平均借款规模为 5 626.1 元，远远高于农户非正规借贷的平均规模 2 331.8 元。杨林娟等（2008）调查发现借款户累积平均借贷金额为 8 342 元，其中来自农村信用合作社的累计借贷资金仅占农户累计借贷资金总额的 33.73%。刘洁和秦富（2009）发现大多数农户在未来一年内借款规模集中在 5 000 ~ 50 000 元，而对 5 000 元以下规模的小额贷款和 50 000 元以上额度的贷款需求不高。罗芳和李平（2009）以新疆兵团农户调查为基础，研究发现农户从正规机构获得的借款规模主要集中在 10 000～30 000 元，而从非正规金融机构获得的借款主要在 2 000～30 000 元。李延敏和宋增芬（2010）通过对山东省农户调查数据的分析，发现农户的借贷呈现小额化的特点。

借贷来源。受"二元"经济结构的影响，我国农村金融市场的"二元"格局决定了农户的借款来源亦呈现出明显的"二元"性。大部分研究发现，目前我国农户借贷资金主要来自于非正规金融供给主体，来自正规金融机构的比例则相对较低。何广文（1999）认为农村居民借款更多地依赖非正规金融渠道。曹力群（2000）研究认为，银行、信用社等正规金融机构提供的贷款在农户借贷资金总额中所占比例较低，仅为 20%～25%。屈小博等（2005）、侯旭丹（2006）、李春（2005）、李晓明和何宗干（2006）、李颖等（2008）、万江红和张远芝（2006）、汪婉莉和杨林娟（2008）等均得出民间借贷是弥补农户资金短缺的重要渠道。朱喜（2006）通过对 2003 年中国农户抽样调查数据的分析发现，正规贷款供给严重不足，仅占农户贷款总额的 1/4 左右，非正规金融机构对农户的信贷配给对缓解农村金融供需矛盾起到了非常重要的作用。王静和贾丹花（2009）的研究发现，农户的借贷需求主要依靠民间借贷，且以亲友邻里借贷为主，高利贷现象较少。2004—2008 年间，农户从正规金融机构获得借款的比例逐年下降，从 2004 年的 41.7% 下降到了 2008 年的 10.7%，民间无息借款的比例则由 2004 年的 58.3% 上升至 2008 年的 82.2%，这与王丽萍等（2007）研究得出的农户向正规金融获得贷款的比例逐年上升，而民间无息借贷的比例逐年下降的结论不同。李江（2004）从中国农业文化基本特征的视角分析了农户的融资次序问题，认为农户的融资次序选择依次是内部融资、熟人借贷、自发性融资、合作组织（合会、农金会等）、民间私人金融组织（钱庄、典当等）、正规金融组织（农信社、农发行、商业银行等）等，这一次序的选择受到了农业文化的影响。刘洁和秦富（2009）发现农户期望的借款渠道首选是银行、信用社等正规金融机构（55.7%），其次是民间无息借贷（40.3%）。李延敏和宋增芬（2010）发现农户未来的融资次序主要表现为亲戚、正规金融机构、朋友等，且农户的融资次序存在路径依赖现象。

借贷用途。对于农户的借贷用途，许多学者也展开了详细的研究，总体而言其用途可以分为生产性借贷和生活消费性借贷。不少研究表明，农户生活消费性借贷需求的比例高于生产性借贷需求。侯旭丹（2006）认为农户借贷的用途呈现多样化的特点，且生活性借贷发生率高于生产性借贷的发生率。李晓明和何宗干（2006）也发现农户的借贷用途主要是用于非生产性的用途，用于生产性用途的借贷仅占调查总数的 15.3%。刘洁和秦富（2009）通过对河北省 435 户农户调查数据的分析发现，农户期望的借款用途中非生产性借贷所占比例为 68.4%（主要用于孩子上学、建房和婚丧），生产性借贷用途所占比重为 55.7%（包括农业生产和非农业投入）。但也有学者得出了不同结论，李春（2005）研究发现，浙江农户借贷目的以生产性为主。万江红和张远芝（2006）对湖北省恩施州咸丰县农户的调查发现，农户融资用途中，用于购买生产资料（化肥、农药、农具）的投资所占比重较大，占受访农户的 40.8%。黎红梅和许洁（2008）发现，农户的借贷用途以生产性目的为主，其中用于购买化肥、农药、农具等生产资料的借贷所占比例为 45.3%；用于投资开店、养殖业等借贷的比例不断提高；用于子女教育、盖房、婚丧嫁娶、医疗等生活消费性投资的借贷所占比重较高，达 25.8%。张晓艳和罗剑朝（2007）认为，农户的借贷用途呈现生产性借贷和生活性借贷平分秋色的特点。也有学者依据不同的借款来源对农户的借款用途进行了分析，朱喜（2006）认为，农户来源于正式渠道的借款中用于投资的比例较高。李颖等（2008）研究发现，农户生活性借贷资金中来源于非正规金融机构的比重较高，而生产性借贷资金中来源于正规金融机构的比重较高。

借贷利率。正规金融市场的借贷利率受到金融监管部门的监督，其差别相对较小；而非正规金融市场的借贷利率差别则相对较大。因此，对借贷利率的研究主要集中于非正规金融市场上。多数研究结果显示，民间借贷主要为无息借贷，但有息借贷的利率通常高于正规金融机构的借贷利率。朱守银（2003）、霍学喜等（2005）、李晓明和何宗干（2006）等认为，尽管民间借贷发生率较高，但高利贷现象并不多。汪婉莉和杨林娟（2008）分析发现农户对借贷利率具有一定的敏感度。李春（2005）认为民间借贷付息程度和付息面均较高，但变化不大。也有一些学者认为高息借贷在民间借贷中较为普遍。温铁军（2001）发现高利率是民间借贷的主要形式。曹力群（2001）认为农户民间借贷中无息借款比重低，高利贷比重较高。叶敬忠等（2004）发现，非正规借贷虽然形式上看大多不存在利息，但其实存在隐性利息，借款人常常会觉得欠了"人情债"。孙学敏和赵昕（2007）通过对河南南阳市卧龙区农户金融需求与农村社区金融供给状况进行分析发现，非正规金融是依靠血缘和友情而形成的关系型信用为基础，基于此的非正规金融相对安全，同时它还具有隐性利息，即无偿使用借款的同时，欠下了"人情债"。罗芳和李平（2009）对新疆兵团农户的调查发现，兵团正规金融机构的生产性贷款平均利率为 8.3%，低于全国平均水平；非正规金融借贷的平均利率则为 9.46%。万江红和张远芝（2006）发现，65% 的农户能承受的最大利率在 5% 以下。

借贷契约。借贷契约包括对借款期限、借据、担保和抵押还款日期等的说明和约定。正规金融机构通常对契约的内容有严格且规范的限定，但在非正规金融市场上，借贷契约的完成或签订程度通常不高。民间借贷的不规范性是多数研究的共同结论，主要表现特点是契约中关于借贷期限、借据、担保或抵押等要素不全或不明确。何广文（1999）研究认为，农村居民放款表现出较突出的"关系"情结，以抵押担保或合同方式建立借贷关系的比例较低。屈小博等（2005）也发现民间借贷中农户的借贷方式规范性较低，有借据、利息和借款期限等规定的比例较低。李晓明和何宗干（2006）、杨林娟等（2008）、张晓艳和罗剑朝（2007）等均发现民间借贷手续简单、借贷契约管理不规范。侯旭丹（2006）也认为民间借贷契约较为灵活，以无固定期限为主。汪婉莉和杨林娟（2008）发现农户对借贷期限的选择没有确切的期限，延期还款的情况较为普遍。郑世忠（2008）认为，农户的非正规借贷行为根植于熟人社会，借贷合同的签订、执行都有一套约定俗成的规则。黎红梅和许洁（2008）认为，农户借贷的规范性正逐步增强，借贷纠纷呈现下降的趋势，80% 的农户借贷双方均有书面协议，且对借贷金额、利率、期限、违约责任等均有明确的规定。

借贷行为的差异性比较。对借贷行为差异性的比较研究，主要体现在区域性差异研究和结构性差异研究两个方面。在区域性差异方面，史清华（2002）通过对东、中、西部农户借贷水平、借贷来源和借贷资金的用途进行分析发现，随着时间的推移，不同区域农户借贷水平的两极化趋势明显，即东部地区农户的借贷水平显著高于中部和西部地区，农户资金借贷主要来自非正式借贷，农户对正式借贷的依赖则表现为西部地区最高、东部地区最低。李延敏和罗剑朝（2006）对农户借贷行为的区域差异分析发现，农户借贷水平的区域差异呈现东、中、西部梯级递减的格局，且借贷水平和借贷用途的差异格局呈现一定的稳定性，没有扩大的趋势。王丽萍等（2006）运用陕西农户调查数据分析了不同非农化程度农户的借贷行为问题，研究发现农户生产性借贷与农户非农化水平呈正相关，而生活性借贷与农户非农化水平呈负相关，即非农化程度越高的农户，生产性借贷的比重越高，而生活性借贷的比重则越低。生活性借贷方面，纯农户生活的各个方面均需要借贷；农兼户对子女教育、建房、就医以及婚丧嫁娶等用途的生活性借贷需求较高，但对日常生活性借贷的需求程度则低于纯农户。非农户除对教育、建房有较大借贷需求外，对其他生活方面的支出均无过多的借贷需求。生产性借贷方面，纯农户的生产性借贷主要用于传统农业领域，而农兼户的生产性借贷用途以传统农业为主，有一定的非农生产；兼农户的生产性借贷资金主要用于非农领域，但在农业领域主要集中在高效农业方面；非农户的生产性借贷绝大部分用于非农领域。借贷水平上，农户的借贷水平与农户的非农化水平呈正向相关，非农户的借贷水平最高，达 2 725.6 元/笔，兼农户、农兼户和纯农户的借贷水平依次为 1 968.3 元/笔、1 586.9 元/笔和 1 171.4 元/笔。农户的借贷发生率与农户的非农化程度呈负相关，不同非农化程度农户借贷行为发生比例的差异为：纯农户最高，为 76.53%，农兼户、兼农户和非农户发生借贷的比例依次是 66.1%、51.2% 和 45.2%。农户借贷规模与农户的非农化水平呈正相关。农户使用正规金融机构借贷与农户的非农化水平呈正相关，农户使用民间借贷的比例与其非农化程度呈负相关。随着农户非农化程度的提高，农户选择使用有息借贷的比例呈现倒"U"形变化。吕青芹（2007）通过对欠发达地区与发达地区农户借贷需求意愿的比较发现，农户整体需求意愿较为旺盛，且欠发达地区更为明显，农户的借贷需求意愿特征与地区农业经济状况、农户经济行为紧密相关；不同地区农户对正规金融和非正规金融的需求意愿存在差异。结构性差异方面，刘庆丰（2007）通过对贫困农户借贷行为的研究发现，不同类型贫困农户虽然都被正规金融机构所排斥，但其借贷需求呈现了不同的特点：生存性贫困农户生产生活均需要资金支持；生活性贫困农户资金需求呈现额度小、频繁、面广等特点；

相对贫困的农户资金需求量大且周期长，风险高，无相应抵押品。李盼盼（2008）通过对山东省外出务工农户借贷行为的研究发现，内地外出务工农户对短期生产性借贷需求旺盛，而沿海外出务工农户则更倾向于获得长期大额的生活性借贷。李延敏（2008）以2000年全国农村固定观察点农户数据为基础，对不同类型农户借贷行为特征进行了分析，得出农户借贷行为的差异主要体现在纯收入、家庭经营类型和非农化程度等方面。农户的借贷规模、借贷来源倾向和借贷用途均呈现层次分明的结构性特征。王静和贾丹花（2009）研究发现，普通农户的资金需求量最小；种养大户的资金需求量较大，但不频繁；兼业农户资金需求量相对较大，且较为频繁。曾学文和张帅（2009）以全国12个省市农户借贷需求的调查数据为依据，分析发现中部地区农户借贷行为较为活跃，且对利率敏感；中部和东北地区农户借贷对借贷期限要求更为明确；东部和东北地区农户所在地与金融机构的距离对农户借贷需求的影响显著。不同收入水平农户的比较发现，收入对低收入农户借贷需求的影响不显著，而对中高收入者的影响较为明显，且负相关；借贷利率对低中收入农户的借贷需求影响显著；农户所在地与金融机构的距离对中高收入农户的借贷需求影响显著。

（2）农户借贷行为的实证分析。

近几年，采用计量模型对农户借贷行为问题进行的实证分析逐渐增多，其中对农户借贷行为影响因素的分析较多。大多数学者普遍认为，农户家庭生产经营、收支情况、户主自身情况、家庭社会关系等都是影响农户借贷行为的重要因素。周小斌等（2004）运用Tobit模型分析发现，农户经营规模、农户投资和支付倾向等因素对农户借贷需求有正向影响，而农户自有资金支付能力对农户的借贷需求影响为负向相关。何广文等（2005）通过运用Probit模型对农户借贷意愿和农户信贷可获得性的影响因素进行了分析，发现有过成功借贷经历、家庭人口数量、家庭财产对于农户的贷款意愿有正向影响，而储蓄则对农户的贷款意愿有反向影响。农户的受教育水平越高，则越容易获得贷款，而家庭收入对农业收入的依赖程度越高，家庭财产越多的农户则越不容易获得贷款。侯旭丹（2006）研究发现，农户收入、农户生产经营规模和借入资金的利率水平与农户从民间借入资金规模正向显著相关。张树基（2006）以经济较发达的浙江某市农户调查数据为基础，分别分析了农户特征、农户有形资本和农户声誉三个方面的指标变量对农户借贷行为的影响。结果发现，农户的人力资本中，户主年龄、户主对农村信用合作社借贷政策的认知程度及农户家庭人口对农户借贷行为影响显著；农户的有形资本中，总耕地面积、家庭财产情况、工资性收入和自营工商业收入等，对农户借贷行为影响显著；农户声誉因素中，户主担任干部情况对农户的借贷行为影响显著，而户主的政治面貌对农户的借贷行为影响不显著。黎翠梅和陈巧玲（2007）运用多分类Logistic 回归模型得出，农户家庭中非农劳动力人数占家庭人口数的比例、农户对借贷政策的认知程度、农户的耕地面积、农业收入、生产性支出、生活性支出、户主政治面貌等因素，对农户借贷行为的影响较为显著。韩俊等（2007）通过构建 Iqbal 模型，对利率的外生性、农户借贷发生率以及农户借贷需求规模等问题进行了分析，发现农村金融市场的利率是外生的，不是农户借贷的主要考虑因素，而农户家庭收入、生产经营特征和家庭特征则是农户借贷需求的决定因素。熊学萍等（2007）通过运用 Probit 模型分析发现，耕地面积、经济活动类型、年龄和文化程度对农户融资意愿和实际贷款数量有显著影响，其中耕地面积和农户的经济活动类型影响效果最大。宫建强和张兵（2008）通过运用 Tobit 模型分析，发现借款在提高农户家庭收入方面作用重大，农户收入、自有资金、农户生产经营规模以及自身特征对农户借贷需求影响显著。褚保金等（2008）运用广义Logit 模型对农户借贷渠道选择的影响因素进行了实证分析，认为户主的受教育年限、住房价值、社会资本等，是影响农户正规借贷需求和非正规借贷需求的主要因素，教育支出是影响农户非正规借贷需求的主要因素，播种面积、住房价值、家庭年总收入与农户获得正规借贷支持显著正相关。蒋难（2009）利用 2008 年在中部某省 9 个地市 750 户农户的调查数据，以包括生产和消费两方面活动的农户经济行为为基础建立 Probit 模型，对农户的借贷决策及其影响因素进行了分析，发现农户的借贷需求和农户实际从金融机构获得贷款的概率均与其抵押物数量具有较强的正相关性，随着农户家庭工商业平均收入的增加，农户的借贷需求呈现先下降再上升的趋势，经济状况好的农户获得贷款的概率会更高。随着农户家庭平均教育支出的增加，农户的借款需求呈现先上升后下降的趋势。金融机构的数量与农户的借贷需求和获得借款的可能性均呈现正向相关关系。刘洁和秦富（2009）研究发现户主年龄、文化程度、信用社社员身份、农户家庭经营土地面积、农户家庭净资产水平以及农户对金融机构存贷款利率的认知对农户的借贷意愿影响显著。王静和贾丹花（2009）从农户特征和正规金融供给状况两个方面分析了农户借贷行为的影响因素，认为农户的人力资本对其借贷行为有正向影响，户主年龄结构对其借贷行为有明显影响，农户的借贷行为也呈现生命周期性，中年家庭支出大、借贷更为频繁。农户的文化程度对其能否获得贷款有正向影响，文化程度越高的农户，越有可能获得贷款；家庭人口越多的农户借贷的比例越高，非农劳动力占家庭人口的比例较高时反映出家庭人均收入较低，但却需要更多的消费。农户的生产规模对农户借贷有正向影响，表现为耕地面积越大，农户的借贷需求则越强烈。农户家庭收入对农户借贷需求有负向影响，家庭收入越高的农户，发生借贷的可能越小；农户的生活支出对农户借贷行为有正向影响，生活支出越大的农户发生借贷的可能性越高。曾学文和张帅（2009）以全国 12 个省市农户借贷需求的调查数据为依据，通过构建 Logistic 模型分析了农户借贷需求影响因素及其差异性问题，发现影响农户借贷需求的主要因素是农户纯收入、借款利率、借款期限以及农户家庭所在地与金融机构的距离。罗芳和李平（2009）以新疆兵团农户调查为基础，运用 Tobit 模型对该地区农户借贷行为的影响因素进行实证分析发现，种植规模、农业支出、金融供给制度对农户正规金融借贷有正向影响，而区域差异则对其有负向影响；种植规模、非农经营支出、家庭资产状况、子女教育支出和借款用途对农户非正规借贷具有正向影响，而非农业经营收入、受教育年限和社会关系则对其有负向影响。韩宁（2010）运用对青海、甘肃、新疆和河北 4 个省区农户的调研数据，采用 Logit 和 Probit 模型对农户借贷需求的影响因素进行了实证分析，认为农户家庭经济活动的主要决策人的受教育年限与低收入农户借贷需求显著正向相关，而农户的收入及支出与低收入农户借贷需求影响不显著。

（3）农村金融供给特征分析。

农户借贷行为的研究，离不开对农村金融供给市场的分析。许多学者从金融供给的视角对正规农村金融市场和非正规农村金融市场与农户借贷行为之间的关系进行了探讨。叶静忠等（2004）从社会学的视角对农户金融需求及农村社区金融供给状况进行了分析，认为正规金融的主要供给对象是较为富裕且拥有较高社会资本的农户，而贫困农户则主要从非正规金融渠道获得金融支持。李明贤和黄亚林（2005）分析了政府与农村信用合作社之间、政府与农民和农村企业之间、政府与农村民间金融之间的博弈，认为农村金融改革成功与否及改革方向的确定是其利益相关者之间动态博弈的结果。王桂堂（2005）从利益博弈的角度，分析提出每一轮农信社体制改革都将引发一场利益关系的博弈，博弈的均衡点就是此轮改革结局的结论。邝梅和赵柯（2008）通过对农村金融信贷关系进行博弈分析发现，信贷交易成本和贷款利率降低的情况下，金融机构和农户的无限次重复博弈可以实现信贷博弈的长期均衡，而这需要以较高的规模效益水平为前提。刘西川（2007）对贫困地区农户的信贷需求和信贷约束问题进行了分析，发现贫困地区农村经济结构正处于较大的转变时期，一方面是大部分农户的经济活动以小规模种植和外出务工为主，对生产性借贷需求不强，但对生活消费性借贷的需求较高。农户对正规信贷需求水平较低，且对正规信贷需求呈现消费型、额度较大、期限较长和非抵押贷款方式等特点。现有正规金融机构的贷款产品和政策不利于农户对正规金融借贷的获取。工资性收入降低了农户对正规信贷的需求。孙学敏和赵昕（2007）通过对河南南阳卧龙区农户金融需求与农村社区金融供给状况的分析发现，农村正规金融的供给在支持地区生计建设方面起到了比较积极的作用，52.6%的受访农户从信用社获得过贷款。农户对金融的需求主要还是从非正规金融渠道获得支持，但非正规金融中按时还款的比例很低，仅占4%，有49%的非正规金融借款处于"一直未还"的状态。非正规金融是依靠血缘和友情而形成的关系型信用为基础的，这保证了非正规金融的相对安全，同时它还具有隐性利息，即无偿使用借款的同时，欠下了"人情债"。郑世忠（2008）从农户借贷交易成本的角度分析并比较了交易成本对农户向正规借贷和非正规借贷行为的影响，认为两种借贷行为交易成本差异很大，非正规借贷行为根植于"熟人社会"，合同的签订、执行都有一套约定俗成的规则；而正规借贷行为的合约一般采取正规的合同，不仅有书面形式，而且合同要件齐备，对偿还日期、金额、利率、担保抵押等都有明确的规定。由于法律规定土地使用权和房屋不能抵押，农户抵押品不足现象比较严重，金融机构要从其他方面确保合约风险的有效降低，势必增加其交易成本，加之正规金融机构远离乡村，合同的签订、执行、监督成本均较高。曹玉贵和李一秀（2009）运用博弈论思想，构建了农村金融机构与农户之间借贷行为的博弈模型，对金融机构和农户之间存在制约条件下的行为及可能产生的结果进行了博弈分析。

（4）农户借贷声誉问题研究。

由于农户在正规金融市场借贷过程中抵押品不足现象较为普遍，而在非正规借贷中又具有明显的地缘和人缘优势，因此如何界定农户在金融市场上的声誉问题的研究，成为提高农户金融需求满足程度的重要前提。蒋永穆和纪志耿（2006）通过对农户借贷过程中信任形成机理进行分析，并运用完全信息动态博弈理论，提出了长期合作中建立信任、团体贷款中建立信任、抵押担保中建立信任和互联交易中建立信任等四种构建信任机制的方法。黄晓红（2009）通过对农户借贷中声誉作用机制进行研究，发现农户声誉具有多维结构，农户声誉与农户的偿还能力、偿还意愿以及互惠倾向均呈正向相关，贷方类型对农户声誉效应有调节作用。正规借贷中，农户声誉与偿还能力、偿还意愿的相关性都明显低于其在非正规借贷中的相关性，在正规借贷中，农户声誉对收入机会、抵押替代、违约成本的影响均低于在非正规借贷中的影响。

1.3.3　国内外研究动态评述

国内外学者的研究，特别是关于小农经济理论和发展中国家农村金融市场"二元"结构的提出，为农户借贷行为的研究奠定了重要的理论基础。随着发展中国家农村金融问题研究的不断深入，研究工具和方法从最初的统计分析到多种经济计量模型的运用，研究视角从金融供给视角到供给、需求等多角度的探讨，研究区域和范围也不断地增加和扩大。

纵观国内外已有研究，仍有些不足。在研究区域的选择上，我国农户借贷行为的研究多是对东部、中部、西部地区农户借贷行为进行比较，或者是典型地区的个案研究，虽然也有个别学者对陕西省农户借贷行为开展了一定的研究，但系统性研究较少。研究思路的选择上，已有研究以围绕农户借贷行为的特征描述和影响农户借贷行为因素的实证分析居多。然而农户借贷行为的研究远不止于此，还应涉及农户对金融市场供给的认知及选择等诸多方面的问题，而已开展的研究中，对这几方面问题的研究较少。另外，在农户借贷行为的比较中，随着经济社会的发展，农户分化现象日趋明显，不同类型农户借贷行为之间的比较不够深入、全面和细致。

并且已有的研究中，对农户的分类比较仅限于从农户收入水平、收入结构、非农化程度等方面进行，而农户的户主特征、农户家庭特征、生产经营特征、收支情况以及农户所在地农村金融市场供给特征等的差异都会对其借贷行为产生不同的影响，目前基于这些特征的差异性比较研究较少。在研究方法上，已有的农户借贷行为的实证研究中，对金融需求影响因素的研究居多，而对农户生产的技术效率与农户特征及金融环境之间的关系的解释也相对较少。

鉴于以上几个方面，位于西部地区的陕西省农户借贷行为有何特点，现阶段不同特征农户借贷行为的差异性又是如何？这些问题的研究对更好地认识和解决陕西省以及西部欠发达地区"三农"发展中的金融制约，推动农村经济社会发展具有重要意义，同时也是本书选题研究的根本出发点之所在。

1.4 研究思路、方法和数据来源

1.4.1 研究思路

本书以陕西省农户借贷行为为研究对象，首先根据已有研究为基础，对研究区域及农户样本特征进行分析；并在此基础上分别运用一般统计分析、方差分析、Probit 模型、MLogit 模型和 OLogit 模型等经济计量模型对不同特征农户的融资需求（借贷需求、需求额度、借贷类型）及其影响因素的差异性、不同特征农户的融资选择行为、农户对借贷路径的认知及选择等问题进行比较分析。最后，在以上研究的基础上，提出深化农村金融体制改革和创新，优化农户借贷行为，推进农户经济社会发展的政策建议。

根据研究思路，对陕西省农户借贷行为进行比较研究的技术路线如图1-1所示。

1.4.2 研究方法

运用行为学、比较学、经济学、金融学、行为经济学等多学科交叉知识，对陕西省农户借贷行为问题进行比较研究。分析过程中具体采用的分析方法如下。

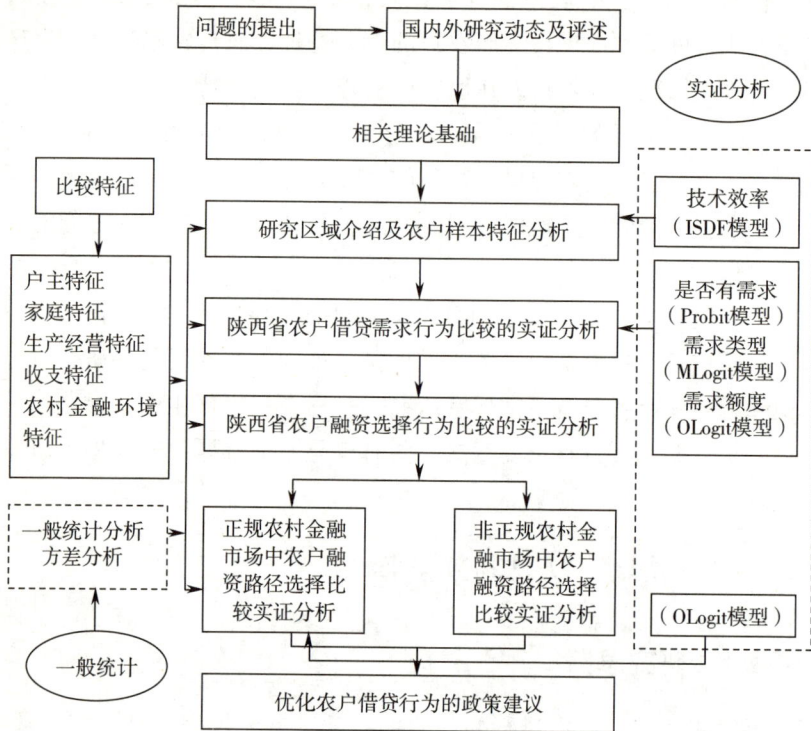

图 1-1 研究技术路线图

（1）一般统计法。

文中采用均数、百分比和标准差等一般统计分析法对指标进行一般描述统计分析。

（2）方差分析法。

方差分析（Analysis of Variance，ANOVA），又称"变异数分析"或"F检验"，是 R. A. Fisher 发明的，用于两个及两个以上样本均数差别的显著性检验。[1] 书中采用方差分析方法分别分析了第四章中不同特征农户借贷需求类型、借贷需求额度的差异性问题；第五章中不同特征农户对借贷供给主体选择的差异性问题；第六章中不同特征农户是否愿意从银行获得贷款、基于不同借贷需求的农户愿意接受的银行最高贷款利率的差异性问题；第七章中不同特征农户向私人借贷频率的差异性问题。

---

① ［1］http：//baike. baidu. com/view/786804. htm.

（3）实证分析法。

本书采用多种经济计量模型，对样本农户特征、农户借贷行为进行实证分析，用到的方法主要有：

超越对数随机前沿距离函数模型（ISDF）：第三章中，通过构建超越对数随机前沿距离函数模型，对样本农户的生产技术效率及户主特征、家庭特征、农村金融市场环境等因素对农户生产技术效率的影响进行估计。

Probit 模型：第四章中，运用 Probit 模型分析影响总体样本农户和不同特征农户是否存在借贷需求的因素及其差异性的问题。

MLogit 模型：第四章中，运用 MLogit 模型估计农户对借贷需求类型的选择及其影响因素的差异性问题。

OLogit 模型：第四章、第六章中分别运用 OLogit 模型估计农户对借贷额度的选择及其影响因素、农户愿意接受的银行贷款的最高利率的问题。

论文中数据分析用到的分析软件有 Excel、Frontier 4.1、EViews6.0 和 Stata11.0。

1.4.3　数据来源

本书分析所用数据均来自 2010 年 7 月开展的"农户借贷行为调查"获得的调研数据。此次调查采用随机抽样的方法对农户进行入户调查及访谈，调查的村落涉及铜川市下高捻乡五星村、儒柳村、文家村、袁家村、赵坡村、郭家村和魏家村等。共发放调查问卷 300 份，回收有效问卷 286 份，问卷有效率为 95.3%。所有调查数据如无特殊说明均为截至 2009 年底的数据情况。调查问卷的设计包括两个方面的内容，其中第一部分为农户家庭基本情况，主要包括户主特征、农户家庭特征、生产经营特征、收支状况、农户所在地农村金融市场环境特征等；第二部分主要为农户的借贷行为特征，包括农户的借贷需求、需求类型及额度、农户对正规金融市场和非正规金融市场中各金融供给主体的认知、选择及参与等。

1.5　论文的创新之处

本书的创新之处可总结为以下四点：

（1）运用超越对数随机前沿距离函数模型估计调查样本农户的生产技术效率及其影响因素，从农户分化进程中资金、劳动力等各生产要素在不同领域（农业领域和非农领域）的投入和分配的角度，对不同农户特征、农村金融市场环境特征等因素对农户生产技术效率的影响进行探讨。

（2）从户主特征、家庭特征、生产经营特征、收支状况及农村金融市场特征等方面，运用一般统计分析、方差分析和经济计量模型等方法，对不同特征农户的借贷需求、借贷需求类型及借贷需求额度等问题展开全面的比较分析，为较为全面地了解金融需求视角下农户借贷需求的特点和差异性提供参考。

（3）通过不同特征农户对金融供给主体的认知及选择的比较分析，总结不同特征农户的认知、选择特点及其差异性，为各金融供给主体全面了解其优势及劣势，进而有针对性地向不同特征农户提供特色金融服务，培育客户群体提出建议。

（4）在正规农村金融市场上，农户在现有利率下是否愿意向银行借款以及基于不同目的借贷时愿意承担的最大利率的实证分析，是对农户利率承受度的初步探试，为相关农村金融产品的设计和开发提供可借鉴的参考。在非正规农村金融市场上，对农户的实际借贷额度、频率以及私人借贷的交易成本问题的分析，为全面了解非正规金融市场上民间借贷问题提供补充。

第二章 农户借贷行为比较研究的相关理论基础

第一章中我们对农户借贷行为的国内外研究现状进行了分析，本章将就农户借贷行为比较研究的相关理论基础、决定农户借贷行为差异的主要因素以及目前农村金融市场的主要供给主体等问题进行分析。

2.1 农户及借贷行为

2.1.1 农户行为

关于农户经济行为的研究，具有代表性的有：组织生产学派、理性小农学派和历史学派。以恰亚诺夫为代表的组织生产学派认为，农户家庭生产的产品主要是为了满足家庭的消费需求而非对市场利润的追求，农户家庭生产发展主要依靠自身劳动力而非雇佣劳动力，因此农户生产经营的投入无法向资本主义那样以工资的形式计算成本。农户家庭生产的投入与产出无法分割，其劳动力的投入是依据家庭需要和所付出劳动的辛苦程度两方面考虑的，而不是利润与成本之间的均衡。因此，只要农户消费的满足感高于其对需要付出的劳动的辛苦程度的判断，农户就会不断地追加劳动投入，直至达到均衡。以西奥金·舒尔茨为代表的理性小农学派认为传统农业发展停滞落后的根源在于传统农业的投资收益率低，无法刺激人们的投资积极性，因而发展处于停滞状态。要改造传统农业，需要从引入现代生产要素入手，其中主要是对农民人力资本的投入和建立适于改造传统农业的激励机制，使农业成为经济增长的源泉。理性小农学派认为国家的贫困是因为其不恰当的政策导致的，而非不良的外在条件导致了贫困的恶性循环。美国学者黄宗智通过对中国农户问题的研究，提出了"拐杖逻辑"。他认为中国小农家庭的收入是由农业家庭收入加非农佣工收入构成的，后者是前者的拐杖。按照他的逻辑，中国小农经济由于过密化，呈现出了一定的劳动力剩余现象，而这部分多余的剩余劳动力则是通过雇佣劳动者的形式依附于小农经济之上。另外，他还认为耕地不足带来的生存压力会导致农户对劳动力的投入达到非常高的水平，直至在逻辑上它的边际产品接近于零——这就是著名的黄氏"总产出在以单位工作日边际报酬递减为代价的条件下扩展"的"过密化"学说。

以上理论研究的不同，是基于研究方法、研究对象以及所处社会、历史阶段的差异。中国特有的历史文化以及农村资源的要素结构决定了其农户的特殊性，加之区域因素的影响和现阶段农户分化进程的开展，不同区域，甚至同区域内不同特征的农户其行为也呈现出了明显的差异性。

2.1.2 借贷的起源

借贷，即将钱物借给他人或向他人借用钱物。《周礼》中有关于早在先秦时期关于借贷的相关记载："泉府，掌以市之征布，敛市之不售，货之滞于民用者，以其贾买之……凡赊者，祭祀无过旬日，丧纪无过三月；凡民之贷者，与其有司辨而授之，以国服为之息。"[①] 其中不仅对不同用途的借款期限的差异进行了描述，还记载了借贷中关于利息的问题，表明在当时借贷已经出现并且有了一定的发展。春秋战国和秦朝时期，赊贷业已经初具规模，民间借贷也已经发展了起来。当时的赊贷业主要为农贷，即在发生农业灾害、青黄不接时将衣物、食物、钱财等贷给贫困农民以维持他们基本的生活和生产之用。待农作物丰收后，农户再按照事先规定的利息，向放贷方偿还借贷的本息。通过这种赊贷的方式，不仅可以增加国家收入，同时对帮助有赊贷需求的贫困农民解决暂时的生产生活困难具有积极意义。现在看来，虽然这种农贷方式带有明显的剥削性，但在当时，在解决人们的暂时困难方面发挥了一定的积极作用。1975 年在秦墓中出土的竹简《法律问答》的记载中可以发现，秦朝已经制定了明确的私人借贷的法律规范，这标志着借贷关系在当时已经相当普遍。

2.1.3 借贷行为

农户作为农业生产基本的构成单元，具有规模小，生产资料和生活资料都相对有限的特点。伴随着我国小农经济的发展历程，农户也已成为农村借贷关系的产生和发展过程中重要的参与者、需求者和推动者。尽管相

---

① 孙诒让：《周礼正义·地官·司徒》，中华书局，1987。

当一部分农户最早参与借贷时，并非自己的主观意愿，而是基于贫困等各种形势所迫，但在历史发展的进程中，农户的借贷行为早已演变成农户生产生活中的一种常态。早在北宋陈舜俞的描述中就有"千人之乡，耕人之田者九百夫，犁牛稼器无所不赁于人，匹夫匹妇，男女耦耕，力不百亩，以乐岁之收五之，田者取其二，牛者取其一，稼器者取其一，而仅食其一；不幸中岁，则偿且不赡矣；明年，耕则称息加焉，后虽有丰获，取之无所赢而食矣。率五年之耕，必有一年之凶，彼乐岁丰年犹不免盼盼之，若衣食之不足，凶年求免于寒饥，难矣"①，生动地刻画了当时大部分农户没有田地，依靠租赁土地、农具、牲畜等生产资料为生的生产和生活状态。通过描述可知，在收成好的年份，农户的收入仅够维持其基本生活和再生产之用；收成一般甚至有灾荒的年份，借贷将成为帮助农户暂时缓解生产生活困境的唯一办法。由此可见，借债与还债已经成为当时农户经济生活中的重要内容（王文书，2011）。

关于农户借贷的原因，《欧阳文忠公文集》外集卷九《原弊》中也有归纳"凶荒、公家之事、春秋神社婚姻死葬自具"，说明灾荒、地租税负、拜神祭祀、婚丧嫁娶等已成为当时导致农户借贷的主要原因。农户借贷的方式也主要有高利贷、商业性借贷、政府对民间的赈贷以及民众之间的互助借贷，其经营方式也主要有信用借贷和抵押借贷（李一鸣，2010）。农户借贷主要的放贷方有官僚、商人、手工业者、城市居民、地主以及专门的放贷业从业者。借贷发展延续至今，毋庸置疑的是它依然是暂时缓解农户日常生产生活中资金短缺等问题的常用办法。然而农户的借贷需求在新的经济社会发展形势下也出现了许多新的特点，农户的借贷行为，也因现阶段农村金融市场的发展特点而与以往有所不同。根据麦金农和肖提出的发展中国家农村金融市场"二元"结构理论，我国的农村金融市场分化现象也十分明显。目前已基本形成了以中国农业银行、农业发展银行、农村信用合作社、邮政储蓄银行、其他商业银行及新型农村金融组织等为主体构成的正规金融供给和民间借贷、民间集资、私人钱庄、合会等非正规金融供给主体并存的格局。

农户借贷行为作为农户经济行为的重要组成部分，主要包括农户在金

---

① ［宋］陈舜俞：《都官集》卷二《策·厚生一》，文渊阁四库全书。

融市场（正规农村金融市场和非正规农村金融市场）上对各金融供给主体的认知、选择以及借贷过程中各种相关的行为活动。从农户资金的流动方向可以将借贷行为分为融出资金的借贷行为和融入资金的借贷行为。从农村金融市场分化的角度则可以分为农户在正规农村金融市场的借贷行为和农户在非正规农村金融市场的借贷行为。本书主要结合现阶段陕西省农户经济社会发展的实际情况，仅分析该地区农户在正规农村金融市场和非正规农村金融市场的资金融入行为。

2.2　决定陕西省农户借贷行为差异的要素分析

2.2.1　农户借贷行为差异的要素分析

综合以上研究理论基础，农户的借贷行为是农户个体的各项特征与其所处的经济社会因素综合影响和作用的结果，其中主要的影响要素包括：环境要素、个体要素和区位要素等。

2.2.1.1　环境要素

环境要素主要由制度因素、经济因素、文化因素等构成。

（1）制度因素。

我国是有着悠久历史的农业大国，长期以来，社会及其特有制度的演变对农户的生产生活方式都产生着重要影响。农业是人类社会的衣食之源、生存之本，是国民经济的基础，也是关系国计民生的重要产业。漫长的历史演变过程使农民与土地之间产生了深厚的感情，农业土地制度的稳定关系着国家的稳定与发展，已成为全社会的普遍共识。我国家庭联产承包责任制的实行，极大地激发了农民的生产积极性，在新中国成立初期及改革开放以后，曾经发挥了积极作用。但随着社会的发展和农业科技的不断进步，传统小农生产模式的局限性日渐明显，逐渐束缚了现代农业的生产经营和发展。一方面是小规模农业经济效益不高，仅依靠农业生产不能满足农户的生产生活的各项需要，大大影响了农户从事农业生产的积极性，导致大量农村青壮年劳动力外出务工，使得从事农业生产的劳动者素质大大降低，严重制约了农业技术的推广和普及，使得农业生产发展缺乏"高素质"劳动力的后继支持；另一方面，我国农民对土地的特殊感情，导致面临着农业生产效益低下、劳动力不断外流的现状，大部分农户依然不愿意轻易放弃手中的土地，宁愿勉强维持着"粗放式"生产经营的状态，这同样大大阻碍了农业生产效率的提高和现代农业的发展。以上这些对现阶段农民生产积极性的提高和农业的持续发展均造成了不利影响。

另外，新中国成立初期由于发展经济的需要，我国工农业产业"剪刀差"长期存在，大量的农村财富被转移到其他产业中。不仅对广大农业从业者是一种剥削，也使农村的经济社会发展长期处于被抑制的状态，使他们错过了重要的经济发展阶段。与此同时，正规金融在新中国成立初期很长的一段时间内在农村和农业的发展中扮演着"吸储机"的角色。农村金融"二元化"的供给体制，必将导致农户资金借贷过程中，对金融供给主体的选择也呈现日益分化的现象。

（2）经济因素。

国内外经济环境的变化，国家相关政策特别是农村经济政策的调整都会在不同程度上影响农户生产经营的积极性，从而引起农户资金借贷需求结构发生变化。农产品行业的发展及价格的变动对农户经济行为的影响自不用说，非农行业的波动亦会对农户的经济行为起到波动效应，继而影响农户的金融需求及借贷行为。例如，2008 年国际金融危机导致实体经济受到了强烈冲击，许多外出务工的农民被迫返乡，农村劳动力就业结构和就业领域随之发生了变化，加上经济危机导致农产品价格的急剧下降，农业售卖难等问题的综合影响下，农户金融需求的方向和特点也都有了不同程度的调整和改变。

（3）文化因素。

文化在历史发展过程中早已融入到农户的生产生活的方方面面，对农户的资金需求行为及特征同样有着重要影响。如受文化因素的影响，我国农户的消费在一定程度上呈现出"非理性"现象，即农户日常生活消费中"轻精神消费，重物质消费；轻衣食，重住房；轻基本生活消费，重礼节交往（民俗，婚丧嫁娶）"等（肖婷婷，2009）特点为农户的资金需求特征披上了"特色文化"的面纱。这些与其他国家农户经济社会发展中的现象均不相同。另外"砸锅卖铁供孩子上学"等传统思想对当前农户依然有很大影响。因此，在研究农户经济和社会发展问题时，其所依托的人文社会环境对其行为的影响往往是不容忽视甚至极为明显的。

2.2.1.2 个体因素

农户资金借贷需求的差异性与农户的个体特征，如户主的年龄、文化程度、性别等因素相关外，还与农户的家庭结构、生产经营结构等特点密切相关，具体的体现是农户家庭成员的能力和特点即劳动力要素、土地等各类生产要素、农户的生产经营能力以及生产生活中资金支出结构等，这些因素都会对农户借贷需求的差异性产生不同程度的影响。

2.2.1.3 区域因素

改革开放以来，我国的区域经济发展差异明显，逐步形成了东部沿海地区经济发展较快，西部地区发展速度相对较慢的发展格局。各种资源、政策等因素的区域差异也加剧了区域农业发展水平的差异性。就农业发展而言，东部地区农业规模化、现代化水平普遍高于西部欠发达地区。史清华（2004）比较了沿海与内地农户的借贷水平、借贷来源和借贷资金的用途，发现内地农户的借贷偏向生活方面，且趋向收敛，沿海农户的借贷则偏向生产方面，且扩大趋势明显；内地农户的借贷水平普遍较沿海农户要低得多；两地农户随着收入水平的提高，借贷面均呈下降趋势，且随着时间的推移这一下降趋势日益明显。

2.2.2 陕西省农户借贷行为差异的要素分析

综合以上分析，陕西省农户借贷行为的比较研究，将从以下几个方面予以展开：户主特征、农户家庭特征、农户生产经营特征、农户收支特征以及农村金融市场特征等。

户主特征：户主通常是指在一个家庭日常生活中享有管理权，相对于其他普通家庭成员而言较为权威，能较强地影响其他家庭成员的观念和看法的人。因此户主个体特征（性别、文化水平、年龄、外出务工经验等）对农户家庭的生产经营、生活消费及各种重大事项（如借贷）等问题的判断和决策都会具有重要影响。

农户家庭特征：家庭特征是影响农户借贷决策和行为的内在因素，本研究将从家庭常住人口、劳动力平均年龄两个方面予比较分析家庭特征与农户借贷行为的关系。

农户生产经营特征：农户作为一个基本的生产单位，最重要的生产资料就是土地和劳动力，其中土地面积对其农业生产规模具有一定的决定意义，劳动力在农业领域和非农业领域的分配，与农户可能的资金需求类型及额度关系密切。本研究分别从农户家庭所拥有的土地面积、农业生产人数和非农业生产人数三个方面比较分析生产经营特征与农户借贷需求和借贷行为的关系。

农户收支水平：农户收入和支出水平及类型的差异与农户的借贷需求及借贷行为密切相关；本书分别从农户 2009 年家庭总收入、主要收入来源、主要生活支出类型及主要的经营投资类型四个方面比较分析收支水平与农户借贷需求和借贷行为的关系。

农村金融市场供给特征：正规农村金融市场和非正规农村金融市场的构成及特点对农户的借贷选择可能会有显著影响，此处分别从农户所在地到最近的正规金融机构所需时间和农户所在地附近是否有民间借贷组织两个方面比较分析农村金融市场供给特征与农户借贷需求和借贷行为的关系。

2.3　农村金融供给主体的构成

农村金融就是货币资金在农村的融通，主要包括资金的筹集、分配、管理等系列活动。最早的农村金融活动产生于原始社会后期，伴随着私有制和商品的产生而出现，并伴随着人类社会的发展和演化而不断发展。各国根据发展情况不同，其农村金融的发展历程、特点及农村金融体系的构成均有所差异。我国作为一个有着悠久农耕文明史的发展中国家，1949 年前的农村金融主要被地主、富农、钱庄、商铺和高利贷等左右。新中国成立以后，经过多次改革和调整，我国的农村金融初步形成了既具有现代金融特点，又具有中国特色的农村金融体系。按照麦金农的"二元"制的农村金融体系理论，我国农村金融市场也呈现明显的"二元"金融结构，下面分别对正规农村金融市场和非正规农村金融市场的供给主体进行分析。

2.3.1　正规农村金融市场供给主体

正规金融机构是指受一般法律约束并接受专门的银行监管机构监管的

金融机构。① 一般的正规金融机构包括开发银行、商业银行、邮政储蓄银行以及经合法注册的提供金融服务的金融机构，它们构成了正规金融市场的金融供给主体。针对农村金融市场的农村正规金融机构主要包括：中国农业银行、中国农业发展银行、农村信用合作社、中国邮政储蓄银行及其他金融机构（组织）等。

2.3.1.1 中国农业银行

作为目前中国四大商业银行之一的中国农业银行（Agricultural Bank of China，ABC），其历史最早可以追溯到1951年成立的农业合作银行，之后相继经历了国家专有银行、国家独资商业银行、国有控股商业银行等的发展与变革，到1979年才恢复成为了现在的中国农业银行。1994年中国金融体制改革中，明确了中国农业银行的发展方向是国有商业银行，且以盈利为最大目的，按盈利性、流动性、安全性的原则从事经营管理活动。随着改革的进一步推行，农业银行的业务基本上与农户脱钩。涉农贷款的比重逐渐降低，目前农业贷款所占比重已降到10%左右，其在农村金融体系中的主体地位日趋下降，这表明中国农业银行正从农村金融体系中逐步退出。

2.3.1.2 中国农业发展银行

中国农业发展银行（Agricultural Development Bank of China，ADBC 简称农发行），是1994年成立的国有农业政策性银行，其业务是由国家根据国民经济发展和宏观调控的需要并考虑农发行的实际承办能力界定的。目前农发行的涉农金融服务包括粮棉油、农业基础设施建设与改造、农业综合开发、农业生产资料、涉农企业和农业科技贷款等。农业发展银行在新农村建设和发展中发挥了重要作用，但其业务不直接面向农户，因此农发行在农户层面的金融供给职能有很大的局限性。

2.3.1.3 农村信用合作社

中国最早的农村信用合作社是1923年在河北省成立的，新中国成立以后得到了快速发展。农村信用合作社是我国农村金融体系的重要组成部分，是由社员入股组成，实行社员民主管理，为社员提供金融服务的合作金融机构。目前农村信用合作社具有队伍庞大、点多面广、接近农村基层

---

① http://baike.baidu.com/view/7904120.htm［2012 - 8 - 23］。

群众的特点，主要服务对象有农户、涉农组织及企业等，其中涉农信贷比重达到了40%以上。在农户借贷方面，农村信用合作社开展的小额信用贷款和联保贷款等都有效缓解了农户借贷难的问题，可以说农村信用合作社已成为农村金融供给体系的生力军。然而，由于农业生产周期长、经营风险大、信用社内部经营管理和体制的制约等原因，农村信用社在借贷风险管理、评估和服务效率的提高等方面都面临着严峻的挑战。

2.3.1.4 中国邮政储蓄银行

中国邮政储蓄银行（Postal Savings Bank of China，PSBC）自1986年恢复开办以来，依托邮政网络优势，已建成为覆盖全国城乡的金融服务机构，它拥有营业网点3.6万多个，其中2/3以上的网点分布在县及县以下的农村地区，是我国连接城乡的最大金融网，也是农村金融服务体系的重要组成部分。中国邮政储蓄银行的业务范围是向城乡居民提供小额信贷、消费信贷、信用卡、投资理财等金融服务，其中小额贷款业务面对的主体是农户、中小企业和商户。据统计，截至2010年10月，中国邮政储蓄银行在县及县以下农村地区发放的贷款中小额贷款所占比例达70%，为全国400万农户提供了资金信贷服务。由此可见，中国邮政储蓄银行在"三农"建设和发展中发挥着重要的补充作用。

2.3.1.5 其他金融机构（组织）

其他正规金融机构或组织，包括农村商业银行（农村合作银行）、农村合作基金等，其中农村商业银行是在原有农村信用合作社的基础上改制成立的，是具备商业性质的"农村信用合作社"。农村合作基金是一种较早的社会保障组织，后发展成为农村合作基金会，它并非真正意义上的金融机构，而是金融系统的一种补充形式。

2.3.2 非正规农村金融市场供给主体

非正规金融（Informal Finance）又称民间金融、非正式金融等，是与正规金融相对而言的。非正规金融是指在政府批准并进行监督的金融活动之外所有存在的金融形态和行为，即未纳入国家金融管理体系的金融形态。非正规金融作为正规金融的补充，在一定程度上为我国农业发展中货币的交易和流通起到了重要的促进和推动作用。非正规金融供给主体包括：民间借贷、民间集资、地下钱庄、合会等。

2.3.2.1 民间借贷

民间借贷有广义和狭义之分。广义的民间借贷是各种民间金融的总称，狭义的民间借贷仅指民间个人之间的借贷。狭义民间借贷一般呈现分散、隐蔽、利率高低不一、借款形式不规范等特点。整体而言，民间借贷特别是亲朋之间的借贷，是建立在相互信任的基础上的，其借贷形式主要有三种：一是口头约定型，这种借贷方式大多发生在亲戚朋友、同乡、同事、邻居等关系密切的熟人间，完全依靠个人间的感情及信用行事，无须任何手续，借贷额度一般较小；二是简单履约型，这种借贷方式较为常见，借贷时手续相对简单，依据借贷双方关系的深浅，仅凭一张借条或一个中间人即可完成借贷手续，借款期限或长或短，借款利率高低不一；三是高利贷型，是指个别富裕农户将资金以高于银行利率的形式借给急需资金的农户或企业，从而获取高额回报的借贷方式。

2.3.2.2 民间集资

农村中少数大户、专业户和有一定规模的乡镇企业都有可能产生对大规模资金的需要，出现民间集资的情况。集资包括生产性集资、公益性集资、互助合作及福利集资等，具体有以劳代资、入股投资、专项集资、联营集资和临时集资等。由于风险大，且被认为扰乱了农村金融秩序，民间集资活动一般都会受到抑制。

2.3.2.3 私人钱庄

私人钱庄是指没有经过审批所设立的类似银行的金融机构，这些机构通过吸收存款的方式发放贷款。在农村中一般由较富裕的农民或个人将资金以高于银行利率的方式借给急需资金的农户或企业，以满足他们用于孩子结婚、上学、建房、医疗、购买生产原料等各种目的的资金需求，从而获得高额利息报酬。在我国经济较发达的东部地区，私人钱庄较为普遍，而在西部地区不常见。

2.3.2.4 合会

合会是各种金融会的通称，是在我国有着较长历史的一种民间金融形式，它是一种基于血缘、地缘关系的，带有互动、合作性质的自发性群众融资组织。一般由若干人组成，相互约定每隔一段时间开会一次，每次聚集一定的资金，由会员轮流使用，基本上不以盈利为目的，但其本质都表现为入会成员之间的有息借贷。按照决定资金使用次序的方式不同，合会可分为轮会、摇会、标会等。轮会是在事先固定各成员对资金的使用次序，摇会是指按照抽签方式确定资金的使用次序，标会则是以投标的方式决定资金的使用次序，具体做法在不同地区有所差异。就合会的规模而言，融资数额较大的合会多分布在经济较为发达的东南部地区，尤以浙江、福建为多。合会适合于一个流动性较弱的熟人社会，其运营主要依靠成员间非正式的社会关系和彼此的信任，但对违约现象的制裁也缺乏法定的约束力，通常是民间的社会排斥、信用谴责等。

第三章 研究区域介绍及样本特征分析

农户借贷行为与其所处区域、区域内农户整体特征及农户的生产生活特征等因素密切相关。本章将就研究区域的基本情况、调查样本农户生产生活、收支状况等基本特征进行分析，并结合农户分化现象，运用超越对数随机前沿生产函数对农户的生产技术效率及其影响因素进行估算，以期探究陕西省农户生产生活特征、农户生产技术效率水平及其主要影响因素。

3.1 研究区域介绍

陕西省位于我国内陆西部地区，东临山西、河南；西连甘肃、宁夏；南抵湖北、四川、重庆；北接内蒙古。全省面积19万多平方公里，共设有西安、铜川、宝鸡、咸阳、渭南、延安、汉中、榆林、安康、商洛10个省辖市和1个农业高新技术产业示范区。全省地势南北高，中间低，地形复杂多样。北山和秦岭将陕西分为三个自然区域，由北向南依次是陕北黄土高原，总面积为9.25万平方公里，约占全省土地面积的45%；南部为秦巴山区，总面积为7.4万平方公里，约占全省土地面积的36%；中部关中平原，总面积3.9万平方公里，约占全省土地面积的19%。全省常住人口3 762万人，其中城镇人口1 583.8万人，农业人口2 178.2万人，人口密度平均每平方公里182人。截至2010年底，陕西省全年生产总值10 021.53亿元，比上年增长14.5%。人均国内生产总值27 133元，比上一年增长25.1%，其中，第一、第二、第三产业增加值分别为988.45亿元、5 403.53亿元、3 629.55亿元，分别增长了5.8%、18.0%和11.7%；占生产总值的比重分别为9.9%、53.9%和36.2%。全年粮食总产量1 164.9万吨，比上年增长了3%。全省农村居民人均纯收入为4 105元，比上年增加了667元，增长了19.4%，人均生活消费支出为3 794元，增长了13.3%。

铜川位于陕西省中部（图3-1），介于东经108°34′~109°29′和北纬

34°50′~35°34′之间，距离陕西省省会西安 68 公里，总人口 86 万人，2010 年全市生产总值 187.73 亿元，剔除价格因素，同比增长 15.6%，增速居全省第二位；全市人均生产总值为 22 317 元，比上年增长了 15.3%。第一、第二、第三产业增加值分别为 14.18 亿元、116.50 亿元、57.05 亿元，分别增长了 7.7%、18.1% 和 12.8%，第一、第二、第三产业增加值占 GDP 的比重分别为 7.6%、62.0% 和 30.4%，其中第二、第三产业的增长幅度与全省平均增幅较一致，均维持在较高的增长水平上，第一产业虽然增幅较慢，但比全省平均增幅高出 1.9 个百分点。

2010 年铜川市农民人均纯收入为 4 789 元，同比增长 20.7%，略高于同年全省农民人均纯收入 19.4% 的平均增长幅度。铜川市与陕西省第一产业的增长幅度均较为缓慢，且明显落后于第二、第三产业较高的增长幅度。可见铜川市综合经济和农民收入等发展趋势及水平与陕西省平均水平基本一致，结合实证分析过程中农户数据的可获得性，以铜川市农户调研数据分析陕西省农户经济生活、借贷行为的基本特点及存在的突出问题，具有一定的代表性。另外，从农业生产结构的角度分析，陕西省的陕南地区属于稻田农业，可归为南方农业系统，陕北地区农牧特色较为明显，而位于关中地区的铜川，其位置居于陕西中部，农业生产具备农牧兼营的特点，因此，铜川农户借贷的调研数据，可基本上反映陕西省农户借贷的基本特征。

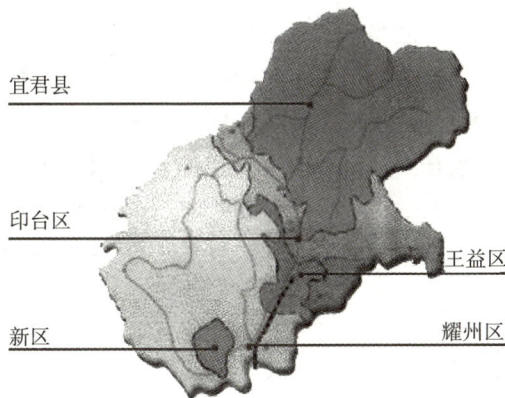

图 3-1　铜川市区划图

3.1.1　气候及地形

铜川市气候属于暖温带大陆性气候，年平均气温为 8.9℃～12.3℃，东西寒冷干燥，少雨雪，夏季雨水充沛，气候炎热，春秋季节气候多变。该地区西部和北部均为山区地形，年均日照 2 412.4 小时，气温 8℃～9℃，降水量为 650～740mm。中部和东部为沟原相连的残塬区，年均日照 2 345.7小时，气温 10℃～11℃，降水量为 589～650mm。南部地势平坦，年均日照2 351.1小时，气温 11.8℃～12.3℃，降水量为 539～555mm。

3.1.2　经济发展

铜川主要产业是煤炭、建材、陶瓷、机械、纺织、化工和铝工业等。医药和食品也非常有名，水果、畜牧、药材以及蔬菜等为该地区农业发展的主导产业，主要农产品有苹果、辣椒、花椒、大蒜、烟草、核桃、中草药及苹果酒、苹果醋、辣椒、核桃等农产品的加工。

3.1.3　农业发展

铜川主要粮油生产作物为小麦、玉米和油菜，2005 年间播种的 108.45 万亩（72 661.5 公顷）粮食作物中，油料作物为 11.18 万亩（7 490.6 公顷），小麦为 51 万亩（34 170 公顷），玉米为 37.65 万亩（25 225.5 公顷）。该地区粮食生产的基础条件较差，干旱耕地所占比重达 84%，而低产田面积占耕地总面积的 80%，每亩地平均产量为218.5 公斤（即3 261.2 公斤/公顷）。畜牧产业主要有奶牛、肉牛、羊、猪、鸡等。近年来，随着水果需求量的不断增加，该地区水果种植和加工产业发展迅速，主要有苹果、樱桃、葡萄、桃子、杏等，其中苹果种植面积为 35 万亩（23 450 平方公里），樱桃、葡萄、桃、杏等水果种植面积达 5 万亩（3 350 平方公里）。蔬菜种植面积为 7.5 万亩（约 5 025 平方公里），总产量达 110 000吨。[①]

3.1.4　农村社会环境

铜川农业发展的基础依然是以农户为基本单位。农户的生产生活方式

---

① http：//baike.baidu.com/view/38083.htm ［2010－8－10］。

在继承传统的同时，也受社会经济发展的影响。在这双重影响下，农民的生产和生活，呈现出了与以往不同的特点，这可以从农村劳动力的分离和农民对农业生产依赖程度的变化中可见一斑。由于土地的细碎化经营和农业生产技术的不断进步，农村劳动力剩余现象日益严重，许多农户在完成基本的农业生产的同时，开始利用农闲时间从事其他兼业活动。农户家庭的兼业化程度不同，其收入结构也呈现出一定的差异性。一方面，一些文化水平高、思路灵活的农户逐渐转向非农领域的生产经营，并逐渐退出农业生产经营活动，他们中的一部分虽仍居住在农村地区，却不再从事农业生产经营活动，也有部分最终选择了离开农村。根据王芳和罗剑朝（2012）对农户生产技术效率的分析，农户劳动力向非农领域的投入，比向农业领域的投入更能使其整体生产技术效率得以提高，这就导致农户的劳动力投入会向具有经济回报优势的非农产业倾斜，而基本的农业生产则由常年在家的妇女和老人完成。另一方面，完全以农业为唯一生活来源的纯农业生产的农户，这部分农户以务农收入为主要或全部的收入来源，通过从事农业生产获得日常需要的粮食、蔬菜和油料，以及数量有限的牛、羊、猪等，以满足基本的生产生活需要。此类农户以老年农户和家庭中没有可外出务工的剩余劳动力的农户家庭为主。

农户的分化使得农村经济的发展模式及农户的经济水平均呈现一定的差异性，一方面是农村经济市场得到了发展和繁荣，另一方面是农户之间的收入差距日益明显。并且，随着农村劳动力的大量外流，农业劳动力缺失、留守老人和留守儿童等问题逐渐凸显。当地政府通过鼓励农户发展果蔬种植、畜牧饲养等提高农户经济收入和经济水平以促进地方经济社会发展的同时，在一定程度上也缓解了农村劳动力外流及由此引发的一系列社会问题。然而，资金匮乏以及较低的生产效率和生产规模仍然是制约当地农村经济社会发展的主要原因之一。

3.2　研究样本基本特征比较分析

3.2.1　户主特征及其差异性

户主作为农户家庭的主要决策者和影响者，对农户的各项生产经营和支出以及家庭劳动力就业领域的分配具有重要作用。下面主要从户主的年龄、性别、文化程度、外出务工经历及领域、信用自我评价等方面分析农户家庭户主特征的差异性。

3.2.1.1 年龄与性别

受访农户中户主的平均年龄为 44.3 岁。户主年龄在 25 岁以下、26～35 岁、36～45 岁、46～60 岁和 60 岁以上的分别有 29 户、45 户、82 户、97 户和 33 户，分别占受访农户总数的 10.1%、15.7%、28.7%、33.9% 和 11.5%。其中，户主年龄为 46～60 岁的农户组所占比例最高，其次是户主年龄为 36～45 岁的农户组，这两个农户组在受访农户总数中所占比例之和高达 62.6%。所有户主中，女性户主 158 户，男性户主 128 户，分别占受访农户总数的 55.2% 和 44.8%。35 岁以下的户主中，女性户主所占比例高于男性户主，36 岁以上户主中，男性户主所占比例高于女性户主（见表 3－1）。

表 3－1　　　　　　　户主年龄与性别统计　　　　　单位：户，（%）

年龄（岁）	男	女	总数
25 岁以下	12（4.2）	17（5.9）	29（10.1）
26～35 岁	22（7.7）	23（8.0）	45（15.7）
36～45 岁	42（14.7）	40（14.0）	82（28.7）
46～60 岁	57（19.9）	40（14.0）	97（33.9）
60 岁以上	25（8.7）	8（2.8）	33（11.5）
合计	158（55.2）	128（44.8）	286（100.00）

数据来源：调查数据计算整理。

3.2.1.2 文化程度

户主文化程度的统计结果显示，9.8% 的受访农户没有上过学，接受了小学、初中、高中、大专及本科以上文化教育的农户分别占受访农户总数的 16.1%、48.9%、15.0%、3.2% 和 7.0%。比较得出，该地区农户文化水平整体不高，具有初中及以下文化程度的农户所占比例占受访农户总数的 74.8%。户主文化程度与性别的交叉比较显示，未上学的农户中，女性户主的比例高于男性户主，而具有小学、初中、高中和大专学历的户主中，男性户主所占比例均高于女性户主（见表 3－2）。

表 3-2　　　　　　　　　　户主文化程度统计　　　　　　　　单位:%

文化程度	男	女	合计
未上学	3.2	6.6	9.8
小学毕业	10.8	5.2	16.0
初中毕业	26.6	22.4	49.0
高中毕业	10.1	4.9	15.0
大专毕业	2.5	0.7	3.2
本科以上	2.1	4.9	7.0
合计	55.3	44.7	100.00

数据来源:调查数据计算整理。

3.2.1.3　就业经历及领域

户主的就业经历和领域对其眼界的开阔、学习和接受新技术能力的提高、意愿及其家庭的生产和经营等方面都具有重要的积极影响。受访农户中,有外出务工经历的户主占受访农户总数的 37.4%。在户主从事的主要职业的调查中,共有 281 户农户回答了该问题,其中主要从事农业生产的农户占回答该问题农户总数的 74.4%,主要职业为务工或公职的农户占回答该问题农户总数的 19.2%,主要职业为自营工商业的农户占回答该问题农户总数的 5.0%(见表 3-3)。

表 3-3　　　　　　　　　　户主就业领域统计

主要从事职业	户数(户)	所占比例(%)
务工或公职	54	19.2
自营工商业	14	5.0
农业	209	74.4
兼业	4	1.4
合计	281	100.0

数据来源:调查数据计算整理。

3.2.1.4　信用自我评估

农户对本人信用的自我评估结果显示,认为本人信用很高或较高的农户分别占受访农户总数的 16.4% 和 55.6%;认为本人信用在村内属于一般水平的农户占受访农户总数的 27.3%,认为本人信用在村内属于较低水平的农户占受访农户总数的 0.7%(见表 3-4)。

表 3 - 4   农户信用自我评估统计

本人信用自我评估	户数（户）	所占比例（%）
很高	47	16.4
较高	159	55.6
一般	78	27.3
较低	2	0.7
低	0	0.0
合计	286	100.0

数据来源：调查数据计算整理。

3.2.1.5 社会参与及其他

农户对农村社会的参与程度在一定意义上可以反映出农户的家庭特征、经济水平及户主的管理经营能力等信息。此处通过对农户户主是否是村干部、是否是党员、其姓氏是否是村里的姓氏大户三个方面进行考察和度量。调查显示，受访农户中，正在担任或曾经担任过村干部的农户有 22 户，没有担任过村干部的农户有 263 户，分别占受访农户总数的 7.7% 和 92.3%。户主是党员的农户占受访农户总数的 10.1%。76.6% 的受访农户属于村中的姓氏大户。

身体健康状况。受访户主中，户主身体状况为健康、一般和差的农户分别有 214 户、62 户和 11 户，分别占受访农户总数的 74.8%、21.3% 和 3.8%。因大病住过医院的户主占受访农户总数的 14.3%。

3.2.2 家庭特征及其差异性

3.2.2.1 家庭规模

受访农户家庭平均人口为 4.1 人，其中家庭人口为 3~5 人的农户占受访农户总数的 79.7%，受访农户家庭规模在 2 人以下（含 2 人）和 6 人以上（含 6 人）的农户分别占受访农户总数的 9.4% 和 11.8%。

3.2.2.2 劳动力特征

（1）劳动力结构。受访的 286 户农户中共有 16 岁以上劳动力 834 人，户均劳动力 2.9 人。家庭中没有劳动力的农户占受访农户总数的 1.0%，85.3% 的受访农户家庭中劳动力人数为 2~4 人，其中，以 2 位劳动力的农户家庭较为普遍，在受访农户中所占比例达 40.6%，有 1 人和 5 人以上劳动力的农户所占比例相对较少。由此可见，农户的家庭劳动力数量亦处于较小的规模水平上。

（2）劳动力平均年龄。受访农户家庭劳动力平均年龄以 30 ~ 50 岁的居多。其中，家庭劳动力平均年龄小于 20 岁的有 4 户，占受访农户总数的1.4%。农户家庭劳动力平均年龄为 20 ~ 30 岁、30 ~ 40 岁、40 ~ 50 岁、50 ~ 60 岁、60 ~ 70 岁和 70 岁以上的农户分别占受访农户总数的 4.9%、42.7%、34.6%、10.8%、4.2% 和 1.4%。

（3）劳动力就业类型。286 户受访农户中，共有 16 岁以上劳动力 834人，其中，从事农业生产的劳动力有 588 人，外出务工的劳动力有 278 人，分别占农村劳动力总数的 66.6% 和 33.3%。

3.2.2.3　子女信息

286 户农户中共有未成年子女 443 人，户均 1.5 人。其中有两个未成年子女的农户在受访农户中所占比例最大，占受访农户总数的 44.1%，有一个未成年子女的农户在受访农户中所占比例为 36.7%，未成年子女个数分别为 3 个、4 个和没有未成年子女的农户分别占受访农户总数的 7.7%、1.7% 和 9.8%。农户子女中，在校生共有 209 人，其中小学、初中、高中、中专、大专及以上的在校生人数分别为 59 人、55 人、40 人、11 人和44 人，分别占在校生人数总数的 28.2%、26.3%、19.1%、5.3% 和21.1%。随着教育水平的提高，各类农村在校生人数呈现明显的“U”形曲线，也就是说，基础教育和高等教育的在校生人数所占比例较高，但中等职业技术教育的在校生人数相对较少。

3.2.2.4　家庭财产水平

大部分农户认为自己家的经济状况与全村相比处于中等及以下水平，其中 54.0% 的受访农户认为自己家的经济状况处于全村中等水平，23.5%的受访农户认为家里的经济状况与全村相比处于中下等水平，10.5% 的受访农户认为家里的经济状况处于全村下等水平，认为家里经济状况与全村相比处于中上等或上等水平的农户分别占受访农户总数的 9.8% 和 2.1%。

3.2.3　生产经营特征及其差异性

3.2.3.1　生产经营类型

在对农户“家庭所属类型”的调查中，52.0% 的受访农户属于纯农业生产户，27.2%的受访农户属于外出打工户，属于个体工商户的占受访农户总数的6.0%，属于专业种养户、贫困户、干部户及其他类型的农户分别占受访农户总数的4.6%、4.3%、1.1%和4.8%（见表3-5）。由此可见，该地区农户的从业类型以农业生产为主，同时外出务工现象较为普遍。

表3-5　　　　　　　　　农户所属类型统计

农户所属类型	户数（户）	所占比例（%）
纯农业生产户	193	52.0
专业种养户	17	4.6
个体工商户	22	6.0
干部户	4	1.1
外出打工户	101	27.2
贫困户	16	4.3
其他	18	4.8

数据来源：调查数据计算整理。

农户的农业生产以农作物种植为主，其中从事农作物种植的农户占受访农户总数的87.8%，从事畜牧业、渔业和林业的农户分别占受访农户总数的0.7%、0.3%和2.7%，没有从事任何农业生产的农户占受访农户总数的10.3%（见表3-6）。从事了非农生产项目的农户占受访农户总数的51.6%。其中，从事建筑业和服务业的农户分别占从事非农行业农户总数的46.2%和30.3%；从事交通运输、仓储及邮政业、住宿餐饮、电力、燃料、水生产及供应、批发零售、制造业及采矿业的农户分别占从事非农行业农户总数的14.5%、9.0%、7.6%、6.2%、5.5%和4.8%。

表3-6　　　　　　　　农户从事的主要农业生产类型

主要农业生产类型	户数（户）	所占比例（%）
农作物种植	251	87.8
畜牧业	2	0.7
渔业	1	0.3
林业	8	2.8
没有	30	10.5

数据来源：调查数据计算整理。

3.2.3.2 土地类型及规模

该地区土地类型以平地和园地为主，平地主要用于种植小麦、玉米等粮食作物，农户生产的粮食主要用于自给，园地则主要用于种植苹果、樱桃等经济作物，这也成为该地区农户农业经济收入的重要来源之一。在农户所拥有的土地规模的调查中，农户的土地面积以 1 ~ 10 亩居多，户均土地面积 5.2 亩，户均平地和园地面积分别为 1.1 亩和 4.1 亩。其中，拥有 5 ~ 10 亩土地的农户所占比例最大，占受访农户总数的 37.1%；拥有 3 ~ 5 亩和 1 ~ 3 亩土地的农户，分别占受访农户总数的 22.3% 和 20.1%；拥有 10 亩以上土地的农户占受访农户总数的 12.0%；拥有的土地面积小于 1 亩和没有土地的农户分别占受访农户总数的 1.4% 和 7.1%（见表 3 - 7）。

表 3 - 7　　　　　　　　　农户土地规模统计

农户拥有的土地面积	户数（户）	所占比例（%）
0 亩	20	7.1
<1 亩	4	1.4
1 ~ 3 亩	57	20.1
3 ~ 5 亩	63	22.3
5 ~ 10 亩	105	37.1
≥10 亩	34	12.0
合计	283	100.0

数据来源：调查数据计算整理。

3.2.3.3 外出务工劳动力投入及分布

受访农户 2009 年家庭劳动力累计外出务工时间户均 8.7 个月，全年没有外出务工劳动力的农户占受访农户总数的 30.3%，家庭累计外出务工时间小于 6 个月的农户占受访农户总数的 12.7%，家庭累计外出务工时间为 6 ~ 12 个月、12 ~ 24 个月、24 ~ 36 个月的农户分别占受访农户总数的 26.1%、21.5% 和 7.0%，家庭累计外出务工时间为 36 ~ 48 个月的农户占受访农户总数的 2.5%（见表 3 - 8）。外出务工劳动力务工范围的统计发现，随着外出务工地点距离的增加，外出务工人数呈现递减的趋势，其中选择在所在乡内务工的劳动力占外出务工劳动力总数的 36.9%，选择在乡外县内务工的劳动力占外出务工劳动力总数的 33.8%，选择在县外省内和省外国内务工的劳动力分别占外出务工劳动力总数的 18.7% 和 11.6%。

表 3 - 8　　　　　2009 年农户家庭劳动力累计外出务工时间统计

户外出务工时间合计	户数（户）	所占比例（%）
0 个月	86	30.3
<6 个月	36	12.7
6 ~ 12 个月	74	26.1
12 ~ 24 个月	61	21.5
24 ~ 36 个月	20	7.0
36 ~ 48 个月	7	2.5
合 计	284	100.0

数据来源：调查数据计算整理。

3.2.4　收支特征及其差异性

3.2.4.1　农户收入

受访农户 2009 年人均纯收入为 4 017.3 元。人均纯收入水平低于 4 000元的农户占受访农户总数的 34.8%，人均纯收入水平在 4 000 ~ 6 000 元之间的农户占受访农户总数的 18.9%，人均纯收入水平在 6 000 ~ 8 000 元之间的农户占受访农户总数的 14.4%，人均纯收入水平在 8 000 ~ 10 000 元之间和 10 000 元以上的农户分别占受访农户总数的 7.4% 和 24.6%（见表3 - 9）。农户的收入构成中，工资性收入在农户收入结构中所占比重最高，占农户总收入的 44.1%，其次是农业种植收入，占农户总收入的 34.4%，个人经营收入占农户总收入的比重为 2.6%，养殖业和其他收入占农户总收入的比重分别为 2.2% 和 7.7%。

表 3 - 9　　　　　　　农户人均收入水平统计

人均收入水平（元）	户数（户）	所占比例（%）
<2 000	41	14.4
2 000 ~ 4 000	58	20.4
4 000 ~ 6 000	54	18.9
6 000 ~ 8 000	41	14.4
8 000 ~ 10 000	21	7.4
≥10 000	70	24.6
合 计	285	100.0

数据来源：调查数据计算整理。

3.2.4.2　农户支出

受访农户 2009 年人均支出总额为 2 229.9 元，其中用于经营投资的支出为 1 183.0 元，用于日常消费的支出为 1 046.9。在人均经营投资水平的分组比较中，随着人均经营投资水平的增加，农户所占比例呈现递减趋势。其中人均经营投资支出水平小于 500 元、500～1 000 元和 1 000～2 000 元的农户分别占受访农户总数的 33.7%、24.2% 和 22.8%。人均经营投资支出水平大于 2 000 元的农户在受访农户中所占比例仅为 19.3%（见表 3 - 10）。农户经营支出构成中，受访农户总投资的 79.9% 用于种植业，用于养殖业的经营投资占经营投资总数的 3.6%，用于私营经营的投资占经营投资总数的 13.8%。子女教育费用支出在农户日常消费支出中所占比重最大，达 24.6%，食品和医疗保健在农户消费支出中所占比重分别为 19.9% 和 13.3%，居住、人情往来、燃料、衣着、交通和通讯、水电及文教娱乐等费用开支在农户消费总支出中所占比重依次为 9.8%、9.5%、6.2%、5.5%、5.1%、4.3% 和 0.6%（见表 3 - 11）。

表 3 - 10　　　　　　　　　　受访农户人均经营支出统计

人均经营支出水平（元）	户数（户）	所占比例（%）
<500	96	33.7
500～1 000	69	24.2
1 000～2 000	65	22.8
2 000～3 000	26	9.1
3 000～4 000	13	4.6
4 000～5 000	6	2.1
≥5 000	10	3.5
合计	285	100.0

数据来源：调查数据计算整理。

表 3 - 11　　　　　　　　　　受访农户人均生活消费支出统计

类别	人均（元）	构成（%）
食品	208.7	19.9
燃料	65.0	6.2
水电	45.1	4.3
衣着	57.8	5.5
居住	102.2	9.8
子女教育	257.4	24.6

续表

类别	人均（元）	构成（%）
交通和通讯	53.4	5.1
文教娱乐	6.1	0.6
医疗保健	138.8	13.3
人情往来	99.4	9.5
其他	13.0	1.2
合计	1 046.9	100.0

数据来源：调查数据计算整理。

3.2.5 存储特征及其差异性

3.2.5.1 农户存款

农户是否在农业银行、农村信用合作社、邮政储蓄银行等金融机构有储蓄存款的调查结果显示，286 户受访农户中仅有 79 户（27.6%）农户在金融机构有储蓄存款，207 户（72.4%）受访农户在金融机构没有存款。存款方式上，16.9% 的农户存款为定期存款，83.1% 的农户的存款为活期存款（见表 3-12，表 3-13）。74 户农户透漏了存款余额，其中户均存款余额为24 827.0元。与 2008 年年底相比，18.2% 的农户反映储蓄状况下降了，认为储蓄情况较 2008 年年底增长 1%～10%、10%～50%、50%～100%、100%～200% 的农户分别占受访农户总数的 57.1%、18.2%、1.3% 和2.6%。

在农户存款时选择的金融机构和处理方式的调查中，共有 80 户农户回答了该问题，其中分别有 58.8% 和 33.8% 的农户选择将存款存入农业银行和邮政储蓄银行。存款的处理上，有 21.3% 的农户选择将存款用于购买保险，12.5% 的农户会将存款无息借给亲戚朋友；另外还分别有 1.3% 的农户选择将存款存入农村信用合作社和有息借给朋友。受访农户中没有购买债券、股票、借给小额贷款公司及参与打会的现象。

表 3-12　　　　　　　　　农户存款情况统计

有无存款	户数（户）	所占比例（%）
有	79	27.6
无	207	72.4
合计	286	100.0

数据来源：调查数据计算整理。

表 3 - 13　　　　　　　　农户存款方式的选择

存款方式的选择	户数（户）	所占比例（%）
定期	13	16.9
活期	64	83.1
合计	77	100.0

数据来源：调查数据计算整理。

（1）存款的用途。

在存款用途的调查中，共有 78 户农户回答了该问题，其中农户存款的主要用途依次为：子女教育、以后生活用、建房、看病养老、生产资料投资、婚丧嫁娶、购买大型家用电器、经商及其他，所占比重依次为：46.2%、32.1%、25.6%、24.4%、15.4%、11.5%、10.3%、9.0%（见表 3 - 14）。

表 3 -14　　　　　　　　农户储蓄的用途统计

计划用途	户数（户）	所占比例（%）
归还借款	1	1.3
购买大型家用电器	8	10.3
婚丧嫁娶	9	11.5
经商	7	9.0
用于来年购买农资	12	15.4
其他生产投资	6	7.7
供子女上学	36	46.2
建房	20	25.6
看病、养老	19	24.4
以后生活用	25	32.1
结余、无目的	8	10.3
其他	2	2.6

数据来源：调查数据计算整理。

（2）没有存款的原因。

农户没有在农业银行、农村信用合作社或邮政储蓄银行存款的原因调查中，共有 203 户农户回答了该问题，其中 97.0% 的农户认为没有存款的主要原因是没有多余的资金。因为银行的服务水平或便利程度等问题而没有在金融机构存款的农户所占比重不大（见表3-15）。

表3-15   农户没有存款的原因统计

没有存款的原因	户数（户）	所占比例（%）
在银行信用社存款容易取款难	3	1.5
对银行信用社的信用不信任	2	1.0
服务不好	1	0.5
离家太远不方便	2	1.0
没有多余的资金	197	97.0
利率太低	2	1.0
其他	5	2.5

数据来源：调查数据计算整理。

3.2.5.2　农户储粮情况

农户2009年储粮行为的调查中，共有282户农户回答了该问题，其中37.6%的农户有储粮行为，62.4%的农户没有储存粮食或其他作物（见表3-16）。在对各种不同用途的粮食的储存数量的调查中发现，农户储存的粮食以口粮为主，占受访农户总数的37.1%，这些农户中，户均储存口粮重量为620公斤；储存饲料粮的农户仅占受访农户总数的2.1%，其中户均储存饲料粮为500公斤；储存粮食作为种子的农户所占比例较低，仅占受访农户总数的0.3%，户均储存种子粮50公斤；储存粮食等着涨价，将来能以更好的价钱卖出的农户占受访农户总数的1.7%，这部分农户中户均储存用于等待涨价的粮食340.2公斤。

表3-16   2009年农户储粮行为统计

农户是否储存粮食或其他作物	户数（户）	所占比例（%）
是	106	37.6
否	176	62.4
合计	282	100.0

数据来源：调查数据计算整理。

3.2.6　农村金融及交通环境特征及其差异性

3.2.6.1　农村金融环境

农户居住地附近金融机构网点分布情况的调查发现，96.9%的农户居住地附近有中国农业银行的网点，94.4%的农户居住地附近有中国邮政储蓄银行的网点，另外，中国工商银行、中国建设银行、农村信用合作社在农户所在地附近有覆盖的比例分别为92.7%、86.4%和81.8%，但仍有2.1%的受访农户居住地附近没有任何金融机构（见表3-17）。正规金融机构在农户所在村的分布情况的调查发现，85.0%的受访农户所在村有正规金融机构的网点分布，15.0%的受访农户所在村没有正规金融机构的网点分布。

表3-17　　　　金融机构在受访农户居住地附近覆盖情况统计

附近的金融机构	户数（户）	所占比例（%）
有		
中国农业银行	277	96.9
中国工商银行	265	92.7
中国建设银行	247	86.4
农村信用合作社	234	81.8
中国邮政储蓄银行	270	94.4
没有	6	2.1

数据来源：调查数据计算整理。

3.2.6.2　交通环境

调查发现，受访农户所在地普遍交通情况较好，基本通车。农户出行的交通工具以摩托车为主，占受访农户总数的59.4%，另外，分别有28.3%、7.3%和6.6%的受访农户出行的主要交通工具为自行车、步行和汽车。农户到最近的金融机构业务网点所需时间平均为18.0分钟，其中有52.1%的农户到最近的金融机构网点所需的时间为10~20分钟，距离最近的金融机构网点所需时间在10分钟以内、20~30分钟、30~40分钟、40~50分钟、50~60分钟以及60分钟以上的农户分别占受访农户总数的8.9%、15.0%、20.0%、1.8%、0.4%和1.8%（见表3-18）。

表3-18　　　　农户到最近的金融网点所需时间统计

到最近的金融网点所需时间（分钟）	户数（户）	所占比例（%）
<10	25	8.9
10~20	146	52.1
20~30	42	15.0

续表

到最近的金融网点所需时间（分钟）	户数（户）	所占比例（%）
30～40	56	20.0
40～50	5	1.8
50～60	1	0.4
≥60	5	1.8
合计	280	100.0

数据来源：调查数据计算整理。

3.3 农户生产技术效率实证分析

3.3.1 模型与方法

本部分借鉴了 Daniel Solis 和 Boris E.（2008）对美国中部参加自然资源管理的农户技术效率以及仝炯振（2009）对中国农业全要素生产率增长的分析模型，选择投入导向型超越对数随机前沿距离函数（Input Stochastic Distance Frontier，ISDF）对陕西省农户生产技术效率及农户特征、农村金融环境等因素对农户生产技术效率的影响进行分析。

假设每个农户有 N 个投入向量（$x = (x_1, \cdots, x_N) \in R_+^N$）和 M 个产出向量（$y = (y_1, \cdots, y_M) \in R_+^M$），投入导向型距离函数表示为

$$D^I(x,y) = Max\{\lambda : (x/\lambda) \in L_x(y)\} \tag{3.1}$$

其中，D^I 是投入导向型距离函数，$L_x(y)$ 是与产出向量 y 相对应的投入向量 x，λ 指效率水平，（Coelli and Perelman，1999）。随机投入距离方程可以定义为（Hattori，2002）

$$1 = D(x,y)\exp(-u+v) \tag{3.2}$$

其中 v 是指生产前沿的偏离，$-u$ 是随机误差项，是衡量生产的非效率水平。超越对数的投入距离函数模型可以表示为

$$\ln D_i(x,y,t) = \alpha_0 + \sum_{n=1}^{N} \alpha_n \ln x_n^{k,t} + \sum_{m=1}^{M} \beta_m \ln y_m^{k,t} + \varepsilon_t t + 0.5 \sum_{n=1}^{N} \sum_{n'=1}^{N} \alpha_{nn'} \ln x_n^{k,t} \ln x_{n'}^{k,t}$$

$$+ 0.5 \sum_{m=1}^{M} \sum_{m'=1}^{M} \beta_{mm'} \ln y_m^{k,t} \ln y_{m'}^{k,t} + 0.5 \varepsilon_{tt} t^2 + \sum_{n=1}^{N} \sum_{m=1}^{M} \rho_{nm} \ln x_n^{k,t} \ln y_m^{k,t}$$

$$+ 0.5 \sum_{n=1}^{N} \eta_{nt} \ln x_n^{k,t} t + \sum_{m=1}^{M} \Phi_{mt} \ln y_m^{k,t} t \tag{3.3}$$

式（3.3）中 α、β、ρ、η 和 ϕ 均为待估计参数，k 表示受访农户。此处选用 x_3 作为标准化投入，则标准化后的投入导向型生产距离函数可以表示为

$$\frac{\ln D_i(x,y,t)}{x_3} = \alpha_0 + \sum_{n=1}^{N} \alpha_n \left(\frac{\ln x_n^{k,t}}{x_3^t} \right) + \sum_{m=1}^{M} \beta_m \ln y_m^{k,t} + \varepsilon_t t$$

$$+ 0.5 \sum_{n=1}^{N} \sum_{n'=1}^{N} \alpha_{nn'} \left(\frac{\ln x_n^{k,t}}{x_3^t} \right) \left(\frac{\ln x_{n'}^{k,t}}{x_3^t} \right)$$

$$+ 0.5 \sum_{m=1}^{M} \sum_{m'=1}^{M} \beta_{mm'} \ln y_m^{k,t} \ln y_{m'}^{k,t} + 0.5 \varepsilon_{tt} t^2$$

$$+ \sum_{n=1}^{N} \sum_{m=1}^{M} \rho_{nm} \left(\frac{\ln x_n^{k,t}}{x_3^t} \ln y_{m'}^{k,t} \right)$$

$$+ 0.5 \sum_{n=1}^{N} \eta_{nt} \left(\frac{\ln x_n^{k,t}}{x_3^t} \right) t + \sum_{m=1}^{M} \Phi_{mt} \ln y_m^{k,t} t \qquad (3.4)$$

将公式（3.2）代入公式（3.4）后，标准化的投入导向型随机前沿生产函数可以表示为

$$\ln \left(\frac{1}{x_3} \right) = \ln \left(\frac{D_I(x,y,t)}{x_3} \right) - u_{k,t} + v \qquad (3.5)$$

其中，

$$u_{k,t} = \delta_0 + \sum_{k=1}^{K} \delta_k z^{i,k,t} \qquad (3.6)$$

u 是一组可能影响农户生产技术效率的向量组合，其中 $z^{i,k,t}$ 表示第 t 个生产周期内影响第 k 个农户生产技术非效率的 i 个因素，k 代表农户个数，δ 表示待估参数。

3.3.2　主要统计指标描述

本研究的模型中，农户的投入与产出指标如下（见表3－19）。

3.3.2.1　农户产出变量（Y）：

本书将农户的产出变量分为两种，分别是农业产出和非农业产出，两类产出定义如下：

（1）农业产出（y_1）：指农户种植、养殖以及各种农业补贴等农业产出的总收入（RMB，¥1 000）；

（2）非农业产出（y_2）：指农户务工、个体经营等非农业产出的总收入（RMB，￥1 000）。

3.3.2.2　农户投入变量（X）：

按照资本、劳动力和土地三要素的投入和调查的实际情况，将农户的投入变量细分为资本投入、劳动投入和土地投入，其中各项投入定义如下：

（1）资本投入：农户资本投入分为农业资本投入（x_1）和非农业资本投入（x_2）。其中农业资本投入费用包括：农业生产初期的种子、化肥、农药等农资费用，生产过程中的管护费用以及用于农业生产的器具等费用；非农业生产的资本投入包括从事非农产业的资金、厂房、设备等的投入费用①。

（2）劳动投入：农户劳动投入分为农业劳动力投入（x_4）和非农业劳动力投入（x_5），（单位：人）。

（3）土地投入：农户实际耕作的土地面积（x_3），（单位：亩）。

3.3.2.3　外生变量（Z）：

基于相关研究文献和现有数据，为了估计农户的生产技术非效率，并测算农户特征、交通环境、农村金融环境等因素对农户生产技术效率的影响，本书选取了6个外生特征变量引入到模型中。这些非效率决定因素包括：受访农户户主的性别（z_1），1代表男性，2代表女性；户主年龄（z_2），表示户主在测算年份的实际年龄（单位：岁）；户主的文化程度（z_3），表示户主的实际文化程度，1代表没上学，2代表小学毕业，3代表初中毕业，4代表高中/中专毕业，5代表大专毕业，6代表大专以上文化程度；农户家庭常住人口（z_4），表示截至统计年份末农户家庭中常住人口（单位：人）；交通便利程度（z_5），指农户对所处地区交通便利程度的评价，1代表非常方便，有高速或国道，2代表比较方便，有省道经过，3代表一般，4代表不方便；农户借贷便利程度（z_6），指农户对所处地区农村金融供给便利情况的评价，其中1代表很方便，融资数额满足需求，2代表很方便，但数额不大，3代表一般。

---

①　用于农业和非农业生产的农机具等固定资产，采用永续盘存法予以折旧，$K_{it} = K_{it-1}[1 - \xi_{it}] + I_{it}$。其中 K_{it} 表示第 i 个样本在 t 阶段的生产资金投入；ξ_{it} 为农机具折旧率；I_{it} 为第 i 个样本在 t 期生产投资。各农户历年的固定资本存量也都按照2006年的基准进行了折算。

表 3 – 19   农户生产技术效率统计指标

项目	均值	标准误差
产出变量（Y）		
农业类收入（y_1）	10.41	12.56
非农业类收入（y_2）	16.24	17.19
投入变量（X）		
农业经营投资（x_1）	4.07	6.51
非农业经营投资（x_2）	0.80	4.02
土地（x_3）	5.14	3.71
农业劳动投入（x_4）	2.06	1.10
非农业劳动投入（x_5）	0.98	2.59
非效率等式（Z）		
户主性别（z_1）	1.45	0.50
户主年龄（z_2）	44.34	13.35
户主文化程度（z_3）	3.07	1.21
农户家庭常住人口（z_4）	4.13	1.44
交通便利情况（z_5）	1.87	0.53
贷款便利程度（z_6）	1.47	0.60

数据来源：调查数据计算整理。

由以上统计可以看出，产出变量中，来自非农业类的收入（16.24）高于来自农业的收入（10.41），在农户总收入结构中占据重要地位。投入变量中，农业经营的资金投入（4.07）和劳动力投入（2.06）均高于非农业的经营投资（0.80）和劳动力投入（0.98）。在可能影响农户生产技术效率的变量统计中，男性户主居多。户主的平均年龄为44.34岁。总体而言，农户的生产经营投入中，在农业领域的资金和劳动力投入均高于非农领域的资金和劳动力投入，但收入结构中，农业领域的经济收入却低于非农领域的收入水平。由此不难发现，农户的劳动力和资金的投向与农户收入结构恰恰相反。为了进一步分析农户层面的投入与产出及其影响因素之间的关系，下面运用 ISDF 模型对农户的生产技术效率及各特征因素对农户生产技术效率的影响进行分析。

3.3.3 模型的估计结果及分析

3.3.3.1 模型检验

通过构建似然率检验统计量对上述模型进行如下四个假设的检验（见表3-20）：（1）技术非效率存在性检验；（2）技术变化存在性检验；（3）技术变化是否存在希克斯中性检验；（4）Cobb-Douglas 距离函数模型的适用性检验。

似然率检验统计量为 $LR = -2[\ln L_0 - \ln L_1]$，其中，$\ln L_0$ 和 $\ln L_1$ 分别表示在零假设（H_0）和备择假设（H_1）下的对数似然函数值。如果零假设成立，则检验统计 LR 服从渐进卡方分布（或混合卡方分布），即 $LR \sim \chi^2(k)$，其中 k 表示零假设（H_0）中自由度即约束条件的个数。表3-20 的检验结果表明，所有的假设均在1%的显著水平被拒绝。说明技术效率损失是显著存在的，并且本书所采取的投入角度的超越对数随机前沿生产函数模型假设较好地拟合了样本数据，说明运用最大似然估计的方法对函数进行估计是合适的。

表3-20　　　　　　　　　　模型假设检验统计

假设	对数似然函数值	检验统计量（LR）	临界值 $\chi^2_{0.01}(k)$	是否拒绝假设
（1）$H_0: \gamma = \sigma_0 = \sigma_1 = \cdots = \sigma_i = 0$	-360.58	84.48	20.09	拒绝
（2）$H_0: \sigma_1 = \sigma_{tt} = \phi_{mt} = \eta_{nt} = 0, \forall i$	-362.07	87.46	20.09	拒绝
（3）$H_0: \phi_{mt} = = \eta_{nt} = 0, \forall i$	-361.22	85.76	20.09	拒绝
（4）$H_0: \alpha_{nn'} = \beta_{mm'} = \rho_{nm} = \eta_{nt} = \phi_{mt} = 0, \forall i$	-451.81	266.94	20.09	拒绝

3.3.3.2 估计结果

此部分采用最大似然法对模型进行估计，使用的软件是 Frontier 4.1。参数估计结果如表3-21所示：

农业产出（y_1）和非农业产出（y_2）的偏弹性估计分别为-0.219 和-0.008，均为负值且显著水平分别为1%和5%，说明农业产出和非农业产出的提高都对农户的生产技术效率有正向效果，农业产出与非农业产出的交叉项系数为正（0.020）且显著水平为5%，说明对于农户技术效率水平的提高而言，二者之间具有显著的互补关系。

在投入偏弹性估计结果中，资金在农业领域的投入和劳动力在农业和非农业领域的投入对农户生产技术效率的偏弹性均为正值且具有 1% 的显著水平，说明目前状况下，这些投入要素的增加，均会引起农户生产技术效率的下降。这反映了在陕西省现有小农生产模式下，现有农户生产经营方式不利于农户生产技术效率的提高。要提高农户的生产技术效率，则需要进行生产模式的调整和改革。资金在非农业领域投入的偏弹性估计为负（-0.250），且在 5% 的水平显著，说明资金在非农业领域投入的增加对农户生产技术效率的提高具有显著的正向效果。

时间对农户生产技术效率有显著的负效应。这表明随着时间的推移，农户生产技术效率呈现下降的趋势。按照正常的思维，随着农业科学技术的推广和机械化的普及会对农户生产技术效率的提高有一定的积极作用，对此可能的解释是现有农业生产模式对农户生产技术效率的制约作用远远大于科学技术的推广对农业生产技术效率的正向影响效果，这进一步说明了农户生产模式调整和改革的必要性和紧迫性。

技术非效率影响变量的估计结果显示，户主的性别（z_1）、年龄（z_2）、家庭常住人口（z_4）、所在地交通和资金便利程度均与农户生产技术效率显著相关。其中，户主的性别与农户技术效率的相关系数为 0.529，显著水平为 5%，即户主若为女性则农户的技术效率呈现下降的趋势，这与普遍认识的男性户主相对于女性户主而言，更具备家庭生产经营能力，对农户的生产技术效率应该具有正向作用效果的认识一致。户主的年龄和常住人口的系数分别为 0.166 和 0.105，均为 1% 的显著水平，这说明户主年龄和常住人口与农户技术效率的负相关关系。虽然传统意义上认为农户年龄越大，阅历和经验会成为其生产发展的宝贵财富，会为其生产技术效率的提高产生积极的影响，但作者认为可能的解释是：随着科技的发展和信息媒介的不断增多，年轻的农户接受信息的能力更强，更有可能掌握新的科学技术和劳动技能，进而促进农户生产技术效率的提高。另外，农户家庭常住人口的增加对其技术效率的提高有负的相关关系。可能的解释是常住人口增加，农户家庭需要面临的费用支出会随之增加，但家庭常住人口的增加未必会引起农户家庭的经济收入增加，故可能对家庭生产技术效率的提高产生负的影响。

农户所处位置的交通便利程度（z_5）和资金借贷的便利程度（z_6）的

系数是负值（分别为 -0.018 和 -0.143），且均为 1% 的显著水平，说明目前生产技术和生产规模下，农户生产生活过程中资金借贷的便利程度每增加 1%，农户生产技术效率将平均提高 14.3%。农户所处位置的交通便利程度每增加 1%，农户生产技术效率将平均提高 1.8%。

Frontier4.1 计算结果显示，农户 2006—2008 年的平均技术效率为 0.681，说明复合误差项的变异主要来源于技术非效率，占 68.1%，随机误差项变异仅占 31.9%。

表 3 - 21　　　　　　　　　投入随机距离方程估计结果

变量	系数	标准差
常数项	-0.330 **	0.158
农业投资	0.150 ***	0.057
非农业投资	-0.250 **	0.134
农业劳动投入	0.232 ***	0.058
非农业劳动投入	0.247 ***	0.056
农业产出	-0.219 ***	0.062
非农业产出	-0.008 **	0.032
时间	0.027 **	0.111
（农业投资）^{2}	0.017	0.019
（非农业投资）^{2}	-0.053 *	0.033
（农业劳动投入）^{2}	0.110 ***	0.019
（非农业劳动投入）^{2}	-0.056 **	0.024
（农业投资）×（非农业投资）	-0.036	0.031
（农业投资）×（农业劳动投入）	-0.016	0.015
（农业投资）×（非农业劳动投入）	-0.012 ***	0.017
（非农业投资）×（农业劳动投入）	0.077 **	0.044
（非农业投资）×（非农业劳动投入）	-0.018	0.044
（农业劳动投入）×（非农业劳动投入）	0.112 ***	0.021
（农业产出）^{2}	-0.016	0.020
（非农业产出）^{2}	-0.034 ***	0.008
（农业产出）×（非农业产出）	0.020 **	0.010
（时间）^{2}	-0.000	0.052
（农业产出）×（农业投资）	0.028 **	0.017

变量	系数	标准差
（农业产出）×（非农业投资）	0.042**	0.031
（农业产出）×（农业劳动投入）	0.122***	0.021
（农业产出）×（非农业劳动投入）	-0.029**	0.018
（非农业产出）×（农业投资）	-0.011	0.010
（非农业产出）×（非农业投资）	0.088**	0.046
（非农业产出）×（农业劳动投入）	-0.064***	0.012
（非农业产出）×（非农业劳动投入）	0.094***	0.012
时间×农业投资	-0.003	0.016
时间×非农业投资	0.006	0.029
时间×农业劳动投入	-0.007	0.018
时间×非农业劳动投入	-0.007	0.019
时间×农业产出	0.005	0.018
时间×非农业产出	-0.004	0.010
非效率模型（ Inefficiency Model）		
常数项	-0.015**	0.659
户主性别	0.539**	0.305
户主年龄	0.166***	0.044
户主受教育程度	0.046	0.038
常住人口	0.105***	0.033
交通便利程度	-0.018***	0.048
资金借贷便利程度	-0.143**	0.059
$\sigma^2 = \sigma_V^2 + \sigma_U^2$	0.189***	0.034
$\gamma = \sigma_U^2 / (\sigma_V^2 + \sigma_U^2)$	0.704***	0.083
log likelihood function	-318.343	

注：*、**和***分别表示10%、5%和1%的显著水平。

3.3.4　结论和启示

通过采用ISDF法分析农户的生产技术效率及其影响因素，得到以下几点结论：

（1）农户平均生产技术效率为68.1%，说明农户的生产技术效率还有一定的提升空间。

（2）目前农户的生产经营方式需要调整，资金和劳动力的投向需要科学引导才能有效提高农户的生产技术效率。农户生产的四个投入要素中，劳动力在农业和非农业领域的投入与农户生产技术效率均负相关；资金在农业领域的投入与农户的生产技术效率也是负相关，而资金在非农领域投入与农户生产技术效率则是正相关。农户实际投入情况分析则显示，农户资金在非农领域的投入水平远远低于在农业领域的投入水平。生产经营资金的投向与农户收入来源存在差异。以上均说明，现阶段农户的生产经营方式特别是资金和劳动力的投入方式均不甚科学，有待通过进一步的引导，使农户的资金和劳动力的合理配置以实现要素配置能对农户生产技术效率的提高具有积极作用。

（3）农户户主的性别、年龄和农户家庭常住人口均与农户生产技术效率呈现负的显著相关关系。户主的性别与农户生产技术效率之间的关系说明户主为男性的农户家庭生产技术效率较高，户主的年龄说明年轻的农户对新知识和新信息的接受能力更强，更有利于农户生产技术效率的提高；农户家庭常住人口的增加会加大农户消费方面的支出，导致其实际经济收入下降。

（4）农户所处位置的交通和金融供给条件的改善，对显著提高农户的生产技术效率有积极影响，这说明加强农村交通建设、大力改善农村金融环境等措施是可以从正面促进农户生产技术效率的改善和提高的。

3.4　本章小结

本章通过对研究区域及研究样本农户的特征分析，发现目前陕西省农户收入水平整体较低，农户的生产类型较单一，土地规模小，专业种养户所占比例较低，生产和生活相对落后，外出务工和种植业收入是农户经济收入的主要来源，分别占农户收入总数的44%和34%。农户支出构成中，经营投资和日常消费分别占支出总额的53.1%和46.9%，近八成的经营支出用于种植业生产，仅有13.8%的经营支出用于私营投资；日常消费支出中子女教育、食品和医疗保健所占比重较大。同时，农户兼业化、专业化、非农化发展趋势较为明显。

各类型农村金融机构在农户所在地周围分布较为普遍，交通条件较为便利。农户存款主要选择中国农业银行和邮政储蓄银行，存款的主要用途依次为：子女教育、以后生活用、建房、看病养老、生产资料投资、婚丧嫁娶、购买大型家用电器、经商等。仅有三成的农户有储粮行为，且主要用于自家食用。

对农户生产技术效率的测算得出：农户的生产技术效率较低，还有很大的提升空间。同时发现农户生产技术效率的提高与户主特征、农户家庭中劳动力和资金的投入方向（农业领域和非农业领域）以及农户所在地农村金融市场环境等因素均显著相关，农村金融市场便利程度的改善可有效提高农户生产技术效率。

第四章　陕西省农户借贷需求行为比较实证分析

借贷需求是指人们为满足生产生活等各种物质或精神需求而产生的对资金的融入和融出需要，是金融需求的一个方面。不同主体借贷需求的内容和特点会呈现明显的差异性。关于农户借贷需求的研究，主要可以分为两条线索，其一是从农村金融市场对农户金融需求的满足度的角度衡量农户金融需求的满足情况；其二是从农户的视角研究农户借贷需求的特点及影响因素。前一个视角的研究较多，而从农户借贷需求特点及差异性的视角进行比较分析的研究较少，本章在调查数据的基础上，着重对不同特征农户资金需求、需要融入资金的用途及额度的差异性进行比较分析。

4.1　借贷需求比较分析

农户金融需求较为强烈，286 户受访农户中有 199 户存在金融需求，87 户没有金融需求，分别占受访农户总数的 69.6% 和 30.4%。下面分别从户主特征、家庭特征、生产经营特征、收支情况以及农村金融供给情况等方面，运用一般统计分析、方差分析和 Probit 模型分析农户资金融入需求的差异性及影响因素等问题。

4.1.1　一般统计分析

运用一般统计分析方法，分析不同特征农户组中有金融需求的农户所占的比例（见表 4 - 1）。

4.1.1.1　户主特征与金融需求

户主通常是指在一个家庭日常生活中享有管理权，相对于其他普通家庭成员而言较为权威，能较强地影响其他家庭成员的观念和看法的人。它是由我国传统的家长权为适应现代家庭的需要演变而来的（王明锁和杨戬，2004）。户主的个人素质和综合才能对其经营管理家庭的能力有着重要的决定作用，进而可直接影响农户家庭整体的生产经营和经济收入等状况。下面分别从户主的年龄、受教育程度、性别和外出务工经历等方面比较不同特征农户借贷需求的差异性问题。

有金融需求的农户在全部农户中所占比重随户主年龄的增加而呈现"M"形的变化趋势，这与农户的家庭发展周期相适应。第一个上升拐点出现在"26~35岁"之间，这个年龄段的农户年龄较轻，家庭经济积累不多，且对未来生活和事业发展有着较高的期望和极大的热情，对通过借贷获取投资发展的初始资金的愿望较为迫切，故有较强的资金借贷需求。户主年龄处于"36~45岁"之间的农户的金融需求随年龄的增加有所下降，这可能是因为此年龄阶段的户主，其家庭已具备了一定的资金积累，生产和生活趋于稳定，且家庭负担相对较小，故借贷需求的比例下降至第一个低点。户主年龄处于"46~60岁"的农户，其借贷需求又随着户主年龄的增加有所上升直至达到第二个峰值，此时户主多是上有老下有小，虽然有了一定的经济积累，但此时医疗和教育费用的双重重担，使得农户对资金的需求急剧增加。户主年龄处于"60岁以上"的农户，其借贷需求急剧下降。

户主受教育程度与其借贷需求的交叉分析可知，农户的借贷需求随户主受教育程度的提高呈现波动性，其中户主受教育程度为"未上学"的农户有借贷需求的比例最低，为所在组农户总数的64.3%，之后户主受教育水平越高，其所在农户组中有借贷需求的比例也不断上升，户主受教育水平为大专时，其所在农户组中有借贷需求的比例最高，占所在组农户总数的77.8%。户主受教育水平为大学及以上时，其所在农户组中有借贷需求的农户所占比例为75.0%，较户主受教育水平为大专的农户组的借贷需求略有下降。

户主性别与其金融需求的交叉分析可知，女性户主所在农户组中有借贷需求的比例为77.3%，高于男性户主所在农户组的借贷需求比例（63.3%）。户主没有外出务工经历的农户组中有借贷需求的农户所占比例为73.2%，高于户主有外出务工经历的农户组中有借贷需求的农户所占比例（63.6%）。由此可见，户主为女性及没有外出务工经历的农户有更强的借贷需求。

4.1.1.2 家庭特征与借贷需求

分别从农户家庭常住人口、劳动力平均年龄两个指标比较分析不同家庭特征的农户借贷需求的差异性。

随着农户家庭常住人口的增加，其所在农户组中有借贷需求的比例呈现正向变化的趋势。家庭常住人口为小于等于3人、4~5人和5人以上的农户组中有借贷需求的农户在各农户组所占比例分别为57.8%、74.1%

和 79.4%。

随着农户家庭劳动力平均年龄的增加，其所在农户组中有借贷需求的农户所占比例呈现先上升再下降的变化，其拐点出现在劳动力平均年龄为 60 岁时。农户家庭劳动力平均年龄为 50～60 岁的农户组中有借贷需求的农户所占比例为 76.7%，而农户家庭劳动力平均年龄大于 60 岁的农户组，其所在组农户中有借贷需求的比例下降至 50.0%。

4.1.1.3　生产经营特征与借贷需求

通过农户所拥有的土地面积、农户家庭中务农人数和外出务工人数三个指标比较分析不同生产经营特征农户借贷需求的差异性。随着农户经营土地面积和家庭中农业生产人数的增加各农户组中有金融需求的农户所占比例呈现先下降再上升再下降的波动性变化。总体而言，土地面积为 0 的农户和土地面积为 3～5 亩的农户的金融需求最为强烈，构成了农户金融需求的两个峰值，处于这两个高峰之间（土地面积为 0～3 亩）的农户的金融需求随土地面积的增加呈现先下降再上升的趋势，土地面积大于 5 亩的农户组中有金融需求的农户所占比重随土地面积的增加而下降。农户家庭务农人数为 3～4 人的农户组中有金融需求的比例最高，达 81.8%。农户家庭中外出务工人数越多，存在金融需求的比例也越高。家庭中外出务工人数达到 4 人以上（不含 4 人）的农户组存在金融需求的比例达 100%，这可能是由于此部分农户在外出务工过程中开拓了眼界，对资金在生产发展中的作用有更多的了解，因此对通过借贷资金改善生产经营条件以获得更多的经济效益有了更多的渴望，故金融需求较高。

4.1.1.4　收支水平与借贷需求

随着农户家庭收入水平的增加，其金融需求呈先上升后下降的趋势，其拐点出现在"2009 年家庭总收入为 1 万～2 万元"的农户组，该农户组中有金融需求的农户所占比例最高，达 78.3%。在该最高点的两侧，高收入组农户中有金融需求的比例明显低于低收入组农户。主要收入来源为农业收入的农户组中存在金融需求的比例低于主要收入来源为非农业收入的农户组。在农户的生活支出构成中，主要生活支出类型为医疗支出的农户组存在金融困难的比例最高，达 91.7%，其次是主要支出为教育支出和生活类支出的农户组，有金融需求的农户在各自组所占比例分别为 74.1% 和 67.0%。这从一定侧面反映了教育和医疗仍然是农户主要的金融需求类型。家庭主要经营投资类型为农业类投资的农户组中有金融需求的比例高于主要经营投资为私营和其他经营类型的农户组。

4.1.1.5　农村金融供给市场特征与借贷需求

农村金融供给环境中，距离正规金融机构越近时，农户的金融需求越强烈；所在地区有民间借贷组织的农户组的金融需求较强。

表4-1　　　　　　　　农户金融需求影响因素的描述统计

影响因素			样本数（户）	有金融需求（%）	无金融需求（%）
户主特征	年龄（岁）	25 岁以下	29	69.0	31.0
		26 ~ 35 岁	45	73.3	26.7
		36 ~ 45 岁	82	69.5	30.5
		46 ~ 60 岁	97	72.2	27.8
		60 岁以上	33	57.6	42.4
	性别	男	158	63.3	36.7
		女	128	77.3	21.9
	受教育水平	未上学	28	64.3	35.7
		小学	46	65.2	34.8
		初中	140	70.7	29.3
		高中	43	69.8	30.2
		大专	9	77.8	22.2
		大学及以上	20	75.0	25.0
	外出务工经历	有	107	63.6	36.4
		没有	179	73.2	26.8
家庭特征	年末家庭常住人口	≤3	90	57.8	42.2
		3 ~ 5	162	74.1	25.9
		>5	34	79.4	20.6
	劳动力平均年龄	≥20 岁≤30 岁	25	56.0	44.0
		>30 岁≤40 岁	132	68.9	31.1
		>40 岁≤50 岁	81	75.3	24.7
		>50 岁≤60 岁	30	76.7	23.3
		>60 岁	14	50.0	50.0
		缺失值	4		

续表

影响因素			样本数（户）	有金融需求（%）	无金融需求（%）
生产经营特征	土地面积（亩）	0 亩	22	72.7	27.3
		0~1 亩	13	46.2	53.8
		1~3 亩	66	71.2	28.8
		3~5 亩	68	75.0	25.0
		5~10 亩	93	69.9	30.1
		>10 亩	20	65.0	35.0
		缺失值	4		
	农业生产人数（人）	0	25	72.0	28.0
		1~2	201	66.7	33.3
		3~4	55	81.8	18.2
		>4	5	40.0	60.0
	外出务工人数（人）	0	118	67.8	32.2
		1~2	153	69.9	30.1
		3~4	12	83.3	16.7
		>4	2	100.0	0.0
		缺失值	1		
收支状况	2009 年家庭总收入	小于 5 000 元	29	72.4	27.6
		5 000~1 万元	22	77.3	22.7
		1 万~2 万元	83	78.3	21.7
		2 万~5 万元	124	63.7	36.3
		5 万~10 万	24	66.7	33.3
		10 万以上	4	25.0	75.0
	主要收入来源	农业收入	134	65.7	34.3
		非农业收入	144	72.9	27.1
		缺失值	8		
	主要生活支出类型	生活支出	215	67.0	33.0
		教育支出	58	74.1	25.9
		医疗支出	12	91.7	8.3
		其他	1	100.0	0.0
	主要经营投资类型	农业	232	71.1	28.9
		私营	15	46.7	53.3
		其他	39	69.2	30.8

续表

影响因素			样本数 （户）	有金融需求 （%）	无金融需求 （%）
农村金融市场 环境特征	到最近金融机构 所需时间	0～30分钟	269	69.5	30.5
		30～60分钟	11	63.6	36.4
		>60分钟	0		
		缺失值	6		
	是否有民间借贷 组织	有	52	80.8	19.2
		没有	232	67.2	32.8
		缺失值	2		
合计			286	69.6	30.4

数据来源：调查数据整理。

4.1.2　借贷需求影响因素实证分析

4.1.2.1　模型的构建

为分析影响农户是否存在金融需求的相关因素，此处采用 Probit 模型估计农户金融需求问题，即"有"和"没有"金融需求的二元决策问题。假设有多个解释变量，可按矩阵形式定义模型为

$$Y = X\beta + \mu \tag{4.1}$$

其中，Y 为观测值为 1 或者 0 的列向量，X 为解释变量观测值矩阵，β 为待估系数，μ 为随机误差项。则 Probit 模型表示为

$$\text{Probit}(y_i = 1 | x_i) = \Phi(\beta_0 + \beta_1 x_1 + \beta_2 x_2 + \beta_3 x_3 + \cdots + \beta_n x_n) \tag{4.2}$$

其中，公式（4.2）中的 y 为被解释变量，表示农户是否存在金融需求的概率（否 = 0，是 = 1）；$\Phi(\cdot)$ 为标准累计正态分布函数，$\Phi(z)$ 表示标准正态分布函数小于 z 的概率；x_1，x_2，$x_3 \cdots x_n$ 为解释变量，即待估的 n 个影响农户金融需求的因素（见表 4 - 2）；β_0 为常数项，β_1，β_2，$\beta_3 \cdots \beta_n$ 为解释变量系数，此处 $n = 15$。根据前文分析，选择了五类解释变量研究农户金融需求问题并构建模型。对模型的有关变量说明如表 4 - 2 所示。

表4-2 模型中变量的含义及描述性统计

	变量		定义	均值	标准差
因变量	是否有金融需求		没有=0；有=1	0.7	0.46
解释变量	户主特征	户主年龄 (X1)	(岁)	44.34	13.35
		户主性别 (X2)	男=0；女=1	0.45	0.50
		户主受教育水平 (X3)	未上学=1；小学=2；初中=3；高中=4；大专=5；大学及以上=6	3.07	1.21
		是否有外出务工经历 (X4)	有=1；没有=2	1.63	0.48
	家庭特征	2009年末家庭常住人口 (X5)	(人)	4.13	1.44
		劳动力平均年龄 (X6)	(岁)	41.03	10.59
	生产经营特征	土地面积 (X7)	(亩)	5.14	3.71
		农业生产人数 (X8)	(人)	2.06	1.10
		外出务工人数 (X9)	(人)	0.98	2.59
	收支状况	2009年家庭总收入 (X10)	不大于5 000元=1；5 000～1万元=2；1万～2万元=3；2万～5万元=4；5万～10万=5；10万以上=6	3.36	1.12
		主要收入来源 (X11)	农业收入=1；非农业收入=2	1.52	0.50
		主要生活支出类型 (X12)	生活支出=1；教育支出=2；医疗支出=3；其他=4	1.3	0.56
		主要经营投资类型 (X13)	农业=1；私营=2；其他=3	1.33	0.70
	农村金融供给市场特征	到最近金融机构所需时间 (X14)	(分钟)	18.03	10.37
		是否有民间借贷组织 (X15)	有=1；没有=2	1.82	0.39

数据来源：调查数据整理。

4.1.2.2 估计结果及分析

本书运用EViews 6.0软件对样本数据进行Probit分析。结果显示，假设的15个变量中有10个变量通过了显著性检验。剔除不显著影响因素重新估计模型直至所有变量均显著。结果如表4-3所示，共有户主特征、家庭特征、生产经营特征、收支状况以及农村金融供给市场特征等5大类10个因素对农户的金融需求有显著影响，而户主年龄、家庭劳动力平均年龄、农业生产人数、主要经营投资类型和农户到最近的金融机构所需时间5个变量未通过显著性检验。

表4-3　　　　　　优化后农户金融需求影响因素估计结果

因素类型	变量	系数（Z值）
	常数项	-0.87（-1.10）
户主特征	性别	0.37**（2.07）
	受教育水平	0.15**（1.92）
	是否有外出务工经历	0.45***（2.43）
家庭特征	常住人口	0.13**（1.83）
生产经营特征	土地面积	0.05**（1.67）
	务工人数	0.24**（1.98）
收支状况	总收入	-0.33***（-3.55）
	主要收入来源	0.39**（1.94）
	主要生活支出类型	0.26**（1.50）
农村金融供给市场特征	是否有民间借贷组织	-0.58**（-2.28）
LR统计值	43.618	
对数似然值	-142.619	
残差平方和	47.569	

注：*、**和***分别表示10%、5%和1%的显著水平。

通过对表4-3的分析，可得出以下结论：（1）户主个体特征中，性别、受教育水平和是否有外出务工经历三个变量均通过了显著性检验且系数均为正，即户主为女性、户主受教育水平较高以及户主没有外出务工经历的农户存在金融需求的可能性较大。户主为女性、没有外出务工经历的农户金融需求更强，可能的解释是这类农户家庭生产经营能力相对较差，经济收入低，因而金融需求相应较高。受教育水平高的户主其所在家庭金融需求较高，这与传统的户主受教育水平高，则生产经营能力强，能增加农户经济收入，降低其金融需求的观点不同。可能的解释是符合该特征的户主其个人素质和能力均较高，具备较强的接受新事物和学习新技术的能力，因此通过扩大资金投入用于自主创业或扩大生产经营的积极性较高，故可能会有较强的金融需求。（2）家庭结构中，"2009年末家庭常住人口"的系数为正，说明家庭常住人口越多，其存在金融需求的可能性越大。（3）生产经营特征中，土地面积和外出务工人数均与农户的金融需求呈正相关关系。说明土地面积越大，家庭中外出务工人数越多的农户，其金融需求越强。（4）收支水平中，"农户2009年家庭总收入"系数为负，说明随着家庭收入的增加，农户的金融需求呈现下降趋势。农户主要收入来源和主要生活支出类型系数均为正，说明农户的主要收入来源和主要生活支出类型的取值越高，其金融需求越大（收入来源赋值中非农业收入来源赋值高于农业收入来源的赋值，主要生活支出类型中家庭生活支出的取值小于教育支出和医疗支出）。（5）农村金融供给市场特征中，农户所在地区"是否有民间借贷组织"为显著变量，且系数为负，说明民间借贷组织的存在，对农户金融需求有正向影响。

统计结果中各变量系数绝对值的大小反映了其对模型的影响程度，绝对值越大，说明改变变量时对农户金融需求的影响程度越大。从表4-3可知，估计因素中按照影响程度由大及小依次是农户所在地是否有民间借贷组织、户主是否有外出务工经历、农户的主要收入来源、户主性别、总收入、主要生活支出类型、外出务工人数、户主受教育水平、家庭常住人口和农户的土地面积。

4.1.2.3 借贷需求差异性的实证分析

上文对影响农户金融需求的因素进行了估计，下面分别从上述5类10个因素的角度进行分类，对影响不同类别农户金融需求的因素的差异性予以考量。此部分仍是采用EViews 6.0软件对各特征样本组进行Probit分析，在各特征样本组中，以前文分析的15个变量作为待估影响因素，通过删减变量调试模型，待模型通过检验时，按照前文的方法逐一剔除不显著影响因素，直至所有变量均显著，得到不同特征农户金融需求的显著影响因素。

（1）户主特征与农户金融需求影响因素的差异性。按照户主年龄、受教育水平、是否有外出务工经历等分别对农户进行分组，分析不同特征组农户金融需求影响因素之间的差异性。

A 户主年龄与农户金融需求影响因素的差异性。从表4-4的估计结果可知，不同年龄阶段户主所在农户组金融需求的影响因素差异较大。户主年龄小于35岁的农户组，其金融需求影响因素按照相关系数绝对值由高到低分别为：户主性别、农户家庭农业生产人数、总收入和户主受教育水平，其中户主性别的影响效果较前文总体分析更为突出。户主年龄在35～60岁之间的农户组的金融需求影响因素按照相关系数绝对值由高到低分别为：外出务工经历、外出务工人数、是否有民间借贷组织、总收入、农业生产人数、常住人口和土地面积，该组农户金融需求影响因素中户主的外出务工经历和外出务工人数的影响效果高于前文总体样本农户的分析结果。户主年龄大于60岁的农户组，其金融需求影响因素主要是到最近正规金融机构所需时间，呈负相关，且相关系数较小。通过上述比较，不同户主年龄的农户组金融需求影响因素差异较大，户主为中年的农户金融需求的影响因素相对较多，且从事非农生产人员投入越大（外出务工人数越多，农业生产人数越少），其金融需求越高。

表4-4　优化后不同年龄组农户金融需求影响因素的估计结果

户主年龄组别	变量	系数（Z值）
户主年龄≤35岁（74户）	常数项	-0.85（-0.66）
	性别	0.77**（2.15）
	受教育水平	0.19*（1.41）
	农业生产人数	0.38**（2.23）
	总收入	-0.34*（-1.54）
户主年龄>35岁≤60岁（177户）	常数项	0.14（0.17）
	是否有外出务工经历	0.83***（3.53）
	家庭常住人口	0.19**（1.66）
	土地面积	0.08**（2.08）
	农业生产人数	-0.26**（-2.04）
	外出务工人数	0.53***（3.19）
	总收入	-0.35***（-3.17）
	是否有民间借贷组织	-0.42*（-1.48）
户主年龄>60岁（32户）	常数项	1.12（2.28）
	到最近正规网点时间	-0.04**（-2.22）

注：*、**和***分别表示10%、5%和1%的显著水平。

B户主受教育水平与农户金融需求影响因素的差异性。户主受教育水平在一定程度上可以反映其对技术、科技以及金融机构、金融功能的认知能力。根据表4-5所示估计结果，户主受教育水平不同的农户组其家庭金融需求的影响因素也存在着显著差异。户主受教育水平为小学及以下的农户组，其金融需求影响因素按照相关系数绝对值由高到低分别为：主要收入来源、性别和主要生活消费支出类型；户主受教育水平为初中或高中的农户组，其金融需求影响因素按照相关系数绝对值由高到低分别为：性别、是否有外出务工经历、总收入和家庭常住人口；户主受教育水平为大专及以上的农户组，其金融需求的主要影响因素是户主是否有外出务工经历，且负相关，即户主有外出务工经历的农户组金融需求更强，这一点与总体估计结果及初中或高中组的分析结论相反。对此可能的解释是较高文化程度的户主其生产经营能力相对较强，加之外出务工经历使其开阔了视野，增长了见识，因此增加资金投入，以期获得更多经济回报的可能性也较高。通过比较，文化水平较低的农户组金融需求的主要影响因素为农户主要收支情况，而户主受教育水平为初中以上，特别是大专及以上的农户组，是否有外出务工经历在其金融需求中显得较为重要，且对不同文化程度的农户家庭作用效果差异较大。

表 4－5　优化后不同户主受教育水平特征与农户金融需求影响因素的估计结果

户主受教育水平组别	变量	系数（Z 值）
小学及以下文化程度农户组（74 户）	常数项	－ 2.12（－ 2.32）
	性别	0.66 **（1.98）
	主要收入来源	0.71 **（2.12）
	主要生活支出类型	0.44 *（1.51）
初中或高中文化程度农户组（183 户）	常数项	－ 0.57（－ 0.89）
	性别	0.49 **（2.24）
	是否有外出务工经历	0.45 **（2.15）
	家庭常住人口	0.22 ***（2.59）
	总收入	－ 0.33 ***（－ 3.13）
大专及以上文化程度农户组（32 户）	常数项	2.24（2.03）
	是否有外出务工经历	－ 0.90 *（－ 1.48）

注：*、**和***分别表示 10%、5% 和 1% 的显著水平。

C 户主外出务工经历与其金融需求影响因素的差异性。根据表 4－6 所示估计结果，户主有外出务工经历的农户组金融需求影响因素按照相关系数绝对值由高到低分别为：附近是否有民间借贷组织、年末家庭常住人口、总收入和户主年龄，其中，民间借贷组织的存在对该组农户金融需求影响效果最明显，高于总体样本估计水平，常住人口和总收入的影响也略高于总体样本估计结果。户主没有外出务工经历的农户组，其金融需求影响因素按照相关系数绝对值由高到低分别为：主要收入来源、户主性别、主要生活支出类型、外出务工人数、总收入和土地面积，主要收入来源和主要生活支出类型两因素对该组农户金融需求的影响均高于总体样本估计结果。

表4-6　优化后户主外出务工经历与农户金融需求影响因素的估计结果

户主外出务工经历组别	变量	系数（Z值）
户主有外出务工经历的农户组（106户）	常数项	2.65（2.44）
	年龄	-0.02**（-1.84）
	常住人口	0.41***（3.15）
	总收入	-0.40***（-2.35）
	是否有民间借贷组织	-0.96***（-2.64）
户主没有外出务工经历的农户组（128户）	常数项	-0.72（-1.11）
	性别	0.38**（1.67）
	土地面积	0.07**（1.91）
	外出务工人数	0.27**（1.79）
	总收入	-0.25***（-2.49）
	主要收入来源	0.50**（1.92）
	主要生活支出类型	0.34*（1.59）

注：＊、＊＊和＊＊＊分别表示10%、5%和1%的显著水平。

（2）家庭特征与农户金融需求影响因素的差异性。将总体农户按照常住人口小于等于3人、3~5人和大于5人进行分组，分析不同家庭规模农户金融需求影响因素的差异性。据表4-7所示估计结果，家庭常住人口小于等于3人的农户组，金融需求的主要影响因素为户主性别，影响系数为0.79，高于总体样本估计结果。家庭常住人口为3~5人的农户组，金融需求影响因素按照相关系数绝对值由高到低分别为：是否有民间借贷组织、总收入和外出务工人数，各因素的影响效果与总体样本估计结果基本一致。家庭常住人口大于5人的农户组，金融需求影响因素按照相关系数绝对值由高到低分别为：总收入、农业生产人数和到最近正规金融机构所需时间，农业生产人数和总收入两因素对该组农户金融需求影响效果高于总体样本估计。

表4-7　优化后常住人口特征与农户金融需求影响因素估计结果

家庭常住人口组别	变量	系数（Z 值）
家庭常住人口≤3 人（90 户）	常数项	-0.95（-2.27）
	性别	0.79***（2.87）
家庭常住人口>3 人≤5 人（161 户）	常数项	2.56（3.36）
	外出务工人数	0.21*（1.47）
	总收入	-0.26**（-2.25）
	是否有民间借贷组织	-0.64**（-1.99）
家庭常住人口>5 人（43 户）	常数项	6.45（2.57）
	农业生产人数	-0.60**（-2.31）
	总收入	-0.68**（-1.98）
	到最近正规网点时间	-0.07**（-1.65）

注：*、**和***分别表示10%、5%和1%的显著水平。

（3）生产经营特征与农户金融需求影响因素的差异性。

A 土地面积与农户金融需求影响因素的差异性。根据农户所拥有的土地面积，按照土地面积小于等于3亩、大于3亩并且不大于10亩和大于10亩将农户分为三组，运用以上模型对三组农户金融需求的影响因素进行估计，结果如表4-8所示。从显著变量类型和系数来看，土地面积小于等于3亩的农户组金融需求影响因素按照相关系数绝对值由高到低分别为：主要收入来源、是否有民间借贷组织、户主性别、家庭常住人口、到最近正规金融机构所需时间，其中，主要收入来源、常住人口、户主性别等因素对该组农户金融需求的影响程度高于总体样本的估计水平。土地面积大于3亩而不大于10亩的农户组金融需求影响因素按照相关系数绝对值由高到低分别为：外出务工人数、户主是否有外出务工经历、总收入、户主年龄、农户家庭劳动力平均年龄和到最近的正规金融机构所需时间，外出务工人数对该组农户金融需求的影响高于总体样本的估计结果。土地面积大于10亩的农户组金融需求影响因素有：户主年龄和是否有外出务工经历，其中外出务工经历的相关系数达0.94，高于总体样本的估计结果。通过各因素影响效果的对比分析可知，主要收入来源、外出务工人数和户主是否有外出务工经历分别是影响土地面积小于等于3亩、大于3亩小于等于10

亩和大于 10 亩三个农户组金融需求最主要的因素。另外，户主年龄和到最近正规金融机构所需时间虽对各农户组金融需求影响程度不大，但值得注意的是对不同土地规模的农户组金融需求的影响方向不同。

表4-8　　优化后土地面积特征与农户金融需求影响因素估计结果

土地面积组别	变量	系数（Z 值）
土地面积≤3 亩的农户组（93户）	常数项	-4.71（-2.91）
	年龄	0.028 **（1.86）
	性别	0.57 **（1.77）
	常住人口	0.53 ***（3.29）
	主要收入来源	1.01 ***（2.59）
	到最近正规网点时间	0.04 ***（2.35）
	是否有民间借贷组织	-0.71 *（-1.52）
土地面积 >3 亩≤10 亩的农户组（158 户）	常数项	1.09（1.35）
	年龄	-0.03 ***（-2.81）
	是否有外出务工经历	0.5 ***（2.35）
	劳动力平均年龄	0.03 **（2.11）
	外出务工人数	0.51 **（2.95）
	总收入	-0.34 ***（-2.86）
	到最近正规网点时间	-0.02 **（-1.68）
土地面积 >10 亩的农户组（20户）	常数项	-3.40（-2.24）
	年龄	0.05 ***（2.36）
	是否有外出务工经历	0.94 *（1.34）

注：*、**和***分别表示 10%、5% 和 1% 的显著水平。

B 外出务工人数与农户金融需求影响因素的差异性。按照农户家庭中是否有外出务工劳动力将农户进行分组，比较分析各农户组金融需求影响因素的差异性，估计结果如表4-9所示。没有外出务工劳动力的农户组金融需求影响因素按照相关系数绝对值由高到低分别为：主要收入来源、总收入、常住人口、土地面积及到最近正规金融机构所需时间，其中，主要收入来源对该组农户金融需求的影响程度明显高于总体样本的估计结果。有外出务工劳动力的农户组金融需求影响因素按照相关系数绝对值由高到低分别为：农户所在地附近是否有民间借贷组织、户主性别、家庭主要生活支出类型、外出务工人数及总收入，其中总收入对该组农户金融需求的影响程度低于总体样本的估计结果。

表 4 – 9　优化后外出务工人数特征与农户金融需求影响因素的估计结果

外出务工人数组别	变量	系数（Z 值）
外出务工人数为 0 的农户组 （109 户）	常数项	0. 21（0. 28）
	常住人口	0. 15 *（1. 56）
	土地面积	0. 06 *（1. 34）
	总收入	− 0. 40 ***（− 3. 36）
	主要收入来源	0. 76 **（2. 28）
	到最近正规金融机构所需时间	− 0. 02 *（− 1. 51）
外出务工人数 > 1 的农户组 （167 户）	常数项	0. 68（0. 78）
	性别	0. 44 **（2. 02）
	外出务工人数	0. 24 *（1. 46）
	总收入	− 0. 16 *（− 1. 30）
	主要生活支出类型	0. 44 **（1. 69）
	是否有民间借贷组织	− 0. 55 **（− 1. 79）

注：*、* * 和 * * * 分别表示 10%、5% 和 1% 的显著水平。

（4）农户收支状况与其金融需求影响因素的差异性。为进一步比较分析影响不同收支状况农户组金融需求的主要因素，分别从农户收入水平、主要收入来源和主要生活支出类型三个方面，运用上述模型，考察不同特征组农户金融需求影响因素的差异性。

A 收入水平与农户金融需求影响因素的差异性。根据农户家庭中人均纯收入水平将农户分为低收入、中等收入和高收入三个农户组，运用上述模型对这三个农户组金融需求的影响因素进行比较分析，估计结果如表4 – 10 所示。

表 4 – 10　优化后不同收入水平农户金融需求影响因素的估计结果

农户收入水平组别	变量	系数（Z 值）
低收入农户组（140 户）	常数项	0. 13（0. 32）
	主要收入来源	0. 95 ***（2. 79）
	主要经营投资类型	− 0. 39 **（− 1. 67）
中等收入农户组（83 户）	常数项	0. 04（0. 03）
	是否有外出务工经历	0. 44 *（1. 41）
	常住人口	− 0. 58 **（− 2. 11）
	外出务工人数	0. 57 ***（2. 72）
	总收入	0. 65 **（1. 88）
	是否有民间借贷组织	− 0. 69 ***（− 1. 60）

续表

农户收入水平组别	变量	系数（Z 值）
高收入农户组（62 户）	常数项	0.20（0.13）
	受教育水平	0.32**（1.94）
	是否有外出务工经历	1.18***（3.13）
	外出务工人数	0.46**（1.84）
	总收入	−0.45*（1.56）
	是否有民间借贷组织	−0.75**（−1.73）

注：*、**和***分别表示 10%、5% 和 1% 的显著水平。

由分析结果可知，低收入组农户金融需求的显著影响因素有：主要收入来源和主要经营投资类型，即农户主要收入来源的取值越高，主要经营投资类型的取值越低，农户有金融需求的可能性越大。中等收入组农户金融需求影响因素按照相关系数绝对值由高到低分别为：农户所在地是否有民间借贷组织、总收入、常住人口、外出务工人数和户主是否有外出务工经历。高收入组农户金融需求影响因素按照相关系数绝对值由高到低分别为：户主是否有外出务工经历、农户所处位置是否有民间借贷组织、外出务工人数、总收入和户主受教育水平。对比可知，主要收入来源、是否有民间借贷组织和户主外出务工经历分别是影响低、中、高收入组农户金融需求的最主要的因素。另外，值得注意的是常住人口与总收入两变量对中等收入组农户金融需求的影响与总体样本分析和其他组分析的结果相反，其原因有待进一步探讨。

B 主要收入来源与农户金融需求影响因素的差异性。根据农户的主要收入来源将农户分为主要收入来源为农业收入和非农业收入两个农户组，运用以上模型对各组农户金融需求的影响因素进行估计，结果如表 4 - 11 所示。主要收入来源为农业收入的农户组金融需求影响因素为：户主性别和主要生活支出类型，两因素对该组农户的影响效果均高于总体样本的估计水平。主要收入来源为非农业收入的农户组金融需求影响因素按照相关系数由高到低分别为：是否有民间借贷组织、户主外出务工经历和常住人口三个因素，其中民间借贷组织的影响效果明显高于总体样本的估计结果。

表 4 - 11　优化后不同收入来源农户金融需求影响因素的估计结果

农户主要收入来源组别	变量	系数（Z 值）
主要收入来源为农业收入的农户组（134 户）	常数项	- 1. 31（- 2. 64）
	性别	0. 71 *** （2. 90）
	主要生活支出类型	0. 57 *** （2. 47）
主要收入来源为非农业收入的农户组（143 户）	常数项	0. 47（0. 51）
	是否有外出务工经历	0. 79 *** （3. 22）
	常住人口	0. 20 ** （1. 86）
	是否有民间借贷组织	- 0. 97 ** （- 2. 31）

注：* 、* * 和 * * *分别表示 10% 、5% 和 1% 的显著水平。

　　C 主要生活支出类型与农户金融需求影响因素的差异性。根据农户的主要生活支出类型为日常生活类支出和教育医疗等支出将农户分为两组，分别运用以上模型对各组农户金融需求的影响因素进行估计，结果如表 4 - 12所示。主要生活支出类型为日常生活类支出的农户组，其金融需求影响因素按照相关系数绝对值由高到低分别为：是否有民间借贷组织、户主性别、总收入、主要经营投资类型、常住人口、土地面积及主要收入来源。主要生活支出类型为教育医疗等支出的农户组，其金融需求影响因素按照相关系数绝对值由高到低分别为：主要经营投资类型、户主性别、外出务工人数、总收入以及到最近的正规金融机构所需时间。其中，是否有民间借贷组织和主要经营投资类型分别是影响两组农户金融需求的最主要的因素。另外，值得注意的是，主要经营投资类型对两组农户金融需求的影响方向及效果存在较大差异。

表 4 - 12　优化后不同生活支出类型农户金融需求影响因素的估计结果

农户主要生活支出类型组别	变量	系数（Z 值）
主要生活支出为日常生活的农户组（201 户）	常数项	- 0. 28（- 0. 37）
	性别	0. 41 ** （2. 05）
	常住人口	0. 17 ** （2. 23）
	土地面积	0. 05 ** （1. 68）
	总收入	- 0. 25 *** （- 2. 51）
	主要收入来源	0. 05 *** （2. 48）
	主要经营投资类型	0. 24 * （1. 44）
	是否有民间借贷组织	- 0. 57 ** （- 2. 04）

续表

农户主要生活支出类型组别	变量	系数（Z 值）
主要生活支出为教育和医疗的农户组（69 户）	常数项	0.98（0.96）
	性别	0.73*（1.53）
	外出务工人数	0.63**（1.80）
	总收入	−0.56*（−1.30）
	主要经营投资类型	−0.81***（−2.83）
	到最近正规金融所需时间	0.08***（2.39）

注：*、**和***分别表示10%、5%和1%的显著水平。

（5）民间借贷组织与农户金融需求影响因素的差异性。根据农户所在地附近是否有民间借贷组织对农户进行分组，分别运用以上模型对各组农户金融需求的影响因素进行估计，结果如表4－13所示。所在地附近有民间借贷组织的农户组，其金融需求影响因素为：常住人口和到最近正规金融机构所需时间；所在地附近没有民间借贷组织的农户组，其金融需求影响因素按照相关系数绝对值由高到低分别为：户主性别、主要收入来源、总收入、主要生活支出类型、常住人口和土地面积。农户家庭常住人口和户主性别分别是影响两组农户金融需求的最主要的因素。

表4－13　优化后民间借贷组织与农户金融需求影响因素的估计结果

非正规金融组织的存在与否	变量	系数（Z 值）
附近有非正规金融组织的农户组（52 户）	常数项	−2.45（−1.79）
	常住人口	0.61**（1.95）
	到最近正规金融机构所需时间	0.09**（1.75）
附近没有非正规金融组织的农户组（225 户）	常数项	−0.15（−1.70）
	性别	0.53***（2.78）
	常住人口	0.13**（1.73）
	土地面积	0.04*（1.35）
	总收入	−0.28***（−2.97）
	主要收入来源	0.45**（2.20）
	主要生活支出类型	0.27*（1.47）

注：*、**和***分别表示10%、5%和1%的显著水平。

4.2　借贷需求类型比较分析

关于农户借贷需求类型的研究，何广文（1999）研究发现，农户用于购买生产资料的借款仅占借款总比数的32%，其余均用于与生产无关的婚丧嫁娶、建房、人情往来等方面。史清华（2002）认为东部地区农户家庭的借贷趋向生活与生产均等的模式，中部地区则趋向强化生活借贷而弱化生产借贷的模式，西部地区趋向弱化生活借贷而强化生产借贷的模式。李锐等（2004）提出，农户的借款中大部分都是用来从事农业生产和其他经营活动的。屈小博（2005）研究认为，传统农区农户的生活消费借贷主要是用于盖房、婚丧嫁娶等资金量大的项目，而生产性借贷（农业生产和非农业生产）在农户借贷需求中所占比重仅为46.1%。张鸣鸣等（2005）指出，贫困地区农户生计型借款所占比重远远高于经济较为发达地区。牛荣等（2012）研究发现，陕西省农户借款用途较为分散，且呈现多样化的特征，但生活性借贷所占比重达73.0%。

综观现有文献，国内学者对于欠发达地区农户借贷需求类型总体特征的把握上，均得出了农户生活消费型借贷需求在其借贷需求中占据相当大的比重的结论。但整体而言，对农户借贷需求类型的描述性统计分析较多，但对农户借贷需求类型影响因素的实证研究则相对较少。因此，下面将对不同特征农户借贷需求类型及其影响因素的差异性进行比较分析。

受访农户中有金融困难的农户借贷需求类型的分析显示，199户有金融需求的农户中，最主要的借贷类型是用于生活消费型的金融需求，其所占比例达农户金融需求的55.3%，用于生产投资的借贷需求在有借贷需求的农户中所占比例为39.2%，由于意外、变故、赌博等引发的非正常型金融需求在有金融需求的农户中所占比重为5.0%。下面分别采用一般统计分析、方差分析和实证分析等方法对不同特征农户借贷需求类型的差异性问题进行分析。

4.2.1　一般统计分析

分别从户主特征、家庭特征、生产经营特征、收入水平以及农村金融供给市场特征等方面比较分析农户借贷需求类型的差异性。

4.2.1.1　户主特征与农户借贷需求类型

（1）年龄。农户借贷需求类型和户主年龄的交叉分析发现，随着户主年龄的增加，农户对生产投资型借贷的需求呈现倒"V"形变化，而对生活消费型借贷的需求则恰相反，呈现"V"形变化趋势，对非正常型借贷的需求则在较低的比例上呈现"M"形的波动性变化。户主年龄在25岁以下的农户组对生产投资型和生活消费型借贷需求的比例在所在农户组中所占比重差异不大，分别为50%和45%。随着户主年龄的增加，农户的借贷需求类型出现分化，户主年龄位于26～35岁之间的农户组对生产投资型借贷需求的比例上升，而对生活消费型借贷需求的比例则下降。之后，农户对两类借贷需求的比例均随户主年龄的增加而呈现与之前相反的变化趋势，也就是说农户对生产投资型借贷的需求降低，而对生活消费型借贷的需求比重迅速增加。统计结果显示，户主年龄位于36～45岁之间的农户组对生活消费型和生产投资型借贷需求的比例分别为61.4%和36.8%。第三个阶段是户主年龄为46岁以上的农户组，对两类借贷需求的差异均有减小的趋势（对生活消费和生产投资型借贷需求比例分别为60.0%和34.3%）。总体而言，户主年龄在35岁以下的农户组借贷需求类型以生产投资型借贷为主，而户主年龄在35岁以上的农户组借贷需求类型则以生活消费型借贷为主。在此过程中，农户的非正常借贷需求一直维持在较低的水平上[1]（见图4-1）。

在有借贷需求样本中所占
比重（%）

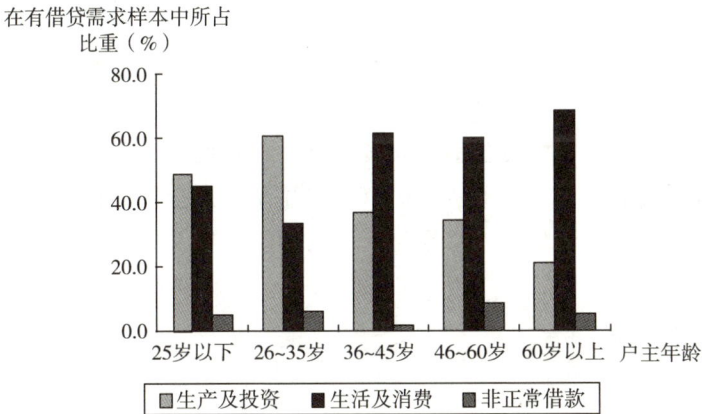

图4-1　借贷需求类型与户主年龄

（2）性别。农户借贷需求类型与户主性别的交叉统计显示，男女户主对生活及消费型借贷的需求比例均过半（有借贷需求的农户中，男女户主分别有51.0%和60.6%的农户有生活消费型借贷需求），且均高于所在农户组对生产投资型借贷的需求比例，而对非正常借贷的需求比例较低。户

---

① 由于非正常借贷所占比重较低，在此仅作简要介绍，不作为对比分析的重点。

主为男性的农户组对生产投资型借贷的需求比例（41.0%）高于户主为女性的农户组（37.4%），而户主为女性的农户组对生活消费型借贷的需求比例（60.6%）则高于户主为男性的农户组（51.0%）（见图4-2）。

在有借贷需求样本中所占
比重（%）

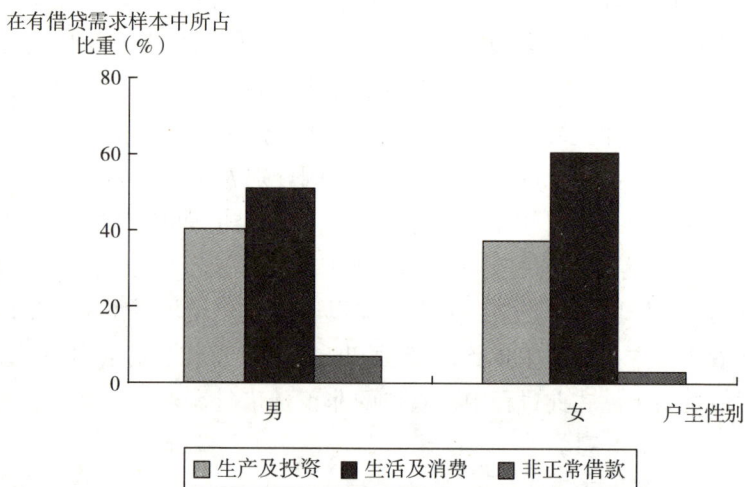

图4-2 借贷需求类型与户主性别

（3）文化水平。从户主受教育水平与农户的借贷需求类型的交叉比较可知，除了户主具有大专学历的农户组以外，其他户主受教育水平农户组的借贷需求均表现出生活消费型借贷需求高于生产投资型借贷需求。户主具有初中以上文化程度的农户组对上述两类借贷需求的波动变化较大（见图4-3）。

在有借贷需求样本中所占
比重（%）

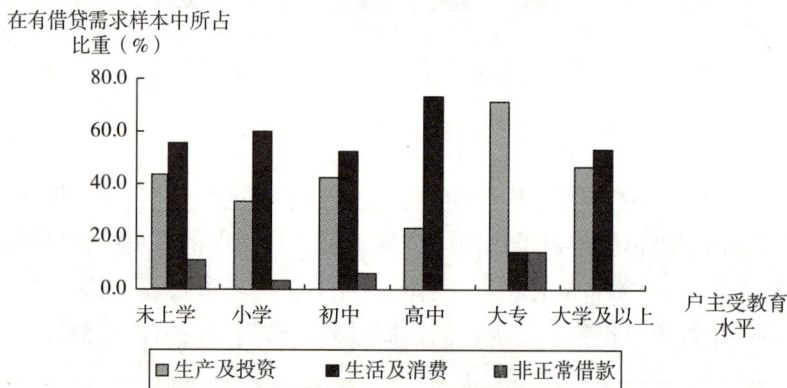

图4-3 借贷需求类型与户主受教育水平

（4）外出务工经历。户主有外出务工经历的农户组，对生产投资型和生活消费型借贷需求的差异不大，均为47.1%；而户主没有外出务工经历的农户组，对生活消费型借贷需求的比例明显较高（占户主没有外出务工经历农户组总数的60.3%），此组农户对生产投资型借贷的需求则低于户主有外出务工经历的农户组；户主没有外出务工经历的农户发生非正常型借贷的比例（6.9%）也高于户主有外出务工经历的农户组（1.5%）（见图4-4）。

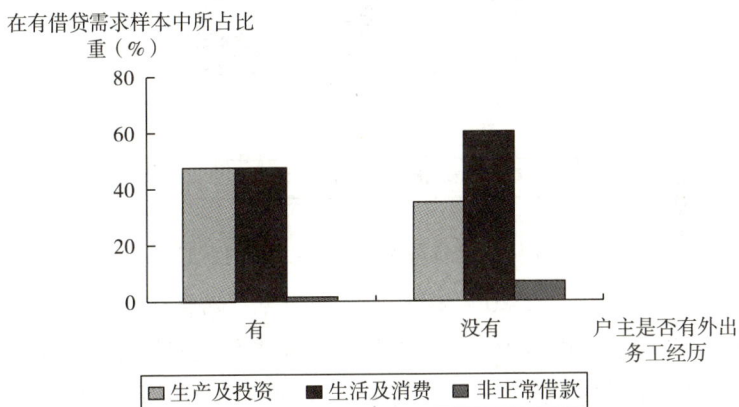

图4-4　借贷需求类型与户主外出务工经历

4.2.1.2　家庭特征与农户借贷需求类型

（1）家庭常住人口。农户家庭常住人口小于两人的农户组，对生产投资、生活消费和非正常借贷的需求比例分别为30.8%、61.5%和5.8%；家庭常住人口为3~5人的农户家庭对上述三类借贷需求的比例分别为42.5%、54.2%和5.0%；家庭常住人口大于5人的农户家庭对上述三类借贷需求的比例分别为40.7%、51.9%和3.7%。由此可见，随着家庭常住人口的增加，农户对生活消费和非正常借贷的需求均呈现下降的趋势，而对生产投资型借贷的需求则呈现倒"V"形的变化趋势（见图4-5）。

（2）劳动力平均年龄。农户借贷需求类型因家庭劳动力平均年龄的不同而呈现一定的差异性。农户家庭劳动力平均年龄分别在20~30岁、30~40岁、40~50岁、50~60岁和60岁以上的农户组中，有生产投资型借贷需求的农户在各组所占比例分别为28.6%、38.5%、45.9%、43.5%和16.7%；以上各年龄组农户对生活消费型借贷需求的比例则分别为71.4%、58.2%、49.2%、43.5%和83.3%；以上各年龄组农户对非正常借贷需求的比例分别

在有借贷需求样本中所
占比重（%）

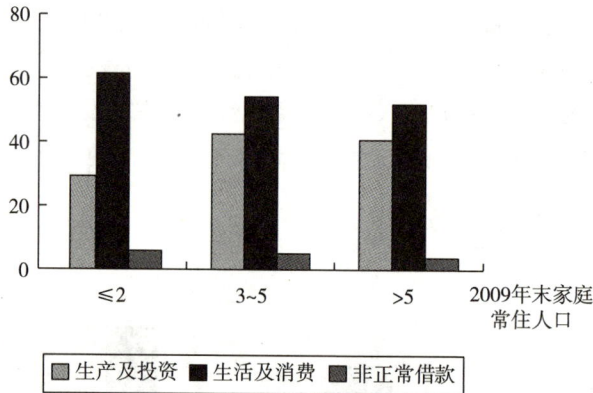

图4－5　借贷需求类型与家庭常住人口

为0%、5.5%、3.3%、13.0%和0%。由此可见，随着家庭劳动力平均年龄
的增加，各年龄农户组对生产投资型借贷的需求呈现先增加后下降的趋势，
而对生活消费型借贷的需求则随着劳动力平均年龄的增加而呈现先下降后上
升的趋势。另外，农户对生活消费型借贷需求的比例一直高于对生产投资型
借贷的需求，且在家庭劳动力平均年龄小于60岁的农户组中生产投资型借
贷需求所占比例增长迅速，二者差距呈现不断缩小的趋势（见图4－6）。

在有借贷需求样本
中所占比重（%）

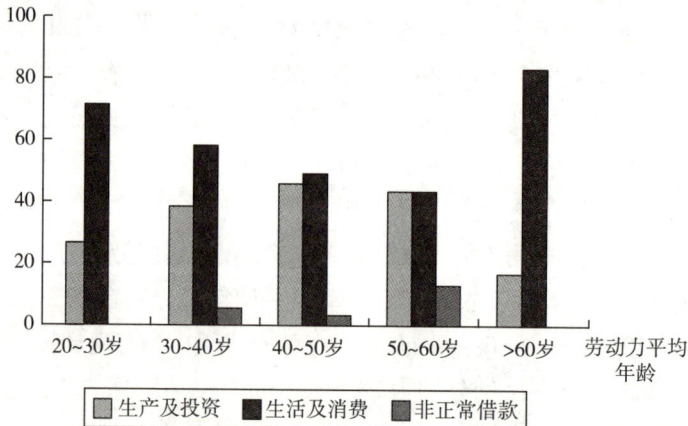

图4－6　借贷需求类型与家庭劳动力平均年龄

4.2.1.3　生产经营特征与农户借贷需求类型

（1）土地面积。农户土地面积与其借贷需求类型的交叉分析发现，不同土地规模的农户对生活消费型借贷需求的比例普遍高于他们对生产投资型借贷需求的比例。拥有的土地面积为 0 亩、0~1 亩、1~3 亩、3~5 亩、5~10 亩和 10 亩以上的农户组中有生产投资型借贷需求的农户所占比例分别为 31.3%、33.3%、31.1%、43.1%、47.7% 和 30.8%；而各农户组中有生活消费型借贷需求的农户所占比例分别为 62.5%、50.0%、62.2%、54.9%、49.2% 和 76.9%；各农户组中有非正常借贷需求的农户所占比例分别为 6.3%、16.7%、11.1%、2.0%、3.1% 和 0%。由此可见，随着农户土地规模的增加，各农户组对生活消费型借贷需求的比例变化不大。其中，土地面积为 5~10 亩的农户组对生产投资和生活消费借贷的需求差异最小，而土地面积大于 10 亩的农户组对两类借贷的需求差异最大，对生产投资型借贷的需求在所有农户组中最低，而对生活消费型借贷的需求则在所有农户组中最高。农户对非正规借贷的需求比例较低，仅出现在土地面积大于 0 亩小于 1 亩的农户组（见图 4-7）。

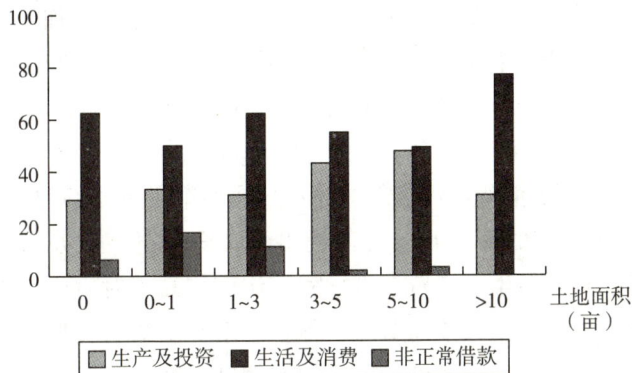

图 4-7　借贷需求类型与土地面积

（2）农业生产人数。随着农户家庭中从事农业生产人数的增加，农户对生产投资和生活消费型借贷需求的变化趋势不同。就生产投资型借贷而言，随着家庭中农业生产人数的增加，各农户组有生产投资型借贷需求的比例呈现不断上升的趋势，而有生活消费型借贷需求的比例则呈现不断下降的趋势。家庭中务农劳动力人数为 4 人以上的农户组，对生产投资和生活消费型借贷需求的比例相等，均为 50%。有非正常借贷需求的农户出现在家庭中从事农业生产人数为 1 ~ 2 和 3 ~ 4 人的农户组中，所占比例分别为 6.0% 和 4.4%。通过以上比较可知，农户家庭中从事农业生产人数为 0 的农户组对生活消费型借贷需求的比例最高（见图 4 - 8）。

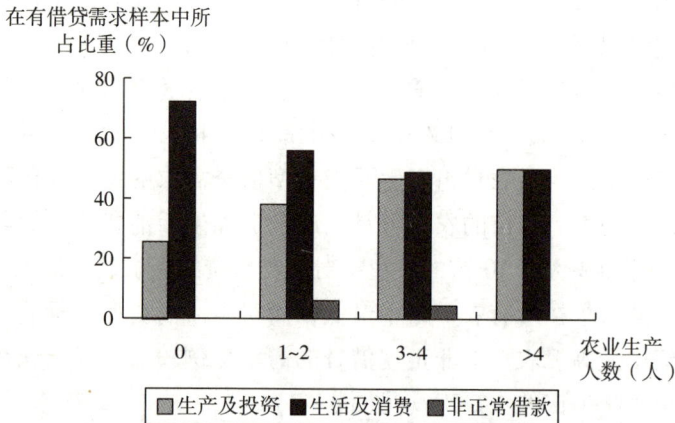

图 4 - 8 借贷需求类型与农业生产人数

（3）外出务工人数。随着家庭中外出务工人数的增加，农户对生产投资型和生活消费型借贷需求的递变趋势恰好相反。就生产投资型借贷需求而言，农户家庭中外出务工人数为 0 人、1 ~ 2 人、3 ~ 4 人和 4 人以上的各农户组对生产投资型借贷需求的比例分别为 44.9%、36.1%、20.0% 和 100%；而有生活消费型借贷需求的农户在各组所占比例则分别为 50.0%、60.2%、70.0% 和 0%。由此可以看出，农户家庭外出务工人数为 4 人以下时，各农户组对生活消费型借贷需求比例均高于对生产投资型借贷的需求，而随着外出务工人数的增加，各农户组对生活消费型借贷的需求比例不断上升，对生产投资型借贷需求的比例则不断下降。当外出务工人数大于 4 人时，农户的借贷需求类型则全部为生产投资型借贷（见图 4 - 9）。

4.2.1.4 收支水平与农户借贷需求类型

从农户家庭总收入、主要收入来源、主要生活支出类型和主要经营投资类型等方面比较分析不同特征农户组借贷需求类型的差异性。

（1）家庭总收入。不同收入组农户借贷需求类型的分析发现，家庭总

在有借贷需求样本
中所占比重（%）

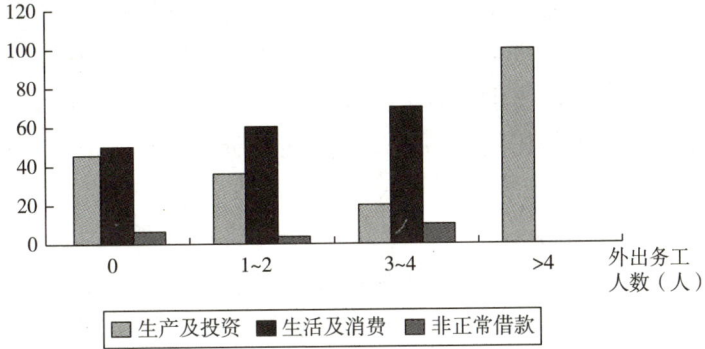

图 4 – 9 借贷需求类型与外出务工人数

收入不大于 5 000 元、5 000 ~ 1 万元、1 万 ~ 2 万元、2 万 ~ 5 万元、5 万 ~ 10 万元和 10 万元以上的各农户组中有生产投资型借贷需求的农户所占比例分别为 33.3%、46.7%、36.9%、31.7%、75.0% 和 100.0%；各农户组对生活消费型借贷需求的比例分别为 57.1%、40.0%、58.5%、63.3%、25.0% 和 0%；对非正常借贷需求的比例分别为 9.5%、6.7%、4.6%、5.1%、0% 和 0%。由此可见，收入小于 5 万元的农户组，对生活消费型借贷需求的比例较高，而收入高于 5 万元的农户组对生产投资型借贷需求的比例较高（见图 4 – 10）。

在有借贷需求样本中所
占比重（%）

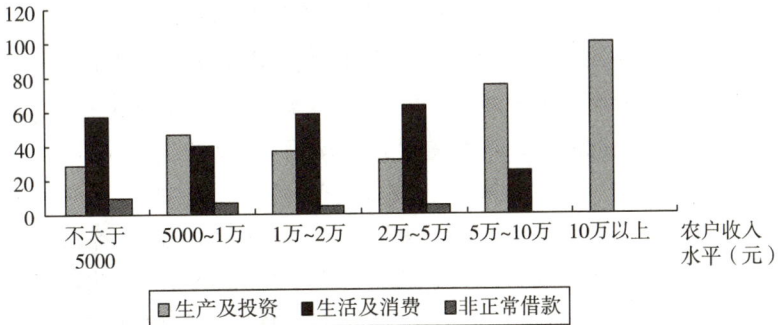

图 4 – 10 借贷需求类型与家庭总收入

（2）主要收入来源。随着农户兼业化现象日益普遍，农户的收入来源也由传统单一的农业收入向多元化转变，按照农户主要收入来源为农业收入和非农业收入将农户进行分组，比较分析各农户组对各类型借贷需求的差异性。比较可知，两组农户对生活消费型借贷的需求均高于对生产投资型借贷的需求，但主要收入来源为非农业收入的农户组对生活消费型借贷需求的比例（60.6%）明显高于主要收入来源为农业收入的农户组（54.0%），而主要收入来源为非农业收入的农户组对生产投资型借贷需求的比例（34.6%）则略低于主要收入来源为农业收入的农户组（42.5%）。主要收入来源为非农业收入的农户组对非正常借贷的需求比例（6.7%）也略高于主要收入来源为农业收入的农户组（3.5%）（见图4－11）。

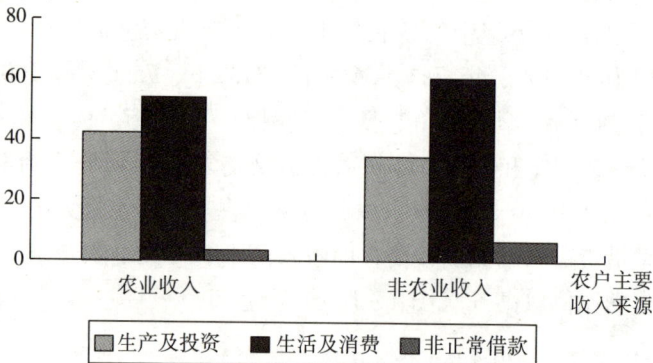

图4－11　借贷需求类型与农户主要收入来源

（3）主要生活支出类型。农户的生活支出可以分为日常生活支出、教育支出、医疗支出和其他支出等。主要支出类型为生活支出、教育支出、医疗支出、其他的农户组中有生产投资型借贷需求的农户所占比例分别为42.7%、32.6%、20.0%和100%；各农户组中有生活消费型借贷需求的农户所占比例则分别为53.9%、67.4%、50.0%和0%；各农户组对非正常借贷的需求比例分别为4.2%、2.3%和30.0%和0。由此可以得出，主要支出类型不同的各农户组对生活消费型借贷需求的比例均高于对生产投资型借贷的需求。农户对非正常借贷的需求峰值出现在主要生活支出类型为医疗支出的农户组（见图4－12）。

在有借贷需求样本中所
占比重（%）

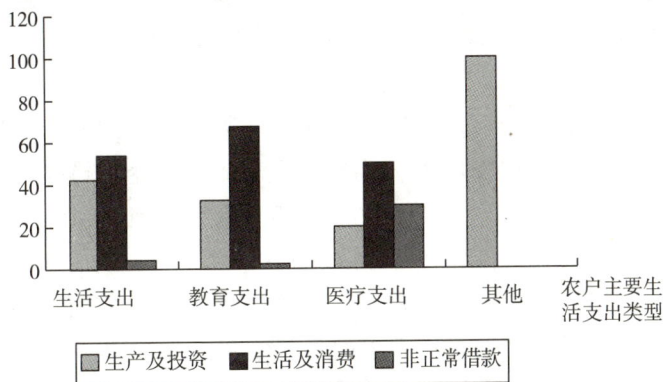

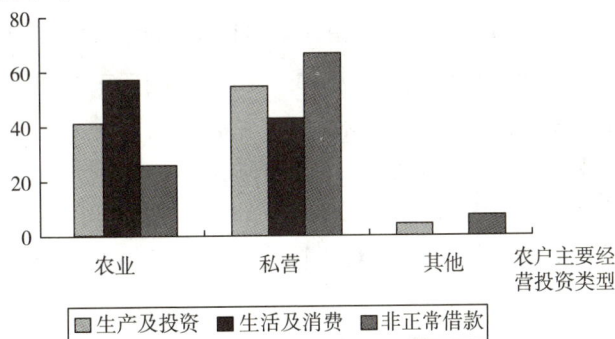

图 4 – 12　借贷需求类型与农户主要生活支出类型

（4）主要经营投资类型。农户的经营投资类型可以分为农业、私营和其他等。农户主要经营投资类型与借贷需求类型的交叉分析发现，主要经营投资类型为农业领域的农户组对生活消费型借贷的需求比例（57.1%）高于对生产投资型借贷的需求比例（41.1%），而主要经营投资类型为私营的农户组对生活消费型借贷需求的比例（42.9%）则低于对生产投资型借贷的需求（54.6%）。主要经营投资类型为其他的农户组对生产投资和非正常借贷的需求比例分别为 4.3% 和 7.4%（见图 4 – 13）。

在有借贷需求样本中所
占比重（%）

图 4 – 13　借贷需求类型与农户主要经营投资类型

4.2.1.5 农村金融供给特征与借贷需求类型

通过农户所在地到最近正规金融机构所需时间和农户所在地附近是否存在民间借贷组织比较不同农村金融供给特征与农户借贷需求类型的差异性。

（1）到最近正规金融机构所需时间。随着农户到最近正规金融机构所需时间的增加农户对两类借贷需求也呈现不同的变化趋势。到最近正规金融机构所需时间为 0～30 分钟的农户组中有生活消费和生产投资型借贷需求的农户在该组所占比例分别为 40.0% 和 56.8%；到最近正规金融机构所需时间为 30～60 分钟的农户组，对两类借贷需求的比例分别为 28.6% 和 71.4%。① 发生非正常借贷需求的农户集中出现在到正规金融机构所需时间为 0～30 分钟的农户组，其所占比例为 4.9%（见图 4－14）。

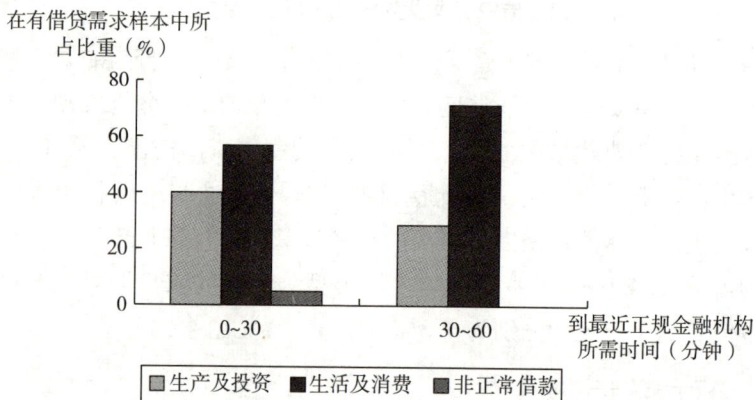

图 4－14　借贷需求类型与农户到最近正规金融机构所需时间

（2）民间借贷组织的存在。农户所在地附近有民间借贷组织的农户组，对生产投资、生活消费和非正常借贷的需求比例分别为 40.5%、54.8% 和 4.8%；农户所在地附近没有民间借贷组织的农户组对各种借贷需求的比例分别为 39.6%、55.2% 和 5.2%。由此可以看出，所在地附近是否有民间借贷组织与农户对不同类型借贷需求的差异不大（见图 4－15）。

---

① 到距离最近的正规金融机构所需时间在大于 60 分钟的农户，其借贷需求比例为 0，这并不表示距离正规金融机构远的农户没有借贷需求，而是因为调查样本中，没有调查到该类样本农户。

在有借贷需求样本中所
占比重（%）

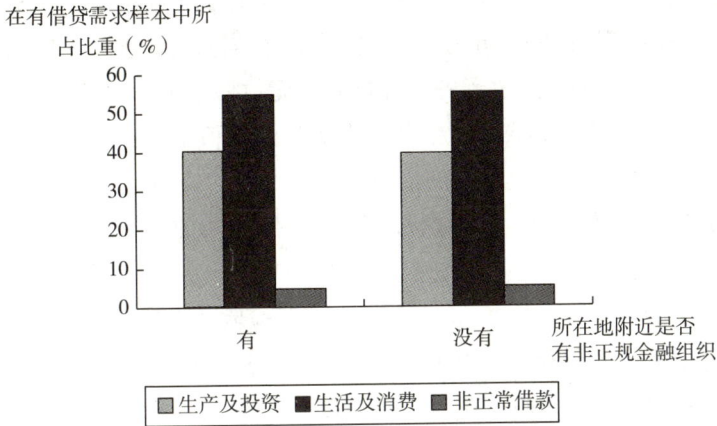

图4-15　借贷需求类型与农户所在地的民间借贷组织

4.2.2　方差分析

4.2.2.1　户主特征变量

（1）年龄。户主年龄的分组变量在三个以上，因此可以采用单因素方差分析（Oneway ANOVA）比较不同年龄组农户借贷需求类型差异的显著性水平。首先进行方差齐次性检验，样本 Bartlett 方差齐次性检验在当前自由度下对应的 P 值为 0.911，远大于 0.05，通过了齐次性检验，无效假设 H_0 检验对应的 P 值小于 0.10，可以认为不同年龄组农户借贷需求类型的均值存在显著差异。两组之间的比较发现，46～60 岁和 26～35 岁两个年龄组农户借贷需求类型的均数存在显著差异，其他年龄组农户借贷需求类型的均数之间无显著差异。

（2）性别。户主性别特征的分组变量有两个，不能使用单因素方差分析，而是采用两组数据的样本 T 检验。先进行不同性别组农户借贷需求类型的方差齐次性检验，然后进行 T 检验。在方差齐次性检验中，不同性别组农户借贷需求类型的齐次性检验的 F 统计量为 1.401，在当前自由度下 P 值为 0.098，大于 0.05，通过了齐次性检验。而在此前提下分析两组数据均值是否相等的检验中，对应的 T 值为 3.506，自由度为 195，P 值为 0.0006，远小于 0.05，说明两组农户借贷需求类型的均值存在显著差异。

（3）受教育水平。户主受教育水平的分组变量有六个，可以采用单因素方差分析比较不同农户组借贷需求类型差异的显著性水平。首先进行方差齐次性检验，样本 Bartlett 方差齐次性检验在当前自由度下对应的 P 值为0.440，远大于 0.05，通过了齐次性检验，无效假设 H_0 检验对应的 P 值大于 0.05，可以认为不同农户组借贷需求类型的均值不存在显著差异。两组之间的比较发现，不同农户组的借贷需求类型的均值均无显著差异。

（4）外出务工经历。农户是否有外出务工经历的分组变量有两个，采用两组数据的样本 T 检验。先进行户主是否有外出务工经历的各农户组借贷需求类型的方差齐次性检验，然后进行 T 检验。在方差齐次性检验中，户主有外出务工经历和没有外出务工经历的农户组借贷需求类型的齐次性检验的 F 统计量为 0.999，在当前自由度下 P 值为 0.985，大于 0.05，通过了齐次性检验。而在此前提下分析的两组数据均值是否相等的检验中，对应的 T 值为 -17.798，自由度为 195，P 值为 0.000，远小于 0.05，说明两农户组借贷需求类型的均值存在显著差异。

4.2.2.2 家庭特征

（1）常住人口。农户家庭常住人口的分组变量有三个，可以采用单因素方差分析比较农户家庭常住人口与其借贷需求类型差异的显著水平。首先进行方差齐次性检验，样本 Bartlett 方差齐次性检验在当前自由度下对应的 P 值为 0.631，远大于 0.05，通过了齐次性检验，无效假设 H_0 检验对应的 P 值远大于 0.05，可以认为不同农户组借贷需求类型的均值不存在显著差异。两组之间的比较发现，各农户组借贷需求类型的均值均无显著差异。

（2）劳动力平均年龄。农户劳动力平均年龄的分组变量有五个，采用单因素方差分析比较劳动力平均年龄与农户借贷需求类型之间差异的显著水平。首先进行方差齐次性检验，样本 Bartlett 方差齐次性检验在当前自由度下对应的 P 值为 0.600，远大于 0.05，通过了齐次性检验，无效假设 H_0 检验对应的 P 值远大于 0.05，可以认为不同农户组借贷需求类型的均值不存在显著差异。两组之间的比较发现，各农户组借贷需求类型的均值均无显著差异。

4.2.2.3 生产经营特征

（1）土地面积。农户土地面积的分组变量有六个，采用单因素方差分析比较不同土地面积农户借贷需求类型之间差异的显著水平。首先进行方差齐次性检验，样本 Bartlett 方差齐次性检验在当前自由度下对应的 P 值为0.973，远大于 0.05，通过了齐次性检验，无效假设 H_0 检验对应的 P 值大于 0.05，可以认为不同农户组借贷需求类型的均值不存在显著差异。两组之间的比较发现，各农户组借贷需求类型的均值均无显著差异。

（2）农业生产人数。农户家庭中农业生产人数的分组变量有四个，采用单因素方差分析比较农户家庭中农业生产人数与农户借贷需求类型之间差异的显著水平。首先进行方差齐次性检验，样本 Bartlett 方差齐次性检验在当前自由度下对应的 P 值为 0.707，远大于 0.05，通过了齐次性检验，无效假设 H_0 检验对应的 P 值为 0.05，可以认为农户家庭中农业生产人数与农户借贷需求类型的均值不存在显著差异。两组之间的比较发现，各农户组借贷需求类型的均值均无显著差异。

（3）外出务工人数。农户家庭中外出务工人数的分组变量有四个，采用单因素方差分析比较农户家庭中外出务工人数与农户借贷需求类型之间差异的显著水平。首先进行方差齐次性检验，样本 Bartlett 方差齐次性检验在当前自由度下对应的 P 值为 0.287，远大于 0.05，通过了齐次性检验，无效假设 H_0 检验对应的 P 值为 0.05，可以认为农户家庭中外出务工人数与农户借贷需求类型的均值不存在显著差异。两组之间的比较发现，各农户组借贷需求类型的均值均无显著差异。

4.2.2.4　收支水平特征

（1）总收入水平。农户家庭总收入水平的分组变量有六个，采用单因素方差分析比较不同收入农户借贷需求类型之间差异的显著水平。首先进行方差齐次性检验，样本 Bartlett 方差齐次性检验在当前自由度下对应的 P 值为 0.676，远大于 0.05，通过了齐次性检验，无效假设 H_0 检验对应的 P 值小于 0.05，可以认为不同农户组借贷需求类型的均值存在显著差异。两组之间的比较发现，农户家庭收入水平为 2 万 ~ 5 万元和收入水平为 5 万 ~ 10 万元的农户组借贷需求类型之间存在显著差异，其他各农户组借贷需求类型的均值之间均无显著差异。

（2）主要收入来源。农户主要收入来源的分组变量有两个，采用两组数据的样本 T 检验。在方差齐次性检验中，主要收入来源为农业收入和非农业收入的农户组借贷需求类型的齐次性检验的 F 统计量为 1.162，在当前自由度下 P 值为 0.465，大于 0.05，通过了齐次性检验。而在此前提下分析的两组数据均值是否相等的检验中，对应的 T 值为 -5.603，自由度为 189，P 值为 0.0000，远小于 0.05，说明两农户组借贷需求类型的均值存在显著差异。

（3）主要生活支出类型。农户家庭主要生活支出类型的分组变量有四个，采用单因素方差分析比较农户主要生活支出类型与农户借贷需求类型之间差异的显著水平。首先进行方差齐次性检验，样本 Bartlett 方差齐次性检验在当前自由度下对应的 P 值为 0.184，远大于 0.05，通过了齐次性检验，无效假设 H_0 检验对应的 P 值大于 0.05，可以认为农户家庭中主要生活支出类型与农户借贷需求类型的均值不存在显著差异。两组之间的比较显示，各农户组借贷需求类型的均值之间无显著差异。

（4）主要经营投资类型。农户家庭主要经营投资类型的分组变量有三个，采用单因素方差分析比较农户主要经营投资类型与农户借贷需求类型之间差异的显著水平。首先进行方差齐次性检验，样本 Bartlett 方差齐次性检验在当前自由度下对应的 P 值为 0.987，远大于 0.05，通过了齐次性检验，无效假设 H_0 检验对应的 P 值大于 0.05，可以认为农户家庭中主要经营投资类型与农户借贷需求类型的均值不存在显著差异。两组之间的比较显示，各农户组借贷需求类型的均值均无显著差异。

4.2.2.5　农村金融市场特征

（1）到最近金融机构所需时间。农户到距离最近的正规金融机构所需时间的分组变量有两个，采用两组数据的样本 T 检验。在方差齐次性检验中，到最近正规金融机构所需时间与农户的借贷需求类型齐次性检验的 F 统计量为 1.218，在当前自由度下 P 值为 0.890，远大于 0.05，说明两组农户借贷需求类型的方差具备齐次性。而在此前提下分析的两组数据均值是否相等的检验中，对应的 T 值为 -4.573，自由度为 191，P 值为 0.0000，远小于 0.05，说明两农户组借贷需求类型的均值存在显著差异。

（2）民间借贷组织的存在。农户所在地附近是否存在民间借贷组织的分组变量有两个，采用两组数据的样本 T 检验。在方差齐次性检验中，农户所在地附近是否有民间借贷组织与农户借贷需求类型齐次性检验的 F 统计量为 1.180，在当前自由度下 P 值为 0.469，远大于 0.05，通过了齐次性检验。而在此前提下分析的两组数据均值是否相等的检验中，对应的 T 值为 3.858，自由度为 194，P 值为 0.0002，远小于 0.05，说明两农户组借贷需求类型的均值存在显著差异。

通过上述方差分析可知，户主的年龄、性别、外出务工经历、农户总收入水平、主要收入来源、农户到距离最近正规金融机构所需时间和农户所在地是否存在民间借贷组织七个特征因素的分组变量与农户借贷需求类型的差异性显著。

4.2.3　借贷需求类型影响因素实证分析

4.2.3.1　模型的估计及检验

运用 Multinomial Logit 模型对以上方差分析得出的对农户借贷需求类型差异影响显著的三类七个因素进行实证分析，估计它们对农户借贷需求类型选择的影响。此处运用 Stata 11 软件对统计样本进行回归处理，并运用最大似然法估计回归参数，估计结果如表 4－14 所示。从模型的似然比检验结果可知，最终模型和只含有常数项的无效模型相比，似然比卡方检验结果的显著水平为 0.0015，远小于 0.01，说明模型有意义。因此，从整体上讲，自变量对因变量的作用是有统计意义的。

对各自变量作用的似然比检验可知，农户所在地到最近正规金融机构所需时间的显著水平小于 0.01，农户家庭总收入和农户主要收入来源的显著水平小于 0.05，农户家庭中户主性别的显著水平小于 0.1，而户主年龄、户主是否有外出务工经历以及农户所在地附近是否有民间借贷组织等因素不显著。

表 4－14　　　　　　　模型及各自变量似然比检验统计

变量	减少该变量模型的似然比（LR chi2）	P 值（Prob > chi2）
年龄	3.35	0.1872
性别	5.08	0.0790
外出务工经历	4.13	0.1271
总收入	6.48	0.0392
主要收入来源	7.54	0.0231
到最近正规金融机构所需时间	15.29	0.0005
所在地是否有非正规金融组织	0.60	0.7399
总模型	35.03	0.0015

4.2.3.2　实证结果分析

由于生活消费型借贷需求在农户借贷需求中所占比重最高，因此，模型估计过程中，选择有生活消费型借贷需求的农户组为对比组。结果如表

4－15所示，生产投资型和生活消费型借贷需求比较，显著性较高的是户主年龄和农户家庭总收入水平两个因素。非正常借贷和生活消费型借贷相比，显著性较高的是户主性别、农户家庭总收入水平、主要收入来源和到最近正规金融机构所需时间四个因素。下面分别对模型的估计结果加以分析，探讨各因素对农户借贷需求类型的影响效果。

（1）户主特征对借贷需求类型的影响。户主特征变量中，没有一个因素可以影响到因变量的各个方面，但相对于生产投资型借贷和生活消费型借贷而言，户主年龄越小，农户对生产投资型借贷的需求越大。这可能是因为年轻人接触和学习新事物的能力都比较强，希望通过增加投资、扩大生产经营改善经济状况的愿望相对强烈，且相对于年龄较大的农户而言，年轻农户有一定的风险偏好，加之年轻农户家庭负担相对较小，故对生产投资型借贷需求的偏好更为强烈。而户主年龄较大的农户，学习新鲜事物的能力相对较差，规避风险意识较强，且面临着子女教育、老人养老、医疗等多重负担，对生活消费型借贷需求相对较强。户主性别对生产投资型借贷需求的选择影响不显著。这可能是因为目前西部地区农户的生产经营仍以务农为主，生产规模相对较小，相似程度较高，现有条件下农户基本的生产经营和消费结构已趋于稳定，在这种状况下户主的性别特征对农户家庭生产经营和生活消费的影响相对较弱。生产投资型借贷和非正常借贷比较而言，性别对农户就非正常借贷的选择影响显著。由于本书将非正常借贷界定为赌博、吸毒以及意外事故等造成的资金借贷。因此，笔者认为这一结果可能的解释有二：一是在相对保守的西部农村地区，男性发生赌博和吸毒等恶性行为的机会和可能性均高于女性；二是女性户主在家庭的日常管理和经营过程较为保守且风险规避意识较强，因此发生意外借贷需求的比例也相应低于男性户主。户主外出务工经历对农户借贷需求类型的影响不显著。

表4－15   农户借贷类型选择影响因素的分析

自变量		借贷类型	
		生产投资型	非正常借贷
户主特征	年龄	－0.026（0.073）*	－0.001（0.967）
	性别	－0.442（0.180）	－1.740（0.066）*
	外出务工经历	－0.239（0.519）	1.923（0.120）

续表

自变量		借贷类型	
		生产投资型	非正常借贷
收支情况	2009 年家庭总收入	0.210（0.197）	−0.729（0.072）*
	收入主要来源	−0.597（0.081）*	1.885（0.099）*
农村金融供给市场特征	到最近的金融机构所需时间	−0.029（0.119）	−0.269（0.004）**
	是否有民间借贷组织	0.263（0.516）	−0.351（0.743）
常数项		1.988（0.130）	−0.103（0.977）
P 值 Prob > chi2		0.0015	
对数似然比值 Log likelihood		−138.408	
伪决定系数 Pseudo R2		0.1723	

注：①模型中以借贷类型为生活消费型借贷的农户组为对照组。②括号内的数字为标准差。③ *、 * * 和 * * * 分别表示 10% 、5% 和 1% 的显著水平。

（2）收支状况对借贷需求类型的影响。农户收支状况中，家庭总收入对农户生产投资型借贷需求的选择影响不显著。这可能是因为目前农户生产规模相对较小且效率低，农户扩大生产经营的积极性不高，因此收入水平的提高短期内对农户生产经营规模的改变不明显，故收入水平对农户生产经营借贷需求的选择影响不显著。收入水平对农户就非正常借贷需求的选择影响显著。收入越低的农户，发生非正常借贷的可能性越高。这可能是因为收入水平相对较低的农户，资金结余相对较少，对意外等突发事件的资金应对能力相对较弱，一旦急需较大额度的资金，则会面临较高的非正常借贷需求。农户主要收入来源对各类借贷需求选择的影响均显著。生产投资型借贷与生活消费型借贷需求相比，主要收入来源为农业收入的农户其借贷需求类型更倾向于生产投资型借贷，主要收入来源为非农业收入的农户其借贷需求更倾向于选择生活消费型借贷。这可能是因为目前西部地区农户生活水平普遍较低，而主要收入来源为农业收入的农户，其经济状况相对较差，即使将生活消费水平压缩在非常低的范围内，也希望保证基本的农业生产经营活动，以维持稳定的收入；而主要收入来源为非农业收入的农户其经济生活水平相对较好，长期被压抑的生活消费需求（如住房条件的改善、生活水平的提高以及医疗教育消费等）在经济略有宽裕的情况下得以释放，故对生活消费型借贷需求较高。非正常借贷与生活消费型借贷相比，主要收入来源为农业收入的农户更倾向于生活消费型借贷需求，而主要收入来源为非农业收入的农户，选择非正常借贷的倾向会相对较高。这可能是因为主要收入来源为农业收入的农户，各种行为活动相对保守和封闭，对吸毒、赌博等行为参与的可能性相对较低，而主要收入来源为非农业收入的农户，由于非农程度比较高，对外界事物的接触机会相对较多，因而选择非正常借贷的倾向会高于主要收入来源为农业收入的农户。

（3）农村金融市场供给特征对农户借贷需求类型的影响。农村金融市场供给特征中，农户所在地到最近正规金融机构所需时间对农户非正常借贷需求的选择有显著影响。农户到最近金融机构所需时间越短，即正规金融机构网点分布越密集时，农户非正常借贷的需求倾向会增加；所需时间越长，即正规金融机构网点分布相对分散时，农户的生活消费型借贷需求倾向会增加。这一点，并不能理解为金融机构网点的分布与各种可能导致非正常借贷的发生概率之间有直接关系，可能的解释是这在一定程度上反映了当金融机构网点分布密集时，农户对金融机构的作用和功能的了解和认知水平会相对较高和较为全面，而相对于生活消费型借贷而言，非正常借贷需求往往呈现出更明显的刚性和不可回避性。因此，在遇到非正常借贷需求时，农户则会对金融机构有更高的获得贷款的预期和诉求。这也反映了农村地区社会福利保障体系的缺失，使得农户在面对各种意外状况时缺乏基本的保障。

农户所在地附近民间借贷组织的存在，对农户借贷类型的选择没有显著影响。可能的解释是当地民间借贷组织较小或农户与民间借贷组织的接触不多，因而对农户借贷需求类型的影响不显著。这一点在与农户对当地非正规金融机构的参与情况的调查中，农户整体参与度很低的情况相吻合；另外，民间借贷组织的管理不规范且一直处于"半公开"状态，农户对其信任和了解程度较低，是农户选择民间借贷组织的可能性较低的主要原因之一。

4.2.3.3　结论

农户借贷需求类型中，生活消费型借贷所占比例最高，且需求弹性相对较大。户主年龄、性别、外出务工经历、农户家庭收入水平、主要收入来源、所在地到最近正规金融机构所需时间和所在地是否有民间借贷组织等三大类七个因素的分组变量中，各农户组借贷需求类型的差异显著。基于 MLogit 模型对农户借贷需求类型影响因素的实证分析结果表明，户主年龄对农户生产投资型借贷需求的选择影响显著，主要表现为户主年龄越小的农户，对生产投资型借贷的需求越大。户主为男性、家庭收入水平低的农户更容易发生非正常借贷需求。主要收入来源为农业收入的农户更倾向于生产投资型借贷。农户到距离最近正规金融机构网点的时间越短，刚性较强的非正常借贷需求会较为明显。户主是否有外出务工经历、农户所在地民间借贷组织的存在对农户借贷类型的选择没有显著影响。

4.3　借贷需求额度比较分析

通过对有借贷需求农户的调查发现，农户的借贷需求以小额借贷为主，且各种额度需求呈现较分散的特点，借贷需求额度在 1 万元（含）以下的农户占所有有借贷需求农户总数的 61.4%。借贷需求额度为 3 000 ~ 5 000 元的农户所占比例最高，达 26.9%，借贷需求额度为 3 000 元以下的农户占有借贷需求农户总数的 16.2%，借贷需求额度为 5 000 ~ 10 000 元、1 万 ~ 5 万元和 5 万元以上的农户分别占有借贷需求农户总数的 18.3%、19.8% 和 18.8%（见表 4 - 16）。

表 4 - 16　　　　　　　农户借贷需求额度统计

需求额度	户数（户）	所占比例（%）
3 000 元以下	32	16.2
3 000 ~ 5 000 元	53	26.9
5 000 ~ 10 000 元	36	18.3
1 万 ~ 5 万元	39	19.8
5 万元以上	37	18.8
合计	197	100.0

数据来源：调查数据整理。

4.3.1　一般统计分析

下面分别从户主特征、家庭特征、生产经营特征、收支水平和农村金融市场供给特征等角度比较不同特征农户借贷需求额度的差异性。

4.3.1.1　户主特征与借贷需求额度

（1）年龄。户主年龄与农户借贷需求额度的交叉比较发现，随着户主年龄的增加，农户的借贷需求额度呈现倒"V"形变化趋势，其峰值出现在户主年龄为46~60岁的农户组，就各年龄农户组的借贷需求额度而言，所有年龄农户组对5 000元以下额度借贷需求的比例最高（见图4-16）。户主年龄为25岁以下的农户组，对各水平的借贷的需求比例均较低，对3 000元以下、3 000~5 000元、5 000~10 000元、10 000~50 000元和50 000元以上额度的借贷有需求的农户所占比例分别占有借贷需求农户总数的2.0%、3.6%、1.0%、1.5%和2.0%；户主年龄为26~35岁的农户组对不同额度借贷的需求比例均有所上升，对1万元以上额度的借贷需求比例上升迅速；户主年龄为36~45岁的农户组的借贷需求额度较户主年龄为26~35岁的农户组而言，仍然保持着增长的趋势，且对10 000元以下小额的借贷需求比例增长明显；户主年龄为46~60岁的农户组，对不同额度的借贷需求均达到了所有农户组的较高值，分别为5.6%、8.6%、8.6%、4.6%和8.1%；而户主年龄为60岁以上的农户组，对借贷需求的概率和额度均下降至户主年龄为25岁以下农户组的水平。

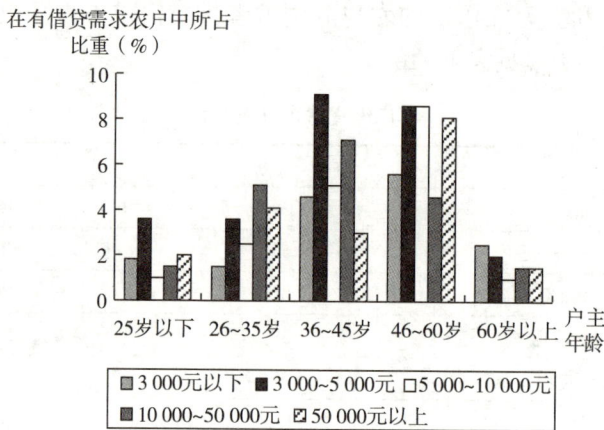

图4-16 户主年龄与农户借贷需求额度

（2）性别。户主性别与农户借贷需求额度的交叉比较发现，户主为女性的农户组对3 000~10 000元额度的借贷需求高于户主为男性的农户组，而对10 000元以上额度的借贷需求则低于户主为男性的农户组（见图4-17）。户主为男性的农户组对各额度的借贷需求呈现"V"形变化趋势，即对小额和大额的借贷需求高于中间额度的借贷需求，男性户主农户组对3 000~5 000元和50 000元以上两个额度组的借贷需求比例最高，而户主为女性的农户对各额度借贷需求则相反，呈现倒"V"形变化趋势，即对中间额度的借贷需求高于小额和大额度的借贷需求，户主为女性的农户组对 3 000～5 000 元和 10 000 元以上两个额度的借贷需求比例最高。

在有借贷需求农户中所占
比重（%）

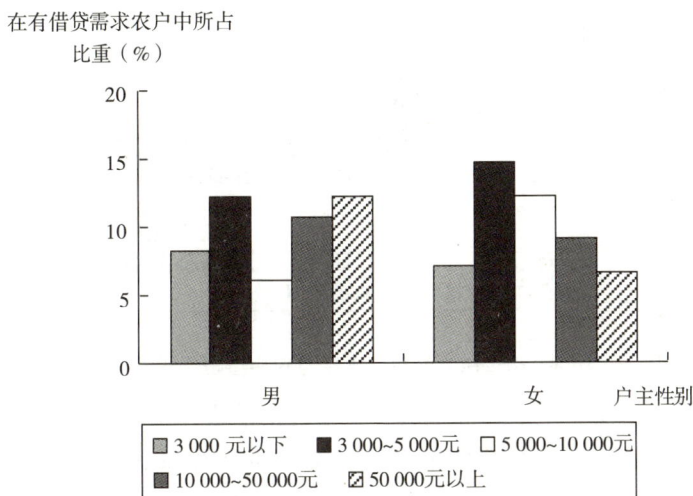

图 4 - 17　户主性别与农户借贷需求额度

（3）受教育水平。户主受教育水平与借贷需求额度的交叉比较显示，受教育水平为初中的农户组对各额度的借贷需求均高于其他农户组，该农户组对 3 000 元以下、3 000～5 000 元、5 000～10 000 元、1 万～5 万元和 5 万元以上额度的借贷需求分别占各组农户总数的 8.1%、14.7%、8.6%、9.1% 和 9.1%，其次是户主受教育水平为小学和高中的农户组，户主受教育水平为未上学、大专和大学及以上的农户组借贷需求的比率及额度均较低（见图 4 - 18）。

（4）户主外出务工经历。户主外出务工经历与借贷需求额度的交叉比较显示，两组农户对 3 000～5 000 元额度的借贷需求比例均为最高，户主没有外出务工经历的农户组对不同额度的借贷需求均高于户主有外出务工经历的农户组。户主有外出务工经历的农户组对 3 000 元以下、3 000～5 000 元、5 000～10 000 元、1 万～5 万元和 5 万元以上额度借贷的需求比例分别为 4.1%、10.7%、3.6%、7.1% 和 9.1%；户主没有外出务工经历的农户组对 3 000 元以下、3 000～5 000 元、5 000～10 000 元、1 万～5 万元和 5 万元以上额度借贷的需求比例分别为 12.2%、16.2%、14.7%、

在有借贷需求农户中所占
比重（％）

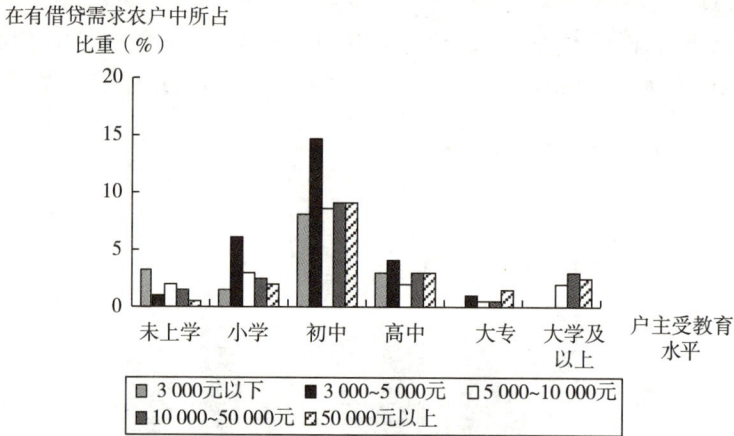

图 4 – 18   户主受教育水平与农户借贷需求额度

12.7％和9.6％。另外，户主有外出务工经历的农户组对5 000 元以上各额度的借贷需求随着额度的增加而增加，而户主没有外出务工经历的农户组则相反。由此可见，外出务工经历对农户经济收入的增加和借贷需求的缓解具有重要作用（见图 4 – 19）。

在有借贷需求农户中所占
比重（％）

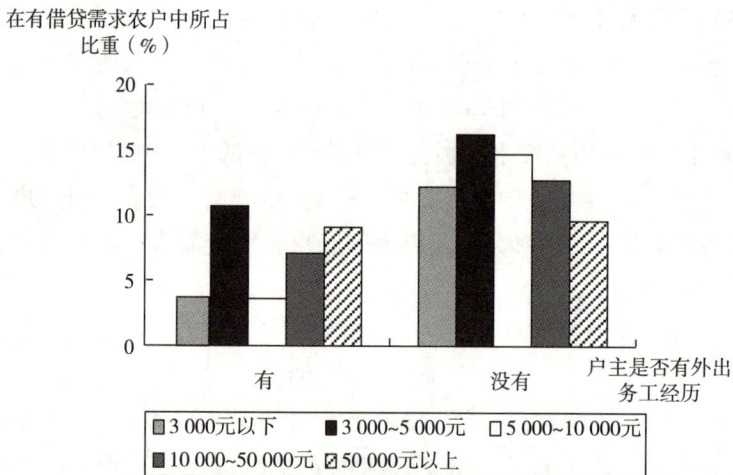

图 4 – 19   户主外出务工经历与农户借贷需求额度

4.3.1.2   农户家庭特征与借贷需求额度

（1）家庭常住人口。农户家庭常住人口与借贷需求额度的交叉比较显示，常住人口为 3～5 人的农户组对各额度的借贷需求均高于其他农户组，其中对 3 000～5 000 元额度的借贷需求的比例较高，为 29.3%；对 3 000 元以下、5 000～10 000 元、1 万～5 万元和 5 万元以上额度的借贷需求较为均衡，分别占所有有借贷需求农户总数的 12.2%、14.7%、14.7% 和 14.2%。常住人口为 3 人以下的农户组对各额度的借贷需求比例均较低，而常住人口为 5 人以上的农户组，对借贷额度为 5 000～50 000 元的借贷需求比例高于对其他额度借贷的需求（见图 4-20）。

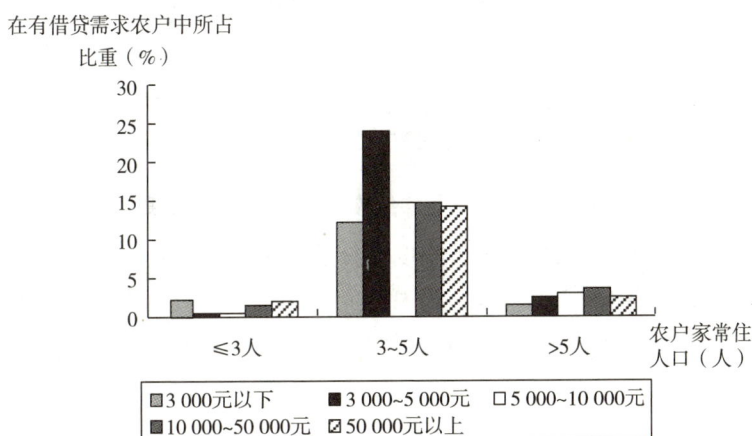

图 4-20 常住人口与农户借贷需求额度

（2）劳动力平均年龄。家庭劳动力平均年龄与农户借贷需求额度的交叉比较显示，家庭劳动力平均年龄为 30～40 岁的农户组对各额度借贷的需求均高于其他农户组，其次是劳动力平均年龄为 40～50 岁、50～60 岁的农户组，平均年龄在 20～30 岁和大于 60 岁的农户组对各额度的借贷需求比例均较低。家庭劳动力平均年龄在 30～40 岁之间的农户组，对 3 000 元以下、5 000～10 000 元、1 万～5 万元和 5 万元以上额度的借贷需求比例呈现递增的趋势，其中对 5 万元以上借贷的需求比例最高；而家庭劳动力平均年龄为 20～30 岁之间的农户组对各额度借贷需求的比例则随着额度的增加而呈下降的趋势（见图 4-21）。

4.3.1.3 生产经营特征与借贷需求额度

（1）土地面积。农户所拥有的土地面积与农户借贷需求额度的交叉比较显示，农户借贷需求主要集中在土地面积为 1～10 亩的农户组，其中土

在有借贷需求农户中所占
比重（%）

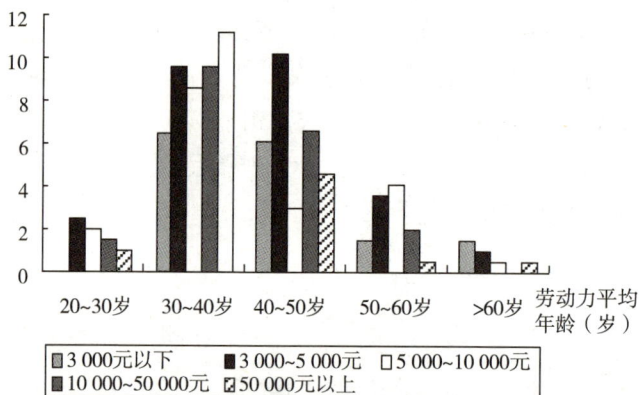

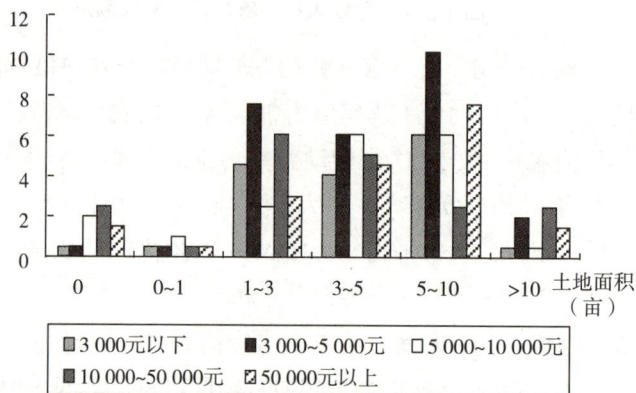

图 4－21　劳动力平均年龄与农户借贷需求额度

地面积为 5～10 亩的农户组对各额度借贷的需求比例普遍高于其他农户组。
土地面积为 0 亩和大于 10 亩的农户组，借贷以 5 000 元以上的额度为主；
土地面积为 0～1 亩和 3～5 亩的农户组对各额度借贷的需求比例较为均衡
（见图 4－22）。

在有借贷需求农户中所占
比重（%）

图 4－22　土地面积与借贷需求额度

（2）农业生产人数。农户家庭中从事农业生产的人数与农户借贷需求
额度的交叉比较显示，农户的借贷需求集中在家庭中农业生产人数为 1～2

人和 3 ~ 4 人的农户组，家庭中农业生产人数为 1 ~ 2 人的农户组对各额度的借贷需求均高于家庭中农业生产人数为 3 ~ 4 人的农户组和其他农户组。农业生产人数为 0 人的农户组，其借贷需求额度均为 50 000 元以上；而农业生产人数大于 4 人的农户组的借贷需求额度集中在 3 000 ~ 5 000 元（见图 4 – 23）。

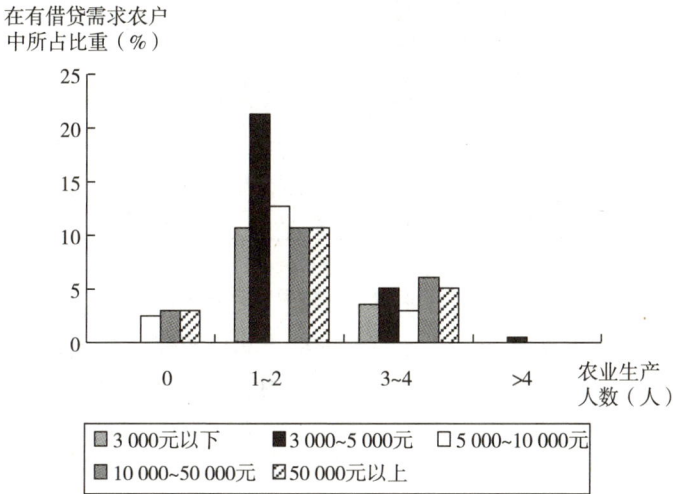

图 4 – 23　农业生产人数与借贷需求额度

（3）外出务工人数。家庭中外出务工人数与农户借贷需求额度的交叉比较发现，农户的借贷需求集中在外出务工人数为 0 人和 1 ~ 2 人的农户组，且对 3 000 ~ 5 000 元额度的借贷需求最高，其中外出务工人数为 1 ~ 2 人的农户组对各额度的需求均高于没有外出务工人员的农户组。外出务工人数为 3 人以上的农户组，对各额度借贷的需求比例均较低（见图 4 – 24）。

4.3.1.4　收支状况与借贷需求额度

（1）收入水平。农户收入水平与借贷需求额度的交叉比较显示，有借贷需求的农户集中在收入水平为 1 万 ~ 2 万元和 2 万 ~ 5 万元之间的农户组，两农户组均对额度为 3 000 ~ 5 000 元的借贷需求最高，且收入水平为 2 万 ~ 5 万元的农户组对各额度的需求均高于收入水平为 1 万 ~ 2 万元的农户组。收入水平为 5 000 元以下的农户组，对 3 000 元以下额度的借贷需求比例较高；收入水平为 5 000 ~ 10 000 元的农户组，对各额度的需求比例较

在 有借贷需求农户中所占
比重（%）

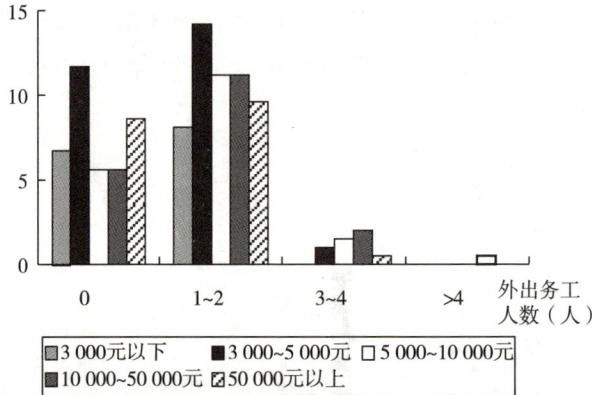

图 4 – 24　外出务工人数与借贷需求额度

为均衡；收入水平为 5 万 ~ 10 万的农户组，其借贷需求额度以 1 万元以上
为主；收入水平为 10 万元以上的农户组，其借贷需求额度集中在 5 万元以
上（见图 4 – 25）。

在有借贷需求农户中所
占比重（%）

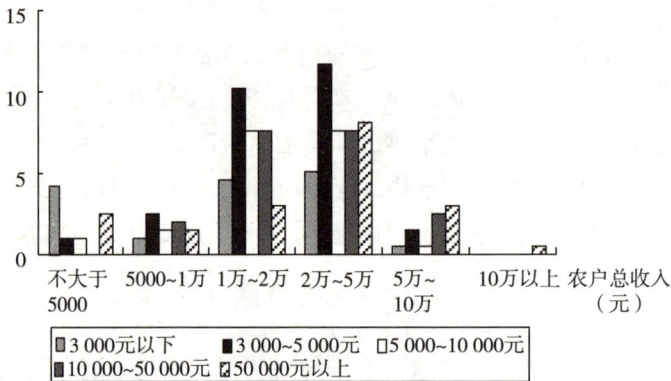

图 4 – 25　农户总收入与借贷需求额度

（2）主要收入来源。农户主要收入来源与借贷需求额度的交叉比较显
示，主要收入来源为农业收入和非农业收入的农户组对 5 000 元以下额度
的借贷需求较均衡，在 5 000 元以上额度的借贷需求中，主要收入来源为

农业的农户组对 5 000 ~ 50 000 元额度的借贷需求比例低于主要收入来源为非农业收入的农户组，而对 5 万元以上额度的借贷需求比例则高于主要收入来源为非农业收入的农户组（见图 4 - 26）。

在有借贷需求农户中所占
比重（%）

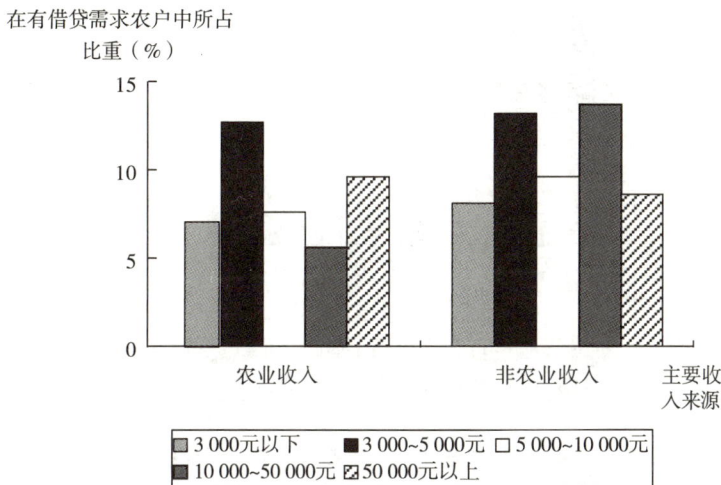

图 4 - 26　主要收入来源与借贷需求额度

（3）主要生活支出类型。农户主要生活支出类型与借贷需求额度的交叉比较发现，主要生活支出类型为日常生活支出的农户组对各额度的借贷需求均高于其他农户组，对 3 000 元以下、3 000 ~ 5 000 元、5 000 ~ 10 000 元、10 000 ~ 50 000 元和 50 000 元以上额度借贷的需求比例分别为 11.2%、19.8%、13.2%、13.7% 和 14.7%，其次是主要生活支出类型为教育支出和医疗支出的农户组。主要生活支出类型为生活支出和教育支出的农户组均对 3 000 ~ 5 000 元额度的借贷需求最高，对其他额度的借贷需求较为均衡（见图 4 - 27）。

（4）主要经营投资类型。农户主要经营投资类型与借贷需求额度的交叉比较显示，主要经营投资类型为农业的农户组对各额度的借贷需求比例均高于其他农户组，其次是主要经营投资类型为其他类的农户组和主要经营投资类型为私营的农户组。主要经营投资类型为农业的农户组对 3 000 ~ 5 000 元额度的借贷需求比例最高，为 23.9%；对 3 000 元以下、5 000 ~ 10 000 元、1 万 ~ 5 万元和 5 万元以上额度的借贷需求较均衡，分别为 13.7%、14.2%、15.7% 和 15.7%。主要经营投资类型为私营的农户组对

在有借贷需求农户
中所占比重（%）

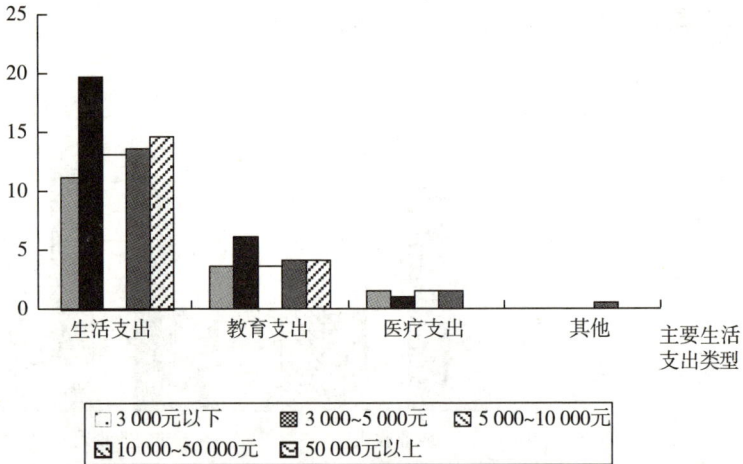

图4－27　主要生活支出类型与借贷需求额度

1万元以上额度的借贷需求较高；而主要经营投资类型为其他的农户组对
各借贷额度的需求较为均衡，对5 000～10 000元额度的借贷需求比例最
高，为3.6%（见图4－28）。

在有借贷需求农户中
所占比重（%）

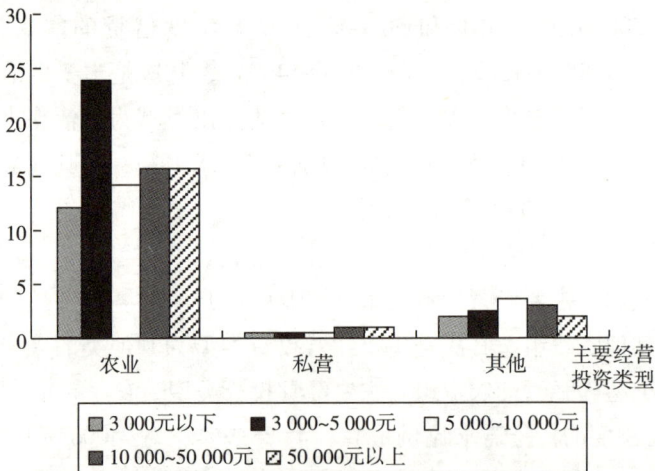

图4－28　主要经营投资类型与借贷需求额度

4.3.1.5 农村金融市场特征与借贷需求额度

（1）农户到最近的正规金融机构所需时间。农户到最近正规金融机构所需时间与借贷需求额度的交叉比较显示，农户对各额度的借贷需求均随到最近正规金融机构所需时间的延长而降低。其中，到最近正规金融机构所需时间为30分钟以内的农户组对3 000~5 000元额度的借贷需求比例最高，为25.9%，对3 000元以下、5 000~10 000元、10 000~50 000元和50 000元以上额度的借贷需求比例分别为14.2%、18.3%、17.8%和18.3%。到最近正规金融机构所需时间为30~60分钟的农户组的借贷需求额度集中在3 000元以下和10 000元以上（见图4-29）。

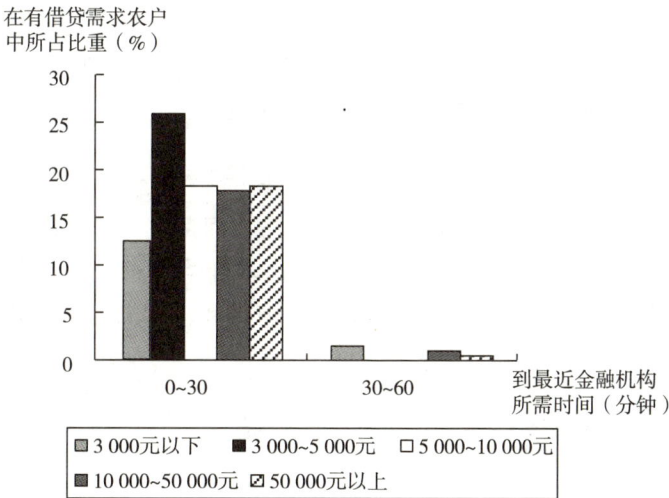

图 4-29 到最近金融机构所需时间与借贷需求额度

（2）民间借贷组织的存在。农户所在地附近是否有民间借贷组织与借贷需求额度的交叉比较显示，所在地附近没有民间借贷组织的农户组的借贷需求高于所在地附近有民间借贷组织的农户组的借贷需求，且两组农户对3 000~5 000元额度借贷需求比例均较高，其他额度借贷需求较为均衡（见图4-30）。

4.3.1.6 农户借贷需求类型与借贷需求额度

农户的借贷需求类型与借贷需求额度的交叉比较发现，借贷需求类型为生活消费型的农户组对各额度的借贷需求比例均高于其他农户组，其中主要借贷需求类型为生活消费型的农户组对3 000~5 000元额度的借贷需

在有借贷需求农户
中所占比重（%）

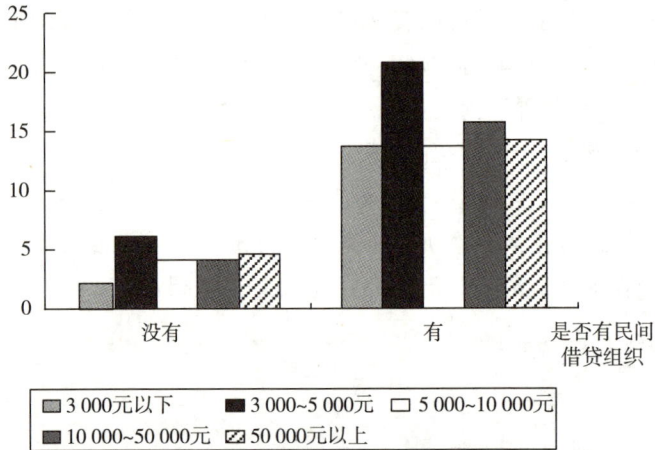

图 4 - 30　民间借贷组织与借贷需求额度

求最高，达 13.7%，而对其他额度的需求则较均衡。主要借贷需求类型为
生产投资型的农户组，对不同额度的借贷需求较均衡；主要借贷需求类型
为非正常借贷的农户组的借贷额度集中在 10 000 元以下和 50 000 元以上
（见图 4 - 31）。

在有借贷需求农户
中所占比重（%）

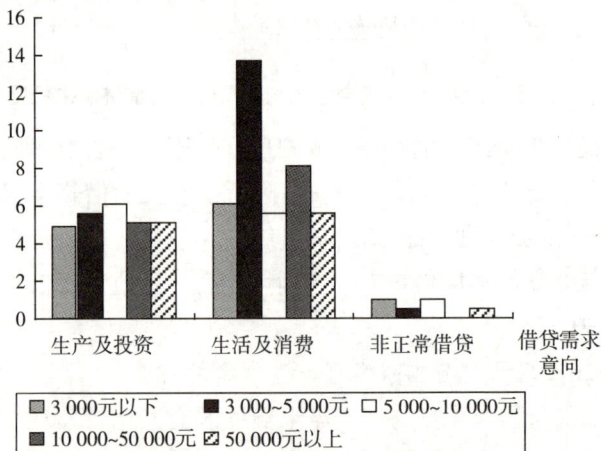

图 4 - 31　农户借贷需求类型与借贷需求额度

4.3.2　方差分析

4.3.2.1　户主特征的方差分析

（1）年龄。户主年龄的分组变量有五组，可以采用单因素方差分析比较不同年龄组农户借贷需求额度差异的显著水平。样本 Bartlett 方差齐次性检验在当前自由度下对应的 P 值为 0.852，远大于 0.05，通过了齐次性检验，无效假设 H_0 检验对应的 P 值大于 0.05，可以认为不同年龄农户组借贷需求额度的均值不存在显著差异。两组之间的比较发现，不同年龄组农户借贷需求额度的均数之间亦无显著差异。

（2）性别。户主性别特征的分组变量有两个，采用两组数据的样本 T 检验。首先进行不同性别农户组借贷需求额度的方差齐次性检验，然后进行 T 检验。在方差齐次性检验中，不同性别农户组借贷需求额度的齐次性检验 F 统计量为 1.370，在当前自由度下 P 值为 0.122，大于 0.05，通过了齐次性检验。而在此前提下分析的两组数据均值是否相等的检验中，对应的 T 值为 11.395，当前自由度下对应的 P 值为 0.0000，远小于 0.05。说明两农户组借贷需求额度的均值之间存在显著差异。

（3）受教育水平。户主受教育水平的分组变量有六个，采用单因素方差分析比较户主受教育水平不同的农户组借贷需求额度差异的显著水平。样本 Bartlett 方差齐次性检验在当前自由度下对应的 P 值为 0.283，远大于 0.05，通过了齐次性检验，无效假设 H_0 检验对应的 P 值远小于 0.05，可以认为不同农户组借贷需求额度的均值存在显著差异。两组之间的比较发现，户主受教育水平为大学及以上的农户组的借贷需求额度均高于户主受教育水平为未上学、小学、初中的农户组，且均值之间差异显著。

（4）外出务工经历。农户是否有外出务工经历的分组变量有两个，采用两组数据的样本 T 检验。首先进行两组农户借贷需求额度的方差齐次性检验，然后进行 T 检验。在方差齐次性检验中，检验的 F 统计量为 1.150，在当前的自由度下 P 值为 0.496，远大于 0.05，通过了齐次性检验。而在此前提下分析的两组数据均值是否相等的检验中，对应的 T 值为 15.527，P 值为 0.000，远小于 0.05。说明两农户组借贷需求额度的均值之间存在显著差异。

4.3.2.2　家庭特征的方差分析

（1）常住人口。农户家庭常住人口的分组变量有三个，可以采用单因素方差分析比较农户家庭常住人口与其借贷需求额度差异的显著水平。样本 Bartlett 方差齐次性检验在当前自由度下对应的 P 值为 0.361，远大于 0.05，通过了齐次性检验，无效假设 H_0 检验对应的 P 值远大于 0.05，可以认为不同农户组借贷需求额度的均值不存在显著差异。两组之间的比较发现，各农户组的借贷需求额度均值之间亦无显著差异。

（2）劳动力平均年龄。农户劳动力平均年龄的分组变量有五个，采用单因素方差分析劳动力平均年龄与农户借贷需求额度差异的显著水平。样本 Bartlett 方差齐次性检验在当前自由度下对应的 P 值为 0.467，远大于 0.05，通过了齐次性检验，无效假设 H_0 检验对应的 P 值大于 0.05，可以认为不同农户组借贷需求额度的均值不存在显著差异。两组之间的比较发现，劳动力平均年龄不同的各农户组借贷需求额度均值之间亦无显著差异。

4.3.2.3　生产经营特征变量的方差分析

（1）土地面积。农户土地面积的分组变量有五个，采用单因素方差分析土地面积不同的农户组借贷需求额度差异的显著水平。样本 Bartlett 方差齐次性检验在当前自由度下对应的 P 值为 0.956，远大于 0.05，通过了齐次性检验。无效假设 H_0 检验对应的 P 值远大于 0.05，可以认为不同农户组借贷需求额度的均值不存在显著差异。两组之间的比较发现，各农户组借贷需求额度的均值之间亦无显著差异。

（2）农业生产人数。农户家庭中农业生产人数的分组变量有四个，采用单因素方差分析农户家庭中农业生产人数与农户借贷需求额度差异的显著水平。样本 Bartlett 方差齐次性检验在当前自由度下对应的 P 值为 0.057，大于 0.05，通过了齐次性检验，无效假设 H_0 检验对应的 P 值远小于 0.05，可以认为农业生产人数不同的各农户组借贷需求额度的均值存在显著差异。两组之间的比较发现，家庭中从事农业生产人数为 1~2 人的农户组与农业生产人数为 0 人的农户组之间差异在 1% 的水平上显著，且农业生产人数为 1~2 人的农户组借贷额度的均值低于农业生产人数为 0 人的农户组，其他组均值之间差异不显著。

（3）外出务工人数。农户家庭中外出务工人数的分组变量有四个，采用单因素方差分析不同外出务工人数的农户组借贷需求额度之间差异的显著水平。样本 Bartlett 方差齐次性检验在当前自由度下对应的 P 值为 0.286，远大于 0.05，通过了齐次性检验，无效假设 H_0 检验对应的 P 值远大于 0.05，可以认为外出务工人数不同的各农户组借贷需求额度的均值不存在显著差异。两组之间的比较发现，各农户组的借贷需求额度均值之间亦无显著差异。

4.3.2.4　收支水平特征变量的方差分析

（1）总收入水平。农户家庭总收入水平的分组变量有六个，采用单因素方差分析总收入水平不同的各农户组借贷需求额度之间差异的显著水平。样本 Bartlett 方差齐次性检验在当前自由度下对应的 P 值为 0.328，远大于 0.05，通过了齐次性检验，无效假设 H_0 检验对应的 P 值远小于 0.05，可以认为收入不同的农户组借贷需求额度均值存在显著差异。两组之间的比较发现，农户家庭总收入水平为 5 万 ~ 10 万元与总收入水平小于 5 000 元的农户组的借贷需求额度之间存在显著差异，其他各农户组借贷需求额度的均值之间无显著差异。

（2）主要收入来源。农户主要收入来源的分组变量有两个，采用两组数据的样本 T 检验。在方差齐次性检验中，不同农户组借贷需求额度齐次性检验的 F 统计量为 1.160，在当前的自由度下 P 值为 0.470，远大于 0.05，通过了齐次性检验。在此前提下分析的两组数据均值是否相等的检验中，对应的 T 值为 −6.207，当前自由度下对应的 P 值为 0.0000，远小于 0.05，说明两农户组借贷需求额度的均值之间存在显著差异。

（3）主要生活支出类型。农户主要生活支出类型的分组变量有四个，采用单因素方差分析主要生活支出类型不同的各农户组借贷需求额度之间差异的显著水平。样本 Bartlett 方差齐次性检验在当前自由度下对应的 P 值为 0.860，远大于 0.05，通过了齐次性检验，无效假设 H_0 检验对应的 P 值远大于 0.05，可以认为主要生活支出类型不同的农户组借贷需求额度的均值不存在显著差异。两组之间的比较发现，主要生活支出类型不同的农户组借贷需求额度均值之间亦无显著差异。

（4）主要经营投资类型。农户家庭中主要经营投资类型的分组变量有三个，采用单因素方差分析主要经营投资类型不同的各农户组借贷需求额度之间差异的显著水平。样本 Bartlett 方差齐次性检验在当前自由度下对应的 P 值为 0.896，远大于 0.05，通过了齐次性检验，无效假设 H_0 检验对应的 P 值大于 0.05，可以认为各农户组借贷需求额度的均值不存在显著差异。两组之间的比较发现，农户家庭主要经营投资类型不同的各农户组借贷需求额度均值之间亦无显著差异。

4.3.2.5 农村金融市场特征变量的方差分析

（1）到最近的金融机构所需时间。农户到最近的正规金融机构所需时间的分组变量有两个，采用两组数据的样本 T 检验。在方差齐次性检验中，两组农户借贷需求额度的齐次性检验的 F 统计量为 0.533，在当前的自由度下 P 值为 0.201，大于 0.05，通过了齐次性检验。在此前提下分析的两组数据均值是否相等的检验中，对应的 T 值为 5.084，P 值为 0.0000，远小于 0.05，说明两组农户借贷需求额度的均值之间存在显著差异。

（2）民间借贷组织。农户所在地附近是否有民间借贷组织的分组变量有两个，采用两组数据的样本 T 检验。在方差齐次性检验中，两农户组借贷需求额度的齐次性检验的 F 统计量为 0.968，在当前的自由度下 P 值为 0.934，远大于 0.05，说明两农户组借贷需求额度的方差具备齐次性。而在此前提下分析的两组数据均值是否相等的检验中，对应的 T 值为 6.120，P 值为 0.0000，远小于 0.05。说明两农户组借贷需求额度的均值之间存在显著差异。

通过上述方差分析可知，农户借贷需求额度差异显著的因素有：户主性别、受教育水平、是否有外出务工经历、家庭中从事农业生产的劳动力人数、农户总收入水平、主要收入来源、农户距离最近的正规金融机构所需时间和农户所在地是否存在民间借贷组织等四类八个因素。

4.3.3 借贷需求额度影响因素实证分析

根据前面方差分析得出的户主特征、生产经营特征、收支状况和农村金融市场特征等四类八个因素，结合农户对不同额度借贷需求的选择，运用有序离散选择模型对农户借贷需求额度选择的影响因素进行实证分析，研究样本为前文中有借贷需求的 199 户农户。

4.3.3.1 模型的设计

有序离散选择模型包含一个潜变量模型。其中假设 y^* 是隐含的未观测到的因变量，农户对不同借贷需求额度的选择值为 1~5，其中 1 表示 3 000 元以下额度的借贷需求，2、3、4、5 分别表示 3 000~5 000 元、5 000~10 000 元、10 000~50 000 元和 50 000 元以上额度的借贷需求。假设 y^* 满足以下方程：

$$y^* = X\beta + \varepsilon \tag{4.1}$$

式中，X 为解释变量，β 为待估系数，ε 为独立分布的误差项。设 c 为不同额度水平的临界值（cutpoint）。y^* 和 y 的关系可以用如下表达式表示：

若 $y^* < c_0$ ，则 $y = 1$ ，即农户的借贷需求额度为 "3 000 元以下"；

若 $c_0 \leqslant y^* < c_1$ ，则 $y = 2$ ，即农户的借贷需求额度为 "3 000 ~ 5 000 元"；

若 $c_1 \leqslant y^* < c_2$ ，则 $y = 3$ ，即农户的借贷需求额度为 "5 000 ~ 10 000 元"；

若 $c_2 \leqslant y^* < c_3$ ，则 $y = 4$ ，即农户的借贷需求额度为 "10 000 ~ 50 000元"；

若 $c_3 \leqslant y^*$ ，则 $y = 5$ ，即农户的借贷需求额度为 "50 000 元以上"；

不同借贷需求额度的概率是误差项 ε 的累积分布函数（田秀娟等，2010），表达式为

$$\mathrm{Prob}(y = 1) = \mathrm{Prob}(X\beta + \varepsilon < c_0) = \frac{1}{1 + e^{-c_0 + X\beta}}$$

$$\mathrm{Prob}(y = 2) = \mathrm{Prob}(c_0 \leqslant X\beta + \varepsilon < c_1) = \frac{1}{1 + e^{-c_1 + X\beta}} - \frac{1}{1 + e^{-c_0 + X\beta}}$$

$$\mathrm{Prob}(y = 3) = \mathrm{Prob}(c_1 \leqslant X\beta + \varepsilon < c_2) = \frac{1}{1 + e^{-c_2 + X\beta}} - \frac{1}{1 + e^{-c_1 + X\beta}}$$

$$\mathrm{Prob}(y = 4) = \mathrm{Prob}(c_2 \leqslant X\beta + \varepsilon < c_3) = \frac{1}{1 + e^{-c_3 + X\beta}} - \frac{1}{1 + e^{-c_2 + X\beta}}$$

$$\mathrm{Prob}(y = 5) = \mathrm{Prob}(c_3 \leqslant X\beta + \varepsilon) = 1 - \frac{1}{1 + e^{-c_3 + X\beta}}$$

4.3.3.2 模型的估计及检验

（1）模型的检验。模型的回归分析采用最大似然估计，似然比卡方检验结果的显著水平为 0.0004，远小于 0.01，说明模型有意义，并且从整体上来说自变量对因变量的作用是有统计意义的（见表 4 - 17）。

表 4 - 17　　　　　　　　模型及各自变量似然比检验统计

变量	减少该变量模型的似然比（LR chi2）	P 值（Prob > chi2）
性别	1.42	0.2336
受教育水平	8.39	0.0038
外出务工经历	1.08	0.2983
农业生产人数	0.88	0.3476

变量	减少该变量模型的似然比（LR chi2）	P 值（Prob > chi2）
总收入	5.00	0.0254
主要收入来源	0.97	0.3246
到最近正规金融机构所需时间	6.35	0.0117
所在地是否有非正规金融组织	0.01	0.9105
总模型	28.65	0.0004

对各自变量作用的似然比检验可知，户主受教育水平的显著水平小于 0.01，农户家庭总收入和农户所在地距离最近的正规金融机构所需时间的显著水平小于 0.05，户主性别、户主是否有外出务工经历、农户家庭中从事农业生产的人数、农户主要收入来源以及农户所在地附近是否有民间借贷组织的显著水平偏低。

（2）模型的估计结果。对农户借贷需求额度的有序选择估计结果如表 4 - 18 所示：

表 4 - 18　　　　　　　　农户借贷需求额度影响因素分析

自变量		借贷需求额度
		系数
户主特征	性别	- 0.320（0.269）
	受教育水平	0.322（0.112）***
	外出务工经历	- 0.318（0.306）
生产经营特征	农业生产人数	- 0.138（0.147）
收支情况	2009 年家庭总收入	0.320（0.144）**
	收入主要来源	- 0.289（0.294）
农村金融供给市场特征	到最近正规金融机构所需时间	- 0.038（0.015）**
	是否有民间借贷组织	- 0.039（0.349）
	c_0	- 2.169
	c_1	- 0.716
	c_2	0.072
	c_3	1.148
观察值数		185
似然比卡方 LR chi2（8）		28.65
P 值 Prob > chi2		0.0004
对数似然比值 Log likelihood		- 280.889
伪决定系数 Pseudo R2		0.1485

注：（1）括号内的数字为标准差。

（2）*、**和***分别代表10%、5%和1%的显著水平。

由表 4-18 估计结果显示, 户主受教育水平对农户借贷需求额度的影响在 1% 的显著水平上具有统计学意义, 其系数为 0.322, 由此可以推断, 随着户主受教育水平的提高, 有借贷需求的农户中, 其借贷需求的额度也相应有所增加。可能的解释是户主文化水平高的农户, 其经营能力和学习新技术的能力都较强, 对生活消费的需求会相应提高, 同时对扩大生产经营、学习新技术、购买新设备的需求也更为强烈, 因此对资金借贷额度的需求会相应较高。

农户收入水平对农户的借贷需求额度的影响在 5% 的显著水平上具有统计学意义, 其系数为 0.320。由此可以判断, 随着农户收入水平的增加, 农户的借贷需求额度也呈现不断增加的趋势。

农户到最近的正规金融机构所需时间对农户借贷需求额度的影响在 5% 的显著水平上具有统计学意义, 其系数为 -0.038。由此可以推断, 到最近的正规金融机构所需时间短, 农户的借贷需求额度越高。由此不难发现, 正规金融机构的普及程度越高则农户的借贷需求额度越高, 根据第三章农户借贷需求的满足对促进农户生产技术效率具有积极作用的结论, 可以认为, 金融机构的普及对推动农户生产技术效率的提高进而促进农村经济的发展具有积极意义。

4.4　本章小结

农户的借贷需求包括是否需要借贷、借贷需求的类型以及借贷需求的额度等。本章通过运用一般统计分析、方差分析、Probit、MLogit、OLogit 等计量方法分别比较分析了陕西省农户借贷需求、借贷需求类型以及借贷需求额度等问题及差异性, 得出以下结论:

陕西省农户借贷需求强烈, 有融入资金需求的农户达农户总数的七成。存在融入资金需求的农户主要可以分为两类, 其一是户主自身素质低, 生产经营能力差, 家庭收入少, 负担重的弱势农户; 其二是生产经营中非农化程度高的农户。民间借贷组织的存在与农户的金融需求有正向相关关系。不同特征农户金融需求影响因素的差异性分析发现:(1) 户主特征、外出务工劳动力人数、收支结构等的差异对农户金融需求有同向的影响效果, 而农户家庭常住人口、收入水平对农户金融需求的影响效果差异较大;(2) 土地面积对农户借贷需求的影响较小;(3) 民间借贷组织存在状况对农户借贷需求的影响效果显著, 而到最近的正规金融机构所需时间对农户的借贷需求影响程度较小。

农户的借贷需求类型按照农户所需资金的用途可以分为生活消费型借贷、生产投资型借贷和非正常借贷等。农户借贷需求类型的比较分析发现，半数以上的农户借贷需求类型属于生活消费型借贷，近四成的借贷需求类型为生产投资型借贷，有非正常借贷需求的农户所占比例不高。依据户主特征、收入水平及结构、农村金融市场特征等三大类七个因素的分组农户之间的借贷需求类型差异显著。各农户组对不同借贷需求类型的选择可以发现，在生产经营方面具有优势的农户组即户主年龄较轻（小于35岁）、受教育水平高、家庭外出务工人数多、收入水平高（5万元以上）且主要经营投资类型为私营的农户对生产投资型借贷的需求高于对生活消费型借贷的需求；生产经营能力处于弱势且负担重的农户组即户主受教育水平低（未上学）、农户家庭劳动力平均年龄为50～60岁、土地面积少、医疗支出负担重的农户对非正常借贷的需求明显高于其他组农户；其他特征农户对生活消费型借贷的需求高于对生产投资型借贷的需求。基于Mlogit模型对农户借贷需求类型影响因素的实证分析表明，生活消费型借贷与生产投资型借贷相比，具有户主年龄小、收入水平高、主要收入来源为农业收入特征的农户组更倾向于选择生产投资型借贷；生活消费型借贷与非正常借贷相比，户主为男性、收入水平低、主要收入来源为非农业收入的农户更有可能需要非正常借贷。农村金融市场特征不同的农户组对借贷需求类型的选择差异不显著。

农户借贷需求额度的比较分析得出，陕西省五成以上农户的借贷额度以小额为主，其中借贷需求额度在1万元（含）以下的农户占所有有借贷需求农户总数的61.4%。单因素方差分析显示，借贷需求额度差异显著的农户分组变量有户主性别、受教育水平、是否有外出务工经历、农户家庭中从事农业生产的劳动力人数、总收入水平、主要收入来源、农户到距离最近的正规金融机构所需时间和农户所在地是否存在民间借贷组织等四类八个因素。农户借贷需求额度的OLogit估计结果显示，户主的受教育水平、农户家庭收入水平和农户到距离最近的正规金融机构所需时间对农户的借贷需求额度有显著影响。随着户主受教育水平的提高和农户家庭收入水平的增加，有借贷需求的农户的需求额度均呈现不断增加的趋势。距离最近的正规金融机构所需时间越短的农户，其借贷需求额度越高。

第五章　陕西省农户融资选择行为比较实证分析

前文从农户需求的角度比较分析了农户的借贷需求、借贷类型及借贷额度的差异性问题。不容忽视的是，农户的借贷行为还与客观存在的金融机构各借贷环节的特点密切相关，这主要涉及金融供给主体、借贷方式、还款方式等方面。下面分别从农户对金融供给主体的选择及认知、借贷方式及还款方式的角度比较分析农户融资选择行为的差异性。

5.1　农户对金融供给主体的选择

根据发展中国家金融市场的"二元"结构理论，农村金融市场可以细分为正规金融市场和非正规金融市场。其中我国正规农村金融市场的供给主体指那些依法成立的扶持"三农"发展的金融机构，目前主要包括中国农业银行、农村信用合作社、中国邮政储蓄银行、村镇银行、资金互助合作社以及其他商业银行等；非正规金融供给主体主要是指民间的没有法律保障的金融供给机构，包括私人之间的借贷放贷机构或团体，如资金互助社、合会等。我国金融发展起步较晚，在正规金融机构出现以前，农户之间的资金借贷非常频繁，由此形成了专门的借贷组织或团体，这部分组织（机构或个人）有的是以资金互助的形式放贷资金，不收取利息，也有在放贷资金的同时收取一定利息，以获得利润。因此，农户在出现资金需求时对不同的金融供给主体的选择可在一定程度上判断农村金融市场的基本特点和发展阶段。

农户对金融供给主体的选择，是农户从该机构获取资金的可能性、便捷程度和服务的满意度等方面综合评判的结果。调查显示，当农户有资金需求时，期望从亲朋好友处获得借（贷）款的农户所占比重高达八成以上，其中希望能从亲朋好友那里获得无息借款农户占受访农户总数的80.8%，希望从亲朋好友处获得有息借款的农户占受访农户总数的2.1%；希望从正规金融机构获得借款的农户占受访农户总数的15.7%，其中选择农村信用合作社、中国农业银行、邮政储蓄银行、其他商业银行的农户分别占受访农户总数的 5.9%、6.6%、1.4% 和 1.7%。由此可见，亲朋好友之间的借贷仍是目前农户借贷的首选渠道，而农户对正规金融机构的选择比例不高，农户对新兴的农村金融组织（村镇银行、贷款公司、资金互助社等）和合会等金融供给机构的接受程度较低（见表 5－1）。

表 5－1　　　　　　　　　农户对借贷供给主体的选择

在需要大量资金的时候，对供给主体的选择	户数（户）	所占比例（%）
亲戚或朋友无息借款	231	78.6
亲朋或关系户有息借款	6	2.0
农村信用合作社	17	5.8
中国农业银行	19	6.5
邮政储蓄银行	4	1.4
其他商业银行	5	1.7
村镇银行	0	0.0
贷款公司	0	0.0
资金互助社	0	0.0
合会（轮会、标会等）	0	0.0
其他	12	4.1
合计	294	—

数据来源：调查数据整理。

5.1.1　一般统计分析

下面运用一般统计分析的方法，分别比较不同户主特征、家庭特征、生产经营特征、收支情况及农村金融市场特征的农户组对借贷供给主体选择的差异性。

5.1.1.1　户主特征

（1）户主年龄。户主年龄与农户期望的融资供给主体的交叉比较发现，各年龄组农户期望的首要借贷供给主体是亲朋好友之间的无息借贷，其次是选择农村信用合作社、中国农业银行、亲朋有息借贷、其他商业银行和邮政储蓄银行等。随着户主年龄的增加，各年龄组农户对各借贷主体的选择比例均呈现先上升再下降的趋势（见图 5－1）。

在所有农户中
所占比重（%）

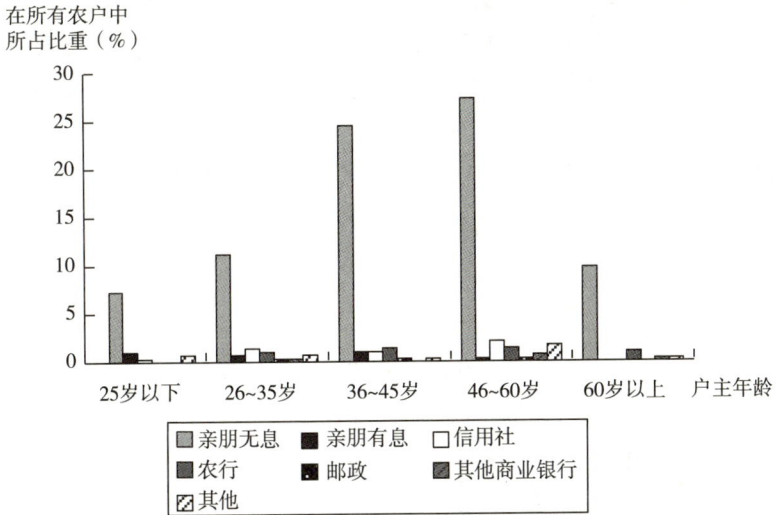

图 5 - 1 户主年龄与农户对金融供给主体的选择

（2）性别。户主性别与农户期望的融资供给主体的交叉比较发现，户主为男性的农户对其他商业银行以外的各种借贷供给主体的选择均高于户主为女性的农户组，户主为女性的农户组对其他商业银行的选择高于户主为男性的农户组（见图 5 - 2）。

在所有农户中
所占比重（%）

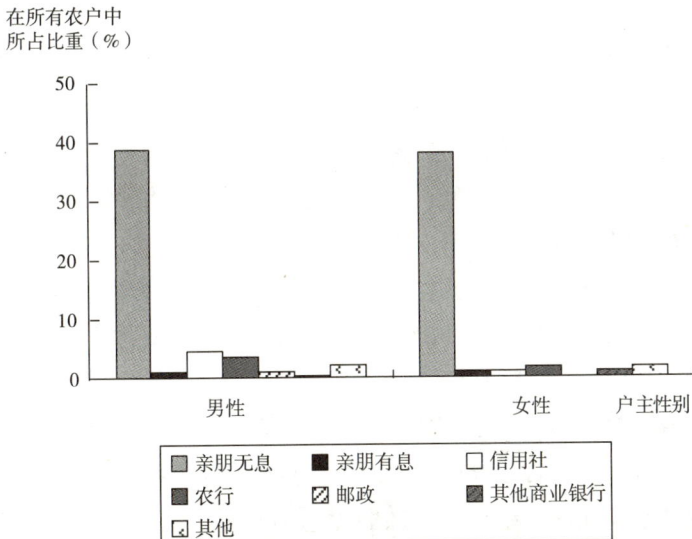

图 5 - 2 户主性别与农户对金融供给主体的选择

（3）受教育水平。户主受教育水平与农户期望的融资供给主体的交叉比较发现，户主受教育水平为初中的农户组对各金融供给主体均有选择且选择比例均高于其他农户组，其次为户主受教育水平为小学和高中的农户组。户主未上学和受教育水平为大专以上的农户组对金融供给主体的选择较为集中，主要是亲朋无息借贷、农村信用合作社和其他渠道（见图5－3）。

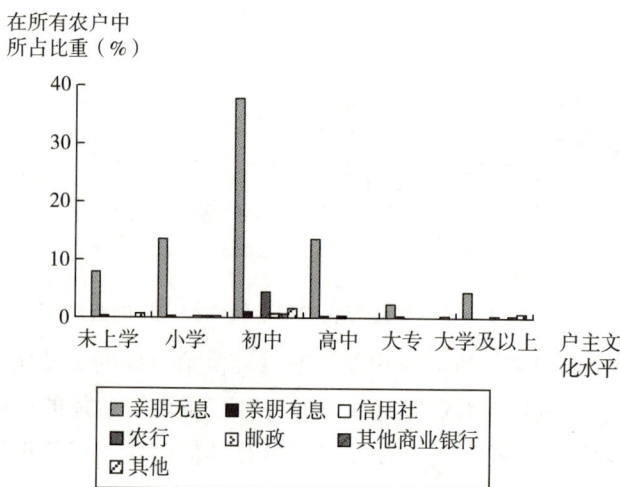

图5－3 户主受教育水平与农户对金融供给主体的选择

（4）外出务工经历。户主的外出务工经历与农户期望的融资供给主体的交叉比较显示，亲朋无息借贷是众多农户特别是户主没有外出务工经历的农户最希望获得的借款的渠道，其次是农村信用合作社和中国农业银行。另外，户主有外出务工经历的农户组希望从农村信用合作社和邮政储蓄银行获得贷款的比例高于户主没有外出务工经历的农户组，而户主没有外出务工经历的农户组希望获得亲朋无息借贷、中国农业银行和其他商业银行借贷的比例高于户主有外出务工经历的农户组（见图5－4）。

5.1.1.2 农户家庭特征

（1）家庭常住人口。农户家庭常住人口与农户期望的金融供给主体的交叉比较发现，家庭常住人口为3～5人的农户组，对各金融供给主体的接纳程度均高于其他农户组，除了亲朋无息借贷外，家庭常住人口为小于3人的农户组对农村信用合作社、中国农业银行及其他金融供给主体均有选

在所有农户中
所占比重（%）

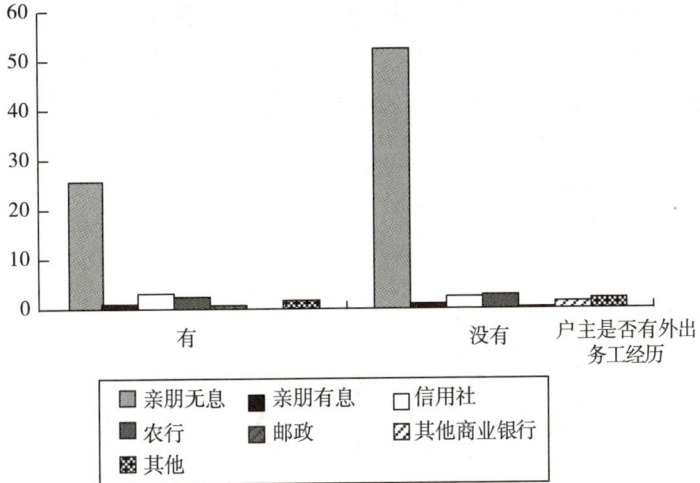

图5－4 户主务工经历与农户对金融供给主体的选择

择，而家庭常住人口大于5人的农户组则仅对亲朋有息和农村信用合作社借贷的依赖程度较高（见图5－5）。

在所有农户中
所占比重（%）

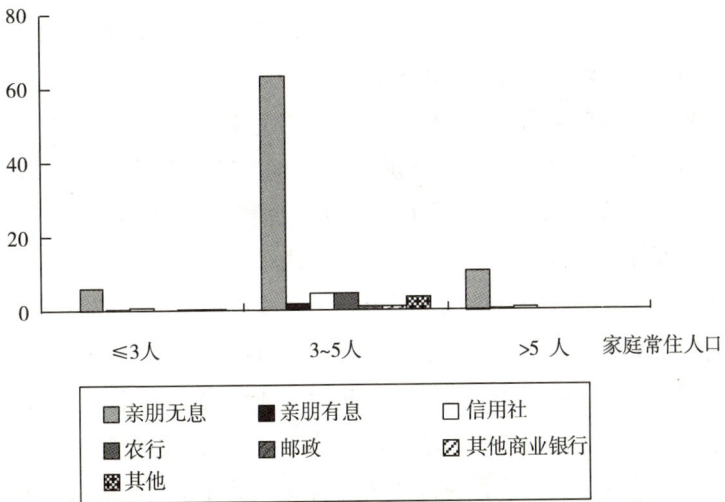

图5－5 常住人口与农户对金融供给主体的选择

127

（2）劳动力平均年龄。家庭中劳动力平均年龄与农户期望的金融供给主体的交叉比较发现，劳动力平均年龄为 30～40 岁的农户组对各金融供给主体的选择比例均较高，其次是劳动力平均年龄分别为 40～50 岁和 50～60 岁的农户组，劳动力平均年龄为 20～30 岁和大于 60 岁的农户组对金融供给主体的选择集中在亲朋好友之间，对其他金融供给主体鲜有涉及（见图 5－6）。

在所有农户中所占比重（%）

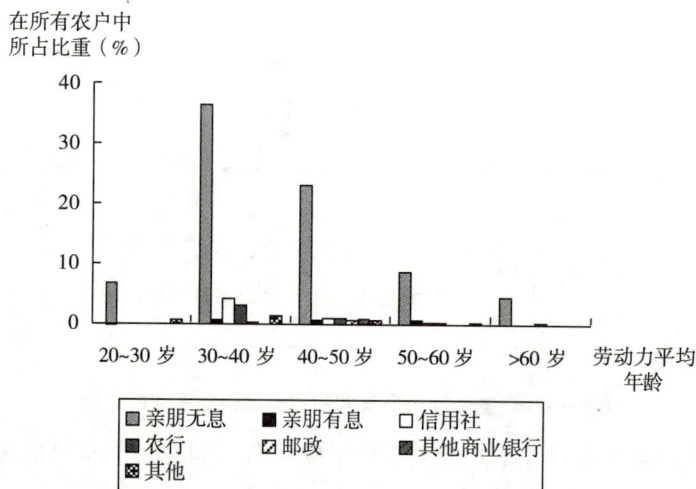

图 5－6　劳动力平均年龄与农户对金融供给主体的选择

5.1.1.3　生产经营特征

（1）土地面积。农户拥有的土地面积与农户期望的金融供给主体的交叉比较发现，随着农户土地面积的增加，各农户组对各金融供给主体的选择呈现倒"V"形的变化趋势。其中，土地面积适中（5～10 亩）的农户组对各金融供给主体选择的比例均高于其他农户组，其次是土地面积较小（1～5 亩）和较大（大于 10 亩）的农户组。土地面积为 0～1 亩的少地农户组，其借贷的比例和对金融供给主体的选择范围均小于其他农户组。调研过程中发现土地面积为 0～1 亩的农户多为年龄在 60 岁以上的老年农户，他们保持少量土地主要是为了解决生活中的粮食需要，以保证基本的日常生活，而此类农户中有借贷需求的比例不高。土地面积为 0 亩的农户组，除了选择亲朋好友无息借贷外，还会选择农村信用合作社和中国农业银行等作为获得借贷资金的渠道。这主要是因为，农村地区这些脱离了农业生产的农户的经营能力普遍较强，且经济生活水平相对较高，故发生借贷需求的比例较低，同时此类农户有借贷需求时会首选亲朋好友之间的无息借贷，对于需要付利息的借贷，他们则更愿意选择正规的金融机构（见图5-7）。

在所有农户中
所占比重（%）

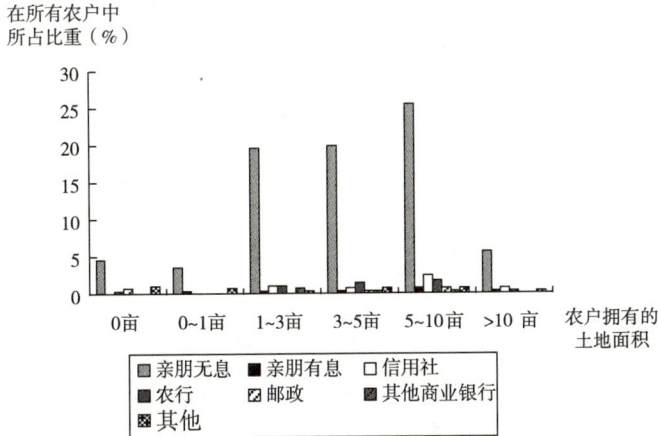

图5-7　土地面积与农户对金融供给主体的选择

（2）农业生产人数。家庭中从事农业生产的人数与农户期望的金融供给主体的交叉比较发现，农业生产人数为1~2人的农户组对各金融供给主体的选择比例均高于其他农户组，其次是农业生产人数为3~4人和0人的农户组。农户家庭中农业生产人数大于4人时，其借贷主要依赖亲朋之间的无息借贷，很少选择其他的融资途径（见图5-8）。

在所有农户中
所占比重（%）

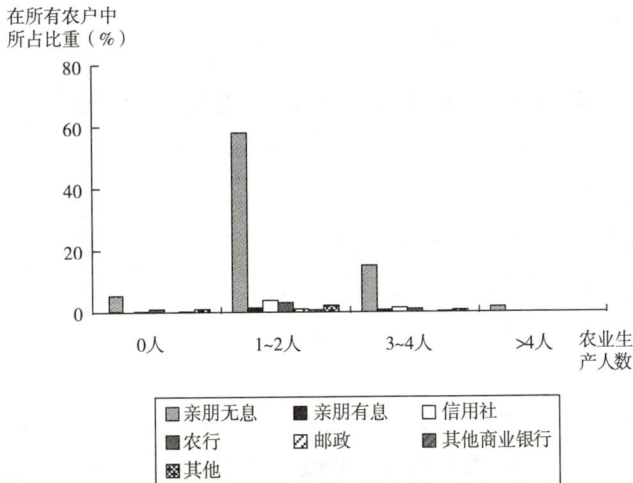

图5-8　农业生产人数与农户对金融供给主体的选择

（3）外出务工人数。家庭中外出务工人数与农户期望的金融供给主体的交叉比较发现，外出务工人数为1~2人的农户组对各金融供给主体的选择比例均高于其他农户组，其次是外出务工人数为0人的农户组。农户家庭中外出务工人数大于3人时，借贷需求的比例及对各金融供给主体的选择均相对较少，这可能是因为随着农户家庭中外出务工人数的增加，大大提高了农户的经济收入水平，在一定程度上有效缓解了农户的资金需求（见图5-9）。

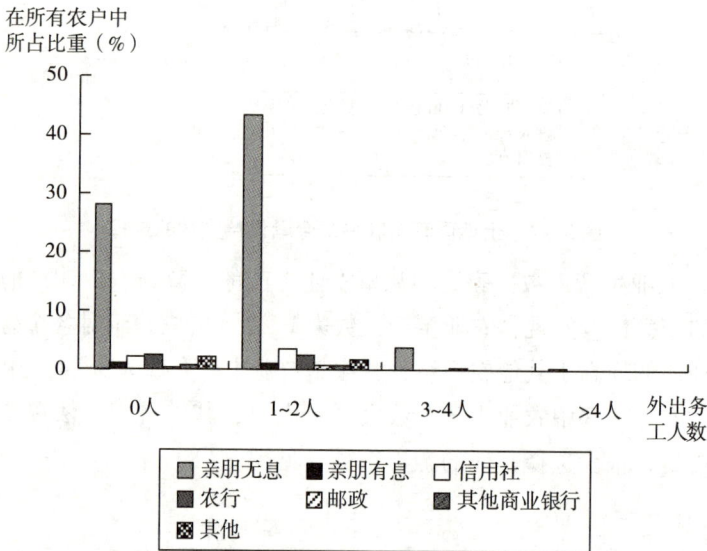

图5-9 外出务工人数与农户对金融供给主体的选择

5.1.1.4 收支状况

（1）收入水平。收入水平与农户期望的金融供给主体的交叉比较发现，年收入为2万~5万元的农户组对亲朋无息借贷的选择比例较高，对其他渠道的借款也都有涉及；其次是年收入为1万~2万元的农户组，年收入水平在1万元以下和5万元以上农户组对各渠道的选择均较少（见图5-10）。

（2）主要收入来源。农户主要收入来源与农户期望的金融供给主体的交叉比较发现，主要收入来源为农业收入和非农业收入的农户组对金融供给主体选择的差异不大（见图5-11）。

在所有农户中
所占比重（%）

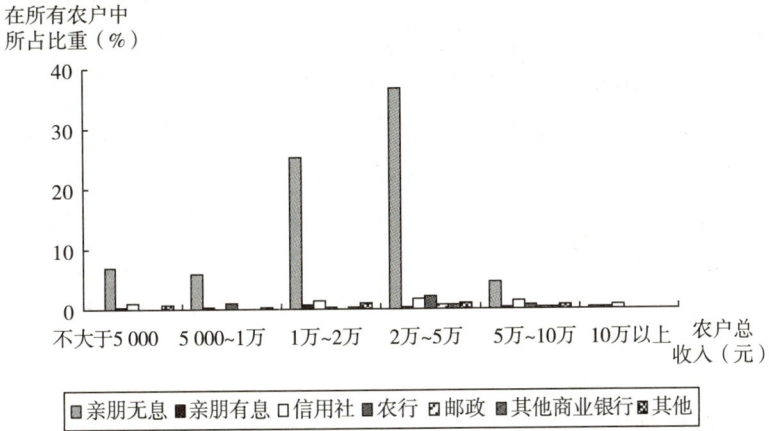

不大于5 000　　5 000～1万　　1万～2万　　2万～5万　　5万～10万　10万以上　农户总
　　　　　　　　　　　　　　　　　　　　　　　　　　　　　　　　　　　　收入（元）

▨亲朋无息 ■亲朋有息 □信用社 ■农行 ▨邮政 ▨其他商业银行 ▨其他

图 5 – 10　总收入与农户对金融供给主体的选择

在所有农户中
所占比重（%）

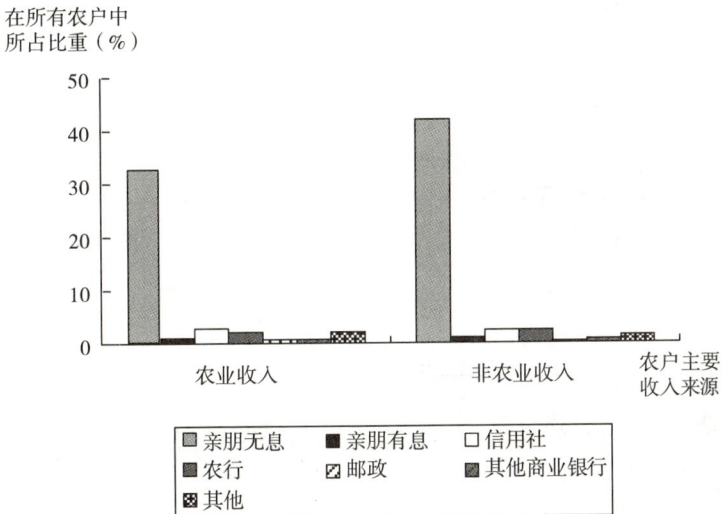

　　　　农业收入　　　　　　　　　　　非农业收入　　　　农户主要
　　　　　　　　　　　　　　　　　　　　　　　　　　　　收入来源

▨亲朋无息　■亲朋有息　□信用社
■农行　　　▨邮政　　　▨其他商业银行
▨其他

图 5 – 11　收入来源与农户对金融供给主体的选择

（3）主要生活支出类型。农户主要生活支出类型与农户期望的金融供给主体的交叉比较发现，主要生活支出类型为生活支出的农户组，对来自各金融供给主体的借款均有涉及且比例高于其他农户组，其次是主要生活支出类型为教育支出的农户组。主要生活支出类型为医疗和其他类型的农户组，对金融供给主体的选择仅局限于亲朋无息借贷，对其他金融供给主

131

体并未涉及（见图5－12）。对以上结果的解释是，随着助学贷款的推广，主要支出类型为教育支出的农户家庭，其子女可以通过助学贷款的方式缓解家庭中的资金困难，因而此类家庭对正规金融机构有一定的选择和认知。对于主要支出类型为医疗和其他类型的农户组，出现资金困难时融资渠道的选择较为单一，他们对亲朋无息借贷的依赖度较高。这可以从一定程度上反映出农户面临重大疾病或高额资金需求时，借贷渠道的单一性和局限性。虽然目前开展的农村合作医疗，在很大程度上缓解了农户的医疗压力，但不容忽视的是由于过高的医疗费用而发生经济困难的现象依然存在。

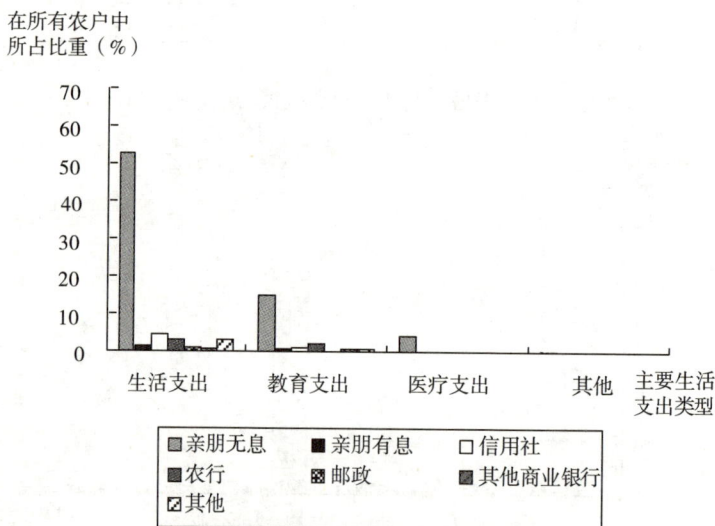

图5－12　生活支出类型与农户对金融供给主体的选择

（4）主要经营投资类型。主要经营投资类型与农户期望的金融供给主体的交叉比较发现，主要经营投资类型为农业的农户组，对各种渠道的借款均有涉及，其次是主要经营投资类型为其他的农户组，主要经营投资类型为私营的农户组期望的借款渠道主要有亲朋无息借贷、中国农业银行、农村信用合作社及其他商业银行（见图5－13）。

5.1.1.5　农户所在地农村金融状况

（1）到最近正规金融机构所需时间。农户到最近的正规金融机构所需时间与农户期望的金融供给主体的交叉比较发现，到最近的正规金融机构

在 所有农户中
所占比重（%）

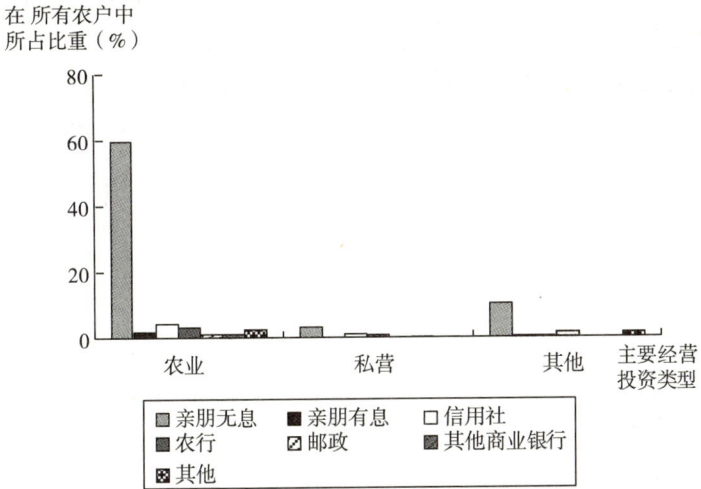

图 5 - 13 经营投资与农户对金融供给主体的选择

所需时间为 0～30 分钟的农户组，对亲朋借贷的依赖程度较高，而对其他渠道的选择比例相对较低。距离最近的正规金融机构需要时间为 30～60 分钟的农户组，其期望的借款渠道相对分散，主要有亲朋无息、农村信用合作社、中国农业银行及其他商业银行等，但农户选择的比例均较低（见图 5 - 14）。

在所有农户中
所占比重（%）

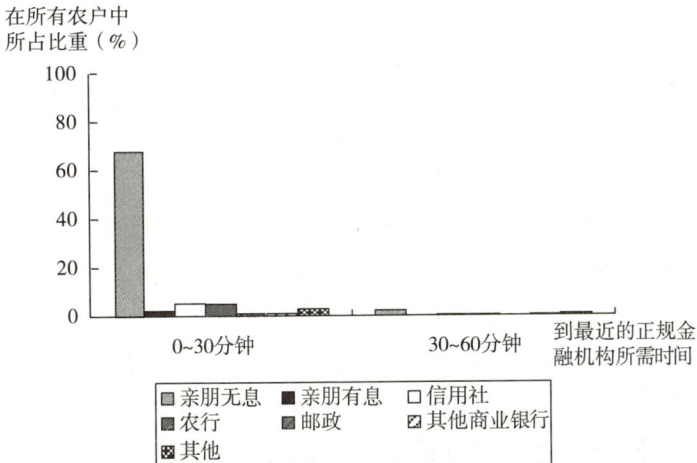

图 5 - 14 正规金融的分布与农户对金融供给主体的选择

（2）民间借贷组织的存在。农户所在地是否有民间借贷组织与农户期望的金融供给主体的交叉比较发现，所在地附近有民间借贷组织的农户组期望的借款渠道仍以亲朋无息借贷为主，但其选择种类较为多样化；所在地附近没有民间借贷组织的农户组，期望的借款渠道有亲朋无息、亲朋有息、农村信用合作社和中国农业银行等（见图5-15）。

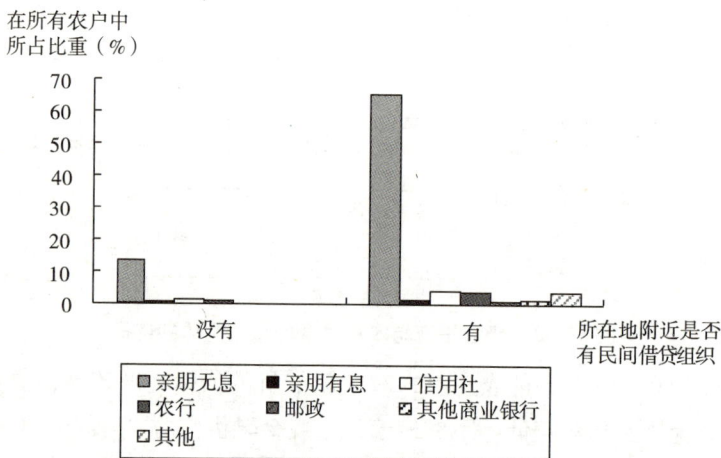

图5-15　民间借贷组织的存在与农户对金融供给主体的选择

5.1.2　方差分析

分别从户主特征、家庭特征、生产经营特征、收支状况以及农户所在地附近农村金融市场特征五个方面分析不同特征农户组对希望的金融供给主体的选择的差异性。

5.2.2.1　户主特征变量的方差分析

（1）年龄。户主年龄特征的分组变量有五个，采用单因素方差分析比较户主年龄不同的各农户组对金融供给主体选择差异的显著性水平。样本Bartlett方差齐次性检验P值为0.0000，远小于0.05，结果显示不具备方差齐次性。采用Kruskal and Wallis方法对各组中位数进行检验，结果显示，户主年龄不同的各农户组对借贷供给主体的选择之间差异不显著。

（2）性别。户主性别特征的分组变量有两个，采用两组数据的样本T检验。首先进行户主性别不同的各农户组对金融供给主体选择的方差齐次性检验，然后进行T检验。在方差齐次性分析中，户主性别不同的各农组期望的金融供给主体的齐次性检验的 F 统计值为 0.989，P 值为 0.945，远大于 0.05，通过了齐次性检验。在此前提下分析的两组数据均值是否相等的检验中，对应的 T 值为 −8.147，自由度为 284，P 值为 0.0000，远小于 0.05，说明两农户组期望的金融供给主体的均值之间存在显著差异。

（3）受教育水平。户主受教育水平的分组变量有六个，采用单因素方差分析比较户主受教育水平不同的各农户组对金融供给主体选择差异的显著水平。样本 Bartlett 方差齐次性检验在当前自由度下对应的 P 值为 0.0000，远小于 0.05，没有通过齐次性检验。因此采用 Kruskal and Wallis 方法对各组中位数进行检验，检验结果显示，户主受教育水平不同的各农户组对金融供给主体选择的差异不显著。

（4）外出务工经历。农户是否有外出务工经历的分组变量有两个，不能使用单因素方差分析，而是采用两组数据的样本 T 检验。首先进行两农户组对金融供给主体选择的方差齐次性检验，然后进行 T 检验。在方差齐次性分析中，两农户组对金融供给主体选择的齐次性检验的 F 统计值为 1.241，在当前自由度下 P 值为 0.206，远大于 0.05，通过了齐次性检验。而在此前提下分析的两组数据均值是否相等的检验中，对应的 T 值为 10.805，自由度为 284，P 值为 0.000，远小于 0.05，说明两农户组对金融供给主体选择的均值存在显著差异。

5.1.2.2　农户家庭特征变量方差分析

（1）常住人口。农户家庭常住人口的分组变量有三个，采用单因素方差分析比较农户家庭常住人口不同的各农户组对金融供给主体选择的差异的显著水平。样本 Bartlett 方差齐次性检验 P 值为 0.000，远小于 0.05，结果显示不具备方差齐次性。因此采用 Kruskal and Wallis 方法对各组中位数进行检验，检验结果显示，不同家庭常住人口的农户组对金融供给主体选择的差异不显著。

（2）劳动力平均年龄。农户劳动力平均年龄的分组变量有五个，采用单因素方差分析比较劳动力平均年龄不同的各农户组对借贷供给主体选择差异的显著水平。样本 Bartlett 方差齐次性检验 P 值为 0.001，小于 0.05，不具备方差齐次性。因此采用 Kruskal and Wallis 方法对各组中位数进行检验，检验结果显示，劳动力平均年龄不同的各农户组对借贷供给主体选择的差异不显著。

5.1.2.3 农户生产经营特征变量的方差分析

（1）土地面积。农户土地面积的分组变量有五个，采用单因素方差分析比较土地面积不同的各农户组对金融供给主体选择差异的显著水平。样本 Bartlett 方差齐次性检验 P 值为 0.001，小于 0.05，不具备方差齐次性。采用 Kruskal and Wallis 方法对各组中位数进行检验，检验结果显示，土地面积不同的各农户组对借贷供给主体选择的差异不显著。

（2）农业生产人数。农业生产人数的分组变量有四个，采用单因素方差分析比较农业生产人数不同的各农户组对金融供给主体选择差异的显著水平。样本 Bartlett 方差齐次性检验 P 值为 0.000，远小于 0.05，不具备方差齐次性。采用 Kruskal and Wallis 方法对各组中位数进行检验，检验结果显示，农业生产人数不同的各农户组对金融供给主体选择的差异不显著。

（3）外出务工人数。外出务工人数的分组变量有四个，采用单因素方差分析比较外出务工人数不同的各农户组对金融供给主体选择差异的显著水平。样本 Bartlett 方差齐次性检验 P 值为 0.001，远小于 0.05，不具备方差齐次性。因此采用 Kruskal and Wallis 方法对各组中位数进行检验，检验结果显示，外出务工人数不同的各农户组对金融供给主体选择的差异不显著。

5.1.2.4 收支水平特征变量的方差分析

（1）收入水平。农户收入水平的分组变量有六个，采用单因素方差分析比较收入不同的各农户组对金融供给主体选择差异的显著水平。样本 Bartlett 方差齐次性检验 P 值为 0.005，小于 0.05，不具备方差齐次性。采用 Kruskal and Wallis 方法对各组中位数进行检验，检验结果显示，对应的 P 值为 0.0016，说明收入水平不同的各农户组对金融供给主体的选择存在显著差异。

（2）主要收入来源。农户主要收入来源的分组变量有两个，采用两组数据的样本 T 检验。在方差齐次性检验中，主要收入来源不同的两农户组对金融供给主体选择的齐次性检验 F 统计量为 1.442，在当前的自由度下 P 值为 0.0319，小于 0.05，说明不具备方差齐次性。在均值检验中，对应的 T 值为 10.325，自由度为 255.255，P 值为 0.0000，远小于 0.05，说明主要收入来源不同的两农户组对金融供给主体的选择存在显著差异。

（3）主要生活支出类型。农户主要生活支出类型的分组变量有四个，采用单因素方差分析比较主要生活支出类型不同的农户组对金融供给主体选择差异的显著水平。样本 Bartlett 方差齐次性检验 P 值为 0.0028，远小于 0.05，不具备方差齐次性。采用 Kruskal and Wallis 方法对各组中位数进行检验，结果显示，主要生活支出类型不同的各农户组对金融供给主体选择的差异不显著。

（4）主要经营投资类型。主要经营投资类型的分组变量有三个，采用单因素方差分析比较主要经营投资类型不同的各农户组对金融供给主体选择差异的显著水平。样本 Bartlett 方差齐次性检验 P 值为 0.0000，远小于 0.05，不具备方差齐次性。采用 Kruskal and Wallis 方法对各组中位数进行检验，检验对应的 P 值为 0.0497，小于 0.05，说明主要经营投资类型不同的各农户组对金融供给主体的选择存在显著差异。

5.1.2.5　农村金融市场特征变量的方差分析

（1）到最近正规金融机构所需时间。农户到最近的正规金融机构所需时间的分组变量有两个，采用两组数据的样本 T 检验。在方差齐次性检验中，距离最近的正规金融机构所需时间不同的各农户组对金融供给主体选择的齐次性检验的 F 统计量为 0.230，在当前的自由度下 P 值为 0.000，远小于 0.05，说明不具备方差齐次性。两组数据的均值分析结果表明，对应的 T 值为 -5.672，P 值为 0.0002，远小于 0.05，说明两农户组对金融供给主体的选择存在显著差异。

（2）民间借贷组织的存在。农户所在地附近是否有民间借贷组织的分组变量有两个，采用两组数据的样本 T 检验。方差齐次性检验中，民间借贷组织的存在情况不同的各农户组对金融供给主体选择的齐次性检验 F 统计量为 0.141，在当前的自由度下 P 值为 0.000，远小于 0.05，说明不具备方差齐次性。对各组数据的均值分析结果表明，对应的 T 值为 -26.329，P 值为 0.0000，远小于 0.05，说明两农户组对金融供给主体的选择存在显著差异。

表 5-2　　　　农户对借贷供给主体选择的方差分析结果

	差异显著的变量	差异不显著的变量
户主特征	性别	年龄
	是否有外出务工经历	受教育水平

续表

	差异显著的变量	差异不显著的变量
家庭特征		常住人口
		劳动力平均年龄
生产经营特征		土地面积
		农业生产人数
		外出务工人数
收支状况		主要生活支出类型
	收入水平	
	主要收入来源	
	主要经营投资类型	
农村金融供给市场特征	到最近正规金融机构所需时间	
	所在地附近是否有民间借贷组织	

以上方差分析结果显示，不同特征农户组中，共有三类七个变量的分组农户对金融供给主体的选择存在显著差异（见表5-2），即户主特征（户主性别、户主外出务工经历）、农户收支状况（收入水平、主要收入来源、主要经营投资类型）和农村金融供给市场特征（农户到最近的正规金融机构所需时间、农户所在地附近是否存在民间借贷组织）。没有显著差异的分组变量有：户主年龄、户主受教育水平、家庭常住人口、劳动力平均年龄、土地面积、农业生产人数、外出务工人数和农户主要生活支出类型等。

5.2 农户对金融供给主体认知的比较分析

农户对借贷供给主体的选择是农户对各金融供给主体认知和满意度的直接体现。下面分别从贷款的公平性、借贷政策的宣传、借贷额度、借贷期限、借贷利率、借款的便捷性、工作人员服务态度以及放贷资金的满足程度等八个方面比较分析农户对各金融供给主体的认知及满意度评价。

5.2.1 贷款的公平性

关于农户对"农村信用合作社、农业银行、其他商业银行、民间借贷组织、私人借贷"等金融供给主体贷款公平性的评价中，分别有92户、82户、62户、25户和66户农户参与了评价。在对正规金融机构的评价中，农户普遍认为农业银行贷款的公平性稍好于农村信用合作社和其他商业银行；而在非正规金融供给主体方面，由于民间借贷组织不甚普遍，农户对民间借贷组织的了解不多，故参与评价的农户较少。农户普遍认为私人借贷的公平性明显高于民间借贷组织，也高于正规金融供给主体（见表5-3）。

表5-3　　　　农户对金融供给主体贷款公平性的满意度评价

单位：户（%）

贷款的公平性	农村信用社	农业银行	其他商业银行	民间借贷组织	私人借贷
很好	5 (5.4)	5 (6.1)	3 (4.8)	0 (0.0)	24 (36.4)
较好	8 (8.7)	12 (14.6)	9 (14.5)	2 (8.0)	28 (42.4)
一般	28 (30.4)	30 (36.6)	19 (30.6)	12 (48.0)	11 (16.7)
不太好	23 (25.0)	22 (26.8)	18 (29.0)	8 (32.0)	1 (1.5)
不好	28 (30.4)	13 (15.9)	13 (21.0)	3 (12.0)	2 (3.0)
合计	92 (100.0)	82 (100.0)	62 (100.0)	25 (100.0)	66 (100.0)

数据来源：调查数据整理。

5.2.2　贷款政策宣传

关于农户对各类金融供给主体在贷款相关政策的宣传服务方面的评价，分别有95户、84户、66户、28户和44户农户参与了评价。结果显示，在正规金融供给主体中，农户对农业银行贷款政策宣传服务的评价明显好于其他金融供给主体，其次是其他商业银行，农户对农村信用合作社贷款政策宣传服务的评价最差；在非正规金融供给主体中，农户对私人借贷宣传服务的评价较好于民间借贷组织（见表5-4）。

表5-4　　　　农户对金融供给主体政策宣传服务的满意度评价

单位：户（%）

政策宣传	农村信用社	农业银行	其他商业银行	民间借贷组织	私人借贷
很好	8 (8.4)	10 (11.9)	5 (7.6)	3 (10.7)	3 (6.8)
较好	21 (22.1)	33 (39.3)	23 (34.8)	5 (17.9)	16 (36.4)
一般	40 (42.1)	33 (39.3)	29 (43.9)	18 (64.3)	21 (47.7)
不太好	10 (10.5)	5 (6.0)	5 (7.6)	2 (7.1)	4 (9.1)
不好	16 (16.8)	3 (3.6)	4 (6.1)	0 (0.0)	0 (0.0)
合计	95 (100.0)	84 (100.0)	66 (100.0)	28 (100.0)	44 (100.0)

数据来源：调查数据整理。

5.2.3 借贷额度满意度

农户对各金融供给主体借贷额度的满意度评价中，分别有 82 户、73 户、54 户、19 户和 63 户农户参与了评价。农户对非正规金融供给主体借贷额度的满意度明显高于正规金融供给主体。在正规金融供给主体中，农户对其他商业银行在贷款额度方面的满意度较高，其次是农业银行，农户对农村信用合作社贷款额度的满意度最低。在非正规金融供给主体中，农户对民间借贷组织贷款额度的满意度高于私人借贷。由此可以看出，非正规金融供给主体在满足农户多样化的贷款额度需求方面做得较好，而专门从事涉农信贷的农村信用合作社和农业银行在信贷额度的设计方面与农户的需求之间存在一定的差距（见表 5-5）。

表 5-5　　　农户对金融供给主体借贷额度的满意度评价　　　单位：户（%）

借贷额度	农村信用社	农业银行	其他商业银行	民间借贷组织	私人借贷
很好	1（1.2）	4（5.5）	2（3.7）	0（0.0）	11（17.5）
较好	17（20.7）	26（35.6）	19（35.2）	9（47.4）	22（34.9）
一般	44（53.7）	36（49.3）	29（53.7）	9（47.4）	23（36.5）
不太好	10（12.2）	5（6.8）	4（7.4）	1（5.3）	7（11.1）
不好	10（12.2）	2（2.7）	0（0.0）	0（0.0）	0（0.0）
合计	82（100.0）	73（100.0）	54（100.0）	19（100.0）	63（100.0）

数据来源：调查数据整理。

5.2.4 借款期限满意程度

关于农户对各金融供给主体借贷期限满意度的评价中，分别有 81 户、73 户、53 户、18 户和 60 户农户参与了评价。农户对私人借贷的借贷期限满意度在各金融供给主体中最高。正规金融供给主体中，农户对农业银行在贷款期限方面满意度较高，农户对其他商业银行贷款期限的满意度次之，农户对农村信用合作社贷款期限的满意度最低。在非正规金融供给主体中，农户对私人借贷贷款期限的满意度高于民间借贷组织。由此可见，私人借贷灵活的借贷方式更易于满足农户贷款期限需求的多样化（见表 5

-6）。

表5-6　　农户对金融供给主体借款期限的满意度评价　　单位：户（%）

借款期限	农村信用社	农业银行	其他商业银行	民间借贷组织	私人借贷
很好	1 (1.2)	5 (6.8)	4 (7.5)	0 (0.0)	20 (33.3)
较好	11 (13.6)	23 (31.5)	16 (30.2)	3 (16.7)	31 (51.7)
一般	46 (56.8)	34 (46.6)	22 (41.5)	11 (61.1)	9 (15.0)
不太好	18 (22.2)	8 (11.0)	10 (18.9)	4 (22.2)	0 (0.0)
不好	5 (6.2)	3 (4.1)	1 (1.9)	0 (0.0)	0 (0.0)
合计	81 (100.0)	73 (100.0)	53 (100.0)	18 (100.0)	60 (100.0)

数据来源：调查数据整理。

5.2.5　借贷利息满意度

关于农户对各金融供给主体借贷利息满意度的评价中，分别有82户、73户、53户、19户和60户农户参与了评价。结果显示，农户对正规金融供给主体（农村信用合作社、农业银行以及其他商业银行）贷款利率的满意度差别不大，仅有6成农户对贷款利率的评价在一般以上；农户对非正规金融供给主体借贷利率的评价中，农户对私人借贷贷款利率的满意度高于民间借贷组织。由于私人借贷中大部分是亲朋无息借贷，而这种互助性质的资金借贷利率更能满足农户的需求。由此可见，农户对利率的承受意愿较低（见表5-7）。

表5-7　　农户对金融供给主体借款利息的满意度评价　　单位：户（%）

借款利息	农村信用社	农业银行	其他商业银行	民间借贷组织	私人借贷
很好	2 (2.4)	6 (8.2)	4 (7.5)	1 (5.3)	41 (68.3)
较好	9 (11.0)	12 (16.4)	8 (15.1)	3 (15.8)	14 (23.3)
一般	40 (48.8)	33 (45.2)	22 (41.5)	8 (42.1)	4 (6.7)
不太好	19 (23.2)	13 (17.8)	12 (22.6)	5 (26.3)	0 (0.0)
不好	12 (14.6)	9 (12.3)	7 (13.2)	2 (10.5)	1 (1.7)
合计	82 (100.0)	73 (100.0)	53 (100.0)	19 (100.0)	60 (100.0)

数据来源：调查数据整理。

5.2.6　借款的便捷程度

关于农户对各金融供给主体借贷便捷程度的满意度评价中，分别有85

户、75 户、58 户、20 户和 65 户农户参与了评价。在正规金融供给主体中，有 44.7% 的农户认为农村信用合作社的借款不方便或很不方便，另外，分别有 50.0% 和 53.3% 的农户认为其他商业银行和农业银行的借款手续不方便或很不方便。与之形成对比的是，在非正规金融供给主体的评价中，仅有 30% 的受访农户认为民间借贷组织的借款手续不方便或很不方便，而认为私人借贷手续不方便或很不方便的农户所占比例为 0。由此可以看出，非正规金融机构特别是私人借贷，借款手续相对便捷，受到农户的认可和欢迎，而借款手续的烦琐则成为农户对正规金融供给主体的普遍认知（见表 5 – 8）。

表 5 – 8　　　　农户对金融供给主体借款便利程度的满意度评价

单位：户（%）

借款便捷程度	农村信用社	农业银行	其他商业银行	民间借贷组织	私人借贷
很方便	3 (3.5)	8 (10.7)	3 (5.2)	0 (0.0)	26 (40.0)
比较方便	17 (20.0)	6 (8.0)	11 (19.0)	3 (15.0)	33 (50.8)
一般	27 (31.8)	21 (28.0)	15 (25.9)	11 (55.0)	6 (9.2)
不太方便	21 (24.7)	24 (32.0)	22 (37.9)	6 (30.0)	0 (0.0)
很不方便	17 (20.0)	16 (21.3)	7 (12.1)	0 (0.0)	0 (0.0)
合计	85 (100.0)	75 (100.0)	58 (100.0)	20 (100.0)	65 (100.0)

数据来源：调查数据整理。

5.2.7　工作人员服务态度满意度

关于农户对各金融供给主体工作人员服务态度满意度的评价中，分别有 91 户、81 户、59 户、21 户和 42 户农户对农村信用合作社、农业银行、其他商业银行、民间借贷组织、私人借贷等机构工作人员服务态度进行了评价。在正规金融机构中，农户对其他商业银行的服务态度满意度高于农业银行和农村信用合作社，对农村信用合作社服务态度的满意度最低。认为农业银行、农村信用合作社、其他商业银行服务态度不太好或不好的农户所占比例分别为 6.2%、9.9% 和 1.7%。农户对非正规金融机构服务态度的满意度虽不及其他商业银行高，但高于农户对农村信用合作社和农业银行的服务态度的评价，认为私人借贷和民间借贷组织服务态度不太好或不好的农户所占比例分别为 2.4% 和 4.8%（见表 5 – 9）。

表5-9　　农户对金融供给主体服务的满意度评价　　　　　单位：户（%）

服务态度	农村信用社	农业银行	其他商业银行	民间借贷组织	私人借贷
很好	11（12.1）	10（12.3）	10（16.9）	0（0.0）	12（28.6）
较好	26（28.6）	35（43.2）	26（44.1）	9（42.9）	19（45.2）
一般	45（49.5）	31（38.3）	22（37.3）	11（52.4）	10（23.8）
不太好	7（7.7）	3（3.7）	1（1.7）	1（4.8）	1（2.4）
不好	2（2.2）	2（2.5）	0（0.0）	0（0.0）	0（0.0）
合计	91（100.0）	81（100.0）	59（100.0）	21（100.0）	42（100.0）

数据来源：调查数据整理。

5.2.8　资金需求满足程度

关于农户从各金融供给主体借贷时资金需求满足程度满意度的评价中，分别有88户、77户、59户、21户和68户农户参与了对农村信用合作社、农业银行、其他商业银行、民间借贷组织、私人借贷等金融供给主体对农户资金需求的满足程度的评价。在正规金融机构中，分别有20.8%、28.8%和35.3%的农户认为农业银行、其他商业银行和农村信用合作社对农户资金需求满足程度不太好或不好。而在非正规金融中，分别有14.7%和23.8%的农户认为私人借贷和民间借贷组织对农户资金需求的满足程度不太好或不好。由此可以看出，非正规金融供给主体对农户资金需求的满足程度相对较好，这与非正规金融机构根植于农村，了解农村的金融市场需求，能针对不同的农户资金需求，提供与之相适应的农村金融产品有很大关系（见表5-10）。

表5-10　　农户对金融供给主体资金需求满足程度的满意度评价

单位：户（%）

资金需求满足度	农村信用社	农业银行	其他商业银行	民间借贷组织	私人借贷
很好	1（1.1）	6（7.8）	6（10.2）	1（4.8）	16（23.5）
较好	21（23.9）	20（26.0）	13（22.0）	4（19.0）	25（36.8）
一般	35（39.8）	35（45.5）	23（39.0）	11（52.4）	17（25.0）
不太好	18（20.5）	12（15.6）	12（20.3）	4（19.0）	9（13.2）
不好	13（14.8）	4（5.2）	5（8.5）	1（4.8）	1（1.5）
合计	88（100.0）	77（100.0）	59（100.0）	21（100.0）	68（100.0）

数据来源：调查数据整理。

5.3 本章小结

近年来，虽然正规农村金融市场得到了快速的发展，但对于欠发达地区农户而言，农户最期望获得借款的途径仍以亲朋好友为主，其中80.8%的受访农户希望能从亲朋好友那里获得无息借款，仅有少数农户期望获得亲朋有息借贷。由此可见，农户主观期望的融资途径仍以亲朋好友"互助性"的无息借贷为主。在有息借贷的选择中，农户对农业银行、农村信用合作社以及其他商业银行等正规金融供给主体的选择比例很低，而对非正规农村金融供给主体的选择和参与几乎没有。单因素方差分析结果显示，共有三类七个变量的分组农户对期望的金融供给主体的选择存在显著差异，即户主特征（性别、外出务工经历）、农户收支情况（收入水平、主要收入来源、主要经营投资类型）和农村金融市场供给特征（农户到最近的正规金融机构所需时间和农户所在地附近是否有民间借贷组织）。而户主年龄、受教育水平、常住人口、劳动力平均年龄、土地面积、农业生产人数、外出务工人数以及农户主要生活支出类型等变量的分组农户之间差异不显著。

农户对各金融供给主体的认知和评价结果显示，正规金融供给主体在政策宣传、规范服务等方面具有优势。正规金融供给主体中，农户对农村信用合作社的综合满意度不高。农户认为农业银行的贷款政策宣传、借贷期限好于其他正规金融供给主体，但对农业银行、农村信用合作社的贷款额度和服务的满意度则低于其他商业银行。非正规金融供给主体特别是私人借贷，具备借贷门槛低、手续便捷、期限和额度灵活、利率低、资金需求满足程度高等特点，农户对其贷款公平性、贷款期限、利率、手续、资金需求满足程度等方面的满意度均高于其他金融供给主体。

第六章　正规农村金融市场中
农户融资路径比较实证分析

从第四、第五章的分析得出，陕西省农户中有近七成农户存在金融需求，且有金融需求的农户对金融供给主体的选择以亲朋好友借贷为主。农户对正规金融市场的选择和参与程度较低，究竟是什么原因影响和阻碍了农户对正规金融市场的参与和选择，制约着正规金融市场支农、扶农作用的发挥？本章将主要从农户对正规金融供给借贷路径选择的差异性的视角对以上问题进行分析，其中主要包括农户对正规金融供给主体的选择、不同特征农户期望的借贷方式、期限、利率等的比较分析。

6.1　农户对正规金融供给主体的参与

农户是否从银行、农村信用合作社等正规金融机构得到过贷款的调查中，286 户农户均参与了该问题的调查，其中仅有 52 户农户从银行、农村信用合作社等正规金融机构得到过贷款，占受访农户总数的 18.2%，没有从银行、农村信用合作社等正规金融机构得到过贷款的农户有 234 户，占受访农户总数的 81.8%（见表 6 - 1）。

表 6 - 1　　　　　　　　　农户从正规金融机构贷款情况

是否从银行、信用社等得到过贷款	户数（户）	比例（%）
否	234	81.8
是	52	18.2
合计	286	100.0

数据来源：调查数据整理。

农户没有从银行、农村信用合作社等正规金融机构得到过贷款的原因统计中，共有 235 户农户回答了该问题，其中没有向银行、农村信用合作社等正规金融机构申请过贷款的农户有 206 户，申请后自动放弃的农户有 9 户；申请被拒绝的农户有 20 户，分别占回答该问题农户总数的 87.7%、3.8% 和 8.5%（见表 6 - 2）。

表 6 – 2   农户未得到正规金融机构贷款的原因

未得到过贷款的原因	户数（户）	比例（%）
没有申请	206	87.7
申请后自动放弃	9	3.8
申请被拒绝	20	8.5
合计	235	100.0

数据来源：调查数据整理。

农户没有向正规金融机构申请贷款的主要原因的调查中，共有 210 户农户回答了该问题，其中 109 户农户认为即使申请了也得不到贷款，占回答该问题农户总数的 51.9%；认为贷款没有借钱（民间）方便的农户有 36 户，占回答该问题农户总数的 17.1%；认为贷款利息及其他成本太高的农户有 32 户，占回答该问题农户总数的 15.2%；由于不了解贷款的相关条例和手续而没有申请贷款的农户占回答该问题农户总数的 7.6%；担心无法偿还贷款而没有申请的农户占回答该问题农户总数的 7.1%；认为贷款额度太小，不能满足融资需要而没有申请贷款的农户占回答该问题农户总数的 3.8%；另外分别有 3.3%、2.9% 的农户因为没有抵押担保、不知道农户可以申请贷款而没有申请贷款；因为不需要贷款而没有申请的农户有 59 户，占回答该问题农户总数的 28.1%。

农户申请贷款后自动放弃的原因的调查中，9 户农户申请后自动放弃的原因如下：其中 4 户农户认为贷款手续麻烦，附加条件太多，自动放弃了贷款申请，占 44.4%；认为贷款的利率太高的农户有 1 户，占 11.1%；已从其他渠道筹到钱所以放弃申请贷款的农户有 1 户，占自动放弃贷款申请农户总数的 11.1%；其他原因放弃申请贷款的农户有 3 户，占自动放弃贷款申请农户总数的 33.3%。

申请贷款被拒绝的农户调查中，认为被拒绝的主要原因是没有人缘关系的农户有 12 户，占 66.7%；认为被拒绝的主要原因是没有抵押或担保的农户有 7 户，占 38.9%；认为被拒绝的主要原因是家里太穷，故被拒绝的农户有 5 户，占 27.8%；另外还有 2 户（11.1%）农户认为由于其他原因贷款申请被拒绝。

通过以上分析，农户对正规金融机构借贷活动的参与率不足两成。从农户的角度分析造成这一情况的原因则是农户对从正规金融供给机构成功获得贷款的信心不足、对借贷的获得预期较低、正规渠道借款便捷度不高、利率成本较高等。

6.2 借贷期限及方式

6.2.1 借贷期限

随着农村剩余劳动力的流动和农户生产经营日趋多元化，传统意义上的纯农户日渐减少，农户的收入和现金流的特点即有别于传统纯农户资金使用呈现出的强农业生产周期性又不同于城镇居民和工商业投资者，这一问题在调查中也得到了体现。在农户自由选择的借款期限的调查中，共有283户农户回答了该问题，其中分别有17.3%、31.4%、14.1%、17.0%和20.1%的农户希望借款或贷款的期限为6个月、一年、两年、三年和五年或以上（见表6-3）。在还款周期上，如果农户能自由选择，28.0%的农户希望6个月还一次款，41.2%的农户希望1年还一次款，30.8%的农户则希望借款到期日一次性还清。

表6-3　　　　　　　　　　农户希望借款的期限统计

农户希望借或贷款的期限	户数（户）	所占比例（%）
6个月	49	17.4
1年	89	31.4
2年	40	14.1
3年	48	17.0
5年或以上	57	20.1
合计	283	100.0

数据来源：调查数据整理。

6.2.2 借贷方式

现有的主要借款方式有信用借款、担保（抵押、质押）、农户联保和政府贴息等。农户信用贷款是指依据农户的信誉发放的贷款，其特点就是借款人不需要提供抵押品，仅凭自己的信誉获取金融机构的贷款，并以借款人的信誉作为还款的保证。金融机构在对借款方信用评估过程中通常需要对借款人经济能力、经营能力以及发展前景等因素进行综合考虑。此类贷款通常主观因素所占比重较大，贷款风险相对较高。担保贷款是指由借款方或第三方向金融机构提供担保而发放的贷款，主要包括保证贷款、抵押贷款和质押贷款。保证贷款是指由借贷双方以外的第三方承诺借款方不能如约偿还贷款时，按照约定将由第三方承担连带责任而发放的贷款。抵押贷款是指借款方以有价证券、国债券、房地产、各种股票、货物的提单、栈单或其他各种能证明物品所有权的单据为物品保证向金融机构申请并获得贷款的方式。当借款方出现违约情况时，金融机构有权将贷款方的抵押品进行处理，用以弥补损失。质押贷款是指以借款人或第三方的国库券、金融债券、储蓄存单以及各种国家债券等动产或权利作为质押物而向申请人发放的贷款。质押贷款时，出质方需要将权利凭证交给放贷方。对农户而言，可以选择的贷款方式除了信用贷款、抵押贷款、保证贷款、质押贷款外，通常还有小组联保、政府贴息等贷款方式。农户联保贷款是指由社区内农户组成联保小组，当贷款方出现违约时，由联保小组其他成员共同承担连带责任的贷款方式。这是为了解决农户贷款难、担保难而开发出的贷款产品。政府贴息贷款是指政府为了鼓励经济发展，扶持微利项目而实施的由政府财政贴息，借款方贷款期限内不需支付利息的贷款方式。

在"农户希望的借款方式"的调查中，共有 282 人回答了该问题，其中愿意通过信用借款的方式借款的农户占回答该问题农户总数的 50.7%；愿意选择担保贷款的农户占回答该问题农户总数的 25.2%，其中选择保证贷款、抵押贷款、小组联保贷款、质押贷款的农户分别占回答该问题农户总数的 11.7%、7.8%、3.9% 和 1.8%。愿意选择政府贴息贷款的农户占回答该问题农户总数的 23.9%。由此可见，尽管对金融机构而言，信用贷款中农户违约风险较高，金融机构的经营风险较大，且"寻租"行为发生的风险也较高，但农户愿意选择的贷款方式仍以信用贷款为主。在担保贷款的调查中，抵押和质押贷款却由于农户缺乏可行的抵押或质押品而使这两类贷款实际操作的可行性不强。小组联保贷款虽然通过连带责任的方式规避了对抵押和质押品的要求，并且在一定程度能起到约束农户违约行为，有效降低金融风险的作用，但部分农户认为小组联保贷款程序烦琐，且出于对个人借贷目的、用途等财务状况等"隐私"因素的顾虑，不希望自己的贷款行为麻烦别人，因而会更倾向于信用贷款（见表 6-4）。

表 6 - 4　　　　　　　　　农户期望的借款方式统计

借款方式	户数（户）	所占比例（%）
信用贷款	143	50.7
小组联保贷款	11	3.9
抵押贷款	22	7.8
保证贷款	33	11.7
质押贷款	5	1.8
政府贴息	65	23.0
其他	11	3.9

数据来源：调查数据整理。

信用担保对象的选择上，63.8%的农户希望亲戚朋友为自己做信用担保，希望由村干部、小组联保以及其他方式作为信用担保的农户分别占回答该问题农户总数的29.0%、4.0%和3.3%。由此可见，农户对亲朋好友和村干部的信任和依赖程度较高，而对小组联保的选择和认可程度仍然较低。在抵押和质押品的选择上，44.6%的农户希望可以用住房作为贷款抵押，希望用土地经营权、拖拉机等大型生产资料、家电、个人存款、牲畜等作为抵押的农户分别占回答该问题农户总数的41.7%、10.9%、9.4%、8.0%和2.5%，选择用有价证券作抵押的农户为0.0%，这与前面调查到的没有农户购买有价证券的情况相吻合（见表6-5）。

表 6 - 5　　　　　　　　　农户对抵押质押品的选择

农户对抵押质押品的选择	户数（户）	所占比例（%）
家电	26	9.4
土地经营权	115	41.7
大牲畜	7	2.5
本人或他人存单	22	8.0
住房	123	44.6
有价证券	0	0.0
拖拉机、大型农机具或其他大型生产资料	30	10.9
其他	24	8.7

数据来源：调查数据整理。

6.3 利率的选择

利率是指一定时期内利息额同借贷资本总额的比率，即贷款的价格。利率是调节货币政策的重要工具，也用于控制投资、通货膨胀及失业率等。利率的变动对农户的借贷行为及选择也有一定影响。下面就现有利率下农户从正规金融机构贷款的意愿及选择、农户基于不同借贷用途的贷款所能接受的最高利率等问题进行分析。

6.3.1 现有利率下农户的借贷意愿

随着市场经济的不断繁荣，农户生产生活中需要资金的领域越来越多，农户借贷需求不断增大的同时，农户的思维观念也在悄悄发生改变，为获得借款而支付一定的费用也日渐成为一种共识。在现有利率下[①]，286户受访农户中，144户农户愿意从银行申请贷款，这分别占受访农户总数的50.3%和有借贷需求的农户总数的73.5%。下面分别就现有利率下农户是否愿意向银行申请贷款进行一般统计分析和方差分析，以期对不同特征农户组就现有利率下是否愿意从银行获得贷款的差异性进行比较。

6.3.1.1 一般统计分析

（1）户主特征。

年龄。不同年龄组的农户，愿意从正规金融机构获得贷款的差异比较明显。随着户主年龄的增加，现有利率下愿意从银行获得贷款的农户在各年龄农户组所占比例呈倒"V"形变化趋势，户主年龄为25岁以下、26~35岁、36~45岁、46~60岁和60岁以上年龄组的农户在现有利率下愿意向银行借款的比例分别为51.7%、53.3%、55.0%、49.5%和42.4%，其中户主年龄为36~45岁的农户组在现有利率下愿意向银行借款的农户所占比例最高，这可能是因为这阶段农户普遍处于上有老人需要赡养、下有子女教育、结婚以及家庭中生产经营的发展扩大等多项重要支出交叠出现的重要阶段，故对资金需求较大。

性别。男性户主所在的农户组在现有利率下愿意向银行借款的比例达57.8%，而户主为女性的农户组这一比例仅为43.0%，明显低于户主为男

---

① 2010年7月农户调查期间，中国人民银行公布的一年、三年、五年贷款利率分别为5.4%、5.76%、5.94%。

性的农户组。

受教育水平。随着户主受教育水平的提高，在现有利率下愿意从银行借款的农户在各农户组所占比例呈倒"V"形变化趋势。户主受教育水平为未上学、小学、初中、高中、大专、大学及以上的农户组中，愿意向银行借款的农户在各组所占比例分别为 35.7%、40.0%、52.5%、64.3%、77.8% 和 47.4%。由此可以看出，户主受教育水平为大专的农户组在现有利率下愿意从银行获得借贷的比例最高，其次是户主受教育水平为高中、初中、大学及以上、小学和未上学的农户组。

外出务工经历。户主有外出务工经历的农户组在现有利率下愿意向银行借款的比例达 61.9%，明显高于户主没有外出务工经历的农户组。

（2）家庭特征。

常住人口。农户家庭中常住人口小于等于 3 人、3～5 人和大于 5 人的农户组，在现有利率下愿意从银行获得贷款的农户在各组所占比例分别为 45.8%、52.4% 和 45.5%。

劳动力平均年龄。随着农户家庭中劳动力平均年龄的增加，在现有利率下愿意从银行获得贷款的农户在各农户组所占比例呈倒"V"形变化趋势。劳动力平均年龄为 30～40 岁的农户组，愿意从银行借款的农户所占比例最高，达 58.9%，其次是农户家庭劳动力平均年龄为 40～50 岁、50～60 岁、20～30 岁和大于 60 岁的农户组，在现有利率下愿意从银行获得贷款的农户在各组所占比例分别为 52.5%、50.0%、24.0% 和 14.3%。

（3）生产经营特征。

土地面积。拥有的土地面积不同的各农户组在现有利率下愿意从银行获得贷款的比较中，土地面积大于 10 亩的农户组中愿意向银行借贷的农户所占比例最高，达 66.7%，其次是土地面积为 5～10 亩、1～3 亩、0～3 亩、3～5 亩和 0 亩的农户组，愿意在现有利率下从银行获得借款的农户在各农户组所占比例分别为 53.3%、50.8%、50.0%、48.5% 和 40.9%。由此可见，土地面积为 10 亩以下的农户组间愿意在现有利率下从银行获得贷款的农户所占比例差异不大。

农业生产人数。家庭中农业生产人数为 0 人、1～2 人、3～4 人和 4 人以上的各农户组中，在现有利率下愿意向银行借款的农户在各组所占比例分别为 52.0%、49.7%、56.4% 和 40.0%。

外出务工人数。农户家庭中外出务工人数分别为 0 人、1 ~ 2 人、3 ~ 4 人和 4 人以上的各农户组，在现有利率下愿意向银行借款的农户在各组所占比例分别为 50.4%、51.3%、50.0% 和 100.0%，其中由于外出务工人数大于 4 人的农户组只有一个样本，故此值可视为极值，不具有代表性。

（4）收支情况。

收入水平。随着农户家庭收入水平的增加，在现有利率下愿意向银行借贷的农户在各组所占比例呈倒 "V" 形变化趋势。农户家庭收入为 5 万 ~ 10 万元之间的农户组中这一比例最高，达 62.5%，农户家庭收入水平为 2 万 ~ 5 万元、5 000 元 ~ 1 万元、1 万 ~ 2 万元、小于 5 000 元和 10 万元以上的农户组，在现有利率下愿意向银行借贷的农户在各组所占比例分别为 56.1%、47.6%、44.6%、42.9% 和 33.3%。不难发现，收入为 10 万元以上的农户组在现有利率下愿意向银行借贷的意愿最低。

收入来源。主要收入来源为非农业收入的农户在现有利率下选择从银行贷款的比例为 52.1%，高于主要收入来源为农业收入的农户组（50.0%）。

主要生活支出类型。主要生活支出类型为生活类支出、教育支出、医疗支出的农户组在现有利率下愿意向银行借贷的农户在各组所占比例分别为 48.8%、59.6% 和 45.5%，其中，主要支出为教育类支出的农户组在现有利率下愿意向银行借贷的比例最高。

主要经营投资类型。主要经营投资类型为农业、私营和其他的农户组中愿意在现有利率下从银行借贷的比例分别为 52.0%、53.3% 和 44.7%。

（5）农村金融供给市场特征。

农户到最近的正规金融机构所需时间。到最近的正规金融机构所需时间为 30 分钟以内和 30 ~ 60 分钟的农户组中，在现有利率下愿意从银行借款的农户在各组所占比例分别为 51.4% 和 54.5%。

农户所在地是否有民间借贷组织。所在地附近有民间借贷组织的农户中有 62.7% 的农户愿意在现有利率下从银行借款，而农户所在地没有民间借贷组织的农户中这一比例仅为 48.5%。

6.3.1.2　方差分析

（1）户主特征。

年龄。户主年龄的分组变量有五个，采用单因素方差分析比较户主年龄不同的各农户组在现有利率下是否愿意从银行借款的差异的显著水平。样本 Bartlett 方差齐次性检验在当前自由度下对应的 P 值为 0.0000，远小于 0.05，没有通过齐次性检验。采用 Kruskal and Wallis 方法对各组中位数进行检验。结果显示，户主年龄不同的各农户组在现有利率下是否愿意从银行借贷之间的差异不显著。

性别。户主性别特征的分组变量有两个，采用两组数据的样本 T 检验。在方差齐次性分析中，不同性别组农户在现有利率下是否愿意从银行获得贷款的齐次性检验的 F 统计量为 64.953，在当前的自由度下 P 值为 0.000，小于 0.05，说明两农户组在现有利率下愿意从银行获得贷款的方差不具备齐次性。各组均值计算中，对应的 T 值为 8.245，自由度为 163.211，P 值为 0.0000，远小于 0.05，说明两农户组在现有利率下是否选择向银行借款之间的差异极显著。

受教育水平。户主受教育水平的分组变量有六个，可以采用单因素方差分析比较户主受教育水平不同的各农户组在现有利率下是否愿意从银行借款的差异的显著水平。样本 Bartlett 方差齐次性检验在当前自由度下对应的 P 值为 0.0000，远小于 0.05，没有通过齐次检验。采用 Kruskal and Wallis 方法对各组中位数进行检验。检验结果显示，户主受教育水平不同的各农户组在现有利率下是否愿意从银行借款的差异不显著。

外出务工经历。户主外出务工经历的分组变量有两个，采用两组数据的样本 T 检验。方差齐次性分析中，不同农户组在现有利率下是否愿意从银行借款的齐次性检验的 F 统计量为 0.0354，P 值为 0.000，远小于 0.05，不具备方差齐次性。各组数据分别求均值，得出对应的 T 值为 -17.370，自由度为 210.06，P 值为 0.000，远小于 0.05，说明两农户组在现有利率下是否愿意从银行借款的均值间差异极显著。

（2）家庭特征。

常住人口。农户家庭常住人口的分组变量有三个，可以采用单因素方差分析比较不同家庭规模的农户组在现有利率下是否愿意从银行借款的差异的显著水平。样本 Bartlett 方差齐次性检验结果显示 P 值为 0.000，小于 0.05，不具备方差齐次性。因此采用 Kruskal and Wallis 方法对各组中位数进行检验。检验结果显示，家庭中常住人口不同的各农户组在现有利率下是否愿意从银行借款的差异不显著。

劳动力平均年龄。农户劳动力平均年龄的分组变量有五个，采用单因素方差分析比较劳动力平均年龄不同的各农户组在现有利率下是否愿意从银行借款的差异的显著水平。样本 Bartlett 方差齐次性检验结果显示 P 值为 0.000，小于 0.05，不具备方差齐次性。采用 Kruskal and Wallis 方法对各组中位数进行检验。检验结果显示，家庭劳动力平均年龄不同的农户组在现有利率下是否愿意从银行借款之间的差异极显著。

（3）生产经营特征。

土地面积。农户土地面积的分组变量有五个，采用单因素方差分析比较土地面积不同的各农户组在现有利率下是否愿意从银行借款的差异的显著水平。样本 Bartlett 方差齐次性检验结果显示在当前自由度下对应的 P 值为 0.000，小于 0.05，不具备方差齐次性。采用 Kruskal and Wallis 方法对各组中位数进行检验。检验结果显示，土地面积不同的各农户组在现有利率下是否愿意从银行借款的差异不显著。

农业生产人数。家庭中农业生产人数的分组变量有四个，采用单因素方差分析比较家庭中农业生产人数不同的各农户组在现有利率下是否愿意从银行借款的差异的显著水平。样本 Bartlett 方差齐次性检验结果显示，在当前自由度下对应的 P 值为 0.000，远小于 0.05，不具备方差齐次性。采用 Kruskal and Wallis 方法对各组中位数进行检验，结果显示，农业生产人数不同的农户组在现有利率下是否愿意从银行借款的差异不显著。

外出务工人数。农户家庭中外出务工人数的分组变量有四个，采用单因素方差分析比较农户家庭中外出务工人数不同的各农户组在现有利率下是否愿意从银行借款的差异的显著水平。样本 Bartlett 方差齐次性检验结果显示，在当前自由度下对应的 P 值为 0.000，远小于 0.05，不具备方差齐次性。因此采用 Kruskal and Wallis 方法对各组中位数进行检验，结果显示，农户家庭中外出务工人数不同的各农户组在现有利率下是否愿意从银行借贷的差异不显著。

（4）收支水平。

收入水平。农户收入水平的分组变量有六个，采用单因素方差分析比较收入水平不同的各农户组在现有利率下是否愿意从银行借款的差异的显著水平。样本 Bartlett 方差齐次性检验 P 值为 0.000，远小于 0.05，不具备方差齐次性。采用 Kruskal and Wallis 方法对各组中位数进行检验，结果显示，收入水平不同的各农户组在现有利率下是否愿意从银行借款的差异不显著。

主要收入来源。农户主要收入来源的分组变量有两个，不能使用单因素方差分析，而是采用两组数据的样本 T 检验。方差齐次性检验中，主要收入来源为农业收入和非农业收入的农户组在现有利率下是否愿意从银行借贷的齐次性检验的 F 统计量为 47.303，P 值为 0.000，远小于 0.05，不具备方差齐次性。在均值检验中，对应的 T 值为 11.655，自由度为 137.947，P 值为 0.0000，远小于 0.05。说明两农户组在现有利率下是否愿意从银行借贷之间的差异极显著。

主要生活支出类型。农户家庭中主要生活支出类型的分组变量有四个，采用单因素方差分析比较主要生活支出类型不同的各农户组在现有利率下是否愿意从银行借贷的差异的显著水平。样本 Bartlett 方差齐次性检验 P 值为 0.000，小于 0.05，不具备方差齐次性。采用 Kruskal and Wallis 方法对各组中位数进行检验，结果显示，主要生活支出类型不同的各农户组在现有利率下是否愿意从银行借贷的选择不存在显著差异。

主要经营投资类型。农户家庭中主要经营投资类型的分组变量有三个，采用单因素方差分析比较主要经营投资类型不同的各农户组在现有利率下是否愿意从银行借贷的差异的显著水平。样本 Bartlett 方差齐次性检验 P 值为 0.0000，远小于 0.05，不具备齐次性。因此采用 Kruskal and Wallis 方法对各组中位数进行检验。检验对应的 P 值大于 0.05，说明主要经营投资类型不同的各农户组在现有利率下是否愿意从银行借贷的选择不存在显著差异。

（5）农村金融市场特征。

到最近的正规金融机构所需时间。农户到最近的正规金融机构所需时间的分组变量有两个，不能使用单因素方差分析，而是采用两组数据的样本 T 检验。在方差齐次性检验中，距离最近的正规金融机构所需时间与农户在现有利率下是否愿意从银行借贷的齐次性检验的 F 统计量为 34.784，P 值为 0.000，小于 0.05，不具备方差齐次性。两组数据的均值显示，对应的 T 值为 4.907，P 值为 0.0004，远小于 0.05。说明两农户组在现有利率下是否愿意从银行借贷的选择差异极显著。

民间借贷组织的存在。农户所在地附近是否有民间借贷组织的分组变量有两个，不能使用单因素方差分析，而是采用两组数据的样本 T 检验。方差齐次性检验中，所在地附近是否有民间借贷组织与农户在现有利率下是否愿意从银行借贷的齐次性检验的 F 统计量为 131.463，P 值为 0.000，小于 0.05，不具备方差齐次性。各组数据均值的分析显示，对应的 T 值为 5.891，P 值为 0.0000，远小于 0.05，说明两农户组在现有利率下是否愿意从银行借贷的选择差异极显著。

表 6-6　不同特征农户在现有利率下是否愿意从正规金融机构贷款的方差分析

类型	特征变量	显著水平
户主特征	年龄	不显著
	性别	极显著
	受教育水平	不显著
	外出务工经历	极显著
家庭特征	常住人口	不显著
	劳动力平均年龄	极显著
生产经营特征	土地面积	不显著
	农业生产人口	不显著
	外出务工人数	不显著
收支情况	收入水平	不显著
	主要收入来源	极显著
	主要生活支出类型	不显著
	主要经营投资类型	不显著
农村金融市场特征	到最近正规金融机构所需时间	极显著
	附近是否有民间借贷组织	极显著

通过以上方差分析发现，共有户主特征（性别、外出务工经历）、家庭特征（劳动力平均年龄）、收支情况（农户主要收入来源）和农村金融市场特征（农户到最近正规金融机构所需时间、农户所在地附近是否有民间借贷组织）四类六个变量的分组农户在现有利率下是否愿意从银行借贷的选择差异显著，其他特征变量的分组农户在现有利率下是否愿意从银行借贷的选择差异不显著（见表 6-6）。

6.3.2　农户对不同用途贷款能接受的最高利率

基于不同的贷款目的，如看病等急事、孩子上学、建房、发展农业、发展工商业、归还其他借款等，愿意接受有利率贷款的农户分别占受访农户总数的 92.3%、89.5%、91.6%、89.2%、84.6% 和 84.3%。由此可见，因为看病等紧急情况而需要借款时愿意支付利率的农户所占比例最高，其次是子女教育和建房，而愿意为投资经营和归还其他借款目的借贷而支付利率的农户所占比例略低。在不同贷款利率的选择上，分别有 72.9%、69.4% 和 76.6% 的农户只愿意为农业、工商业和归还其他借款支付 5% 以下的利率。由此可见，农户对通过借贷发展农业等产业而愿意承担的利率较低（见图 6-1）。

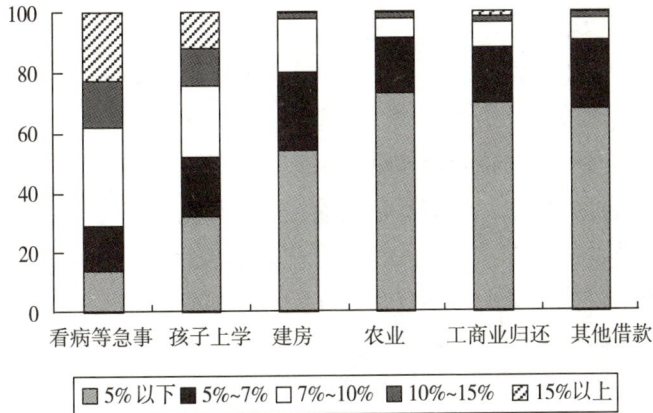

图 6-1　农户对不同用途的借贷能接受的最高利率

6.3.2.1　农户对不同目的贷款愿意承担的最高利率的方差分析

运用单因素方差分析比较不同特征农户组对医疗、教育、建房、发展农业、发展工商业和归还其他贷款等六种不同目的的有息借贷能接受的最高利率之间差异的显著水平。

（1）医疗。

户主特征中，性别与外出务工经历两个变量所对应的各特征农户组对因为看病等急事能接受的最高利率之间的差异极显著；而年龄与受教育水平两个变量所对应的各特征农户组对看病等急事能接受的最高利率之间的差异不显著。

家庭特征中，常住人口与劳动力平均年龄所对应的各特征农户组对医

157

疗等急事能接受的最高利率之间差异不显著。

生产经营特征中，土地面积、农业生产人数、外出务工人数三个变量对应的各特征农户组对医疗等急事能接受的最高利率之间差异不显著。

收支情况中，农户的主要收入来源对应的各特征农户组对医疗等急事能接受的最高利率之间差异极显著；而农户收入水平、主要生活支出类型、主要经营投资类型三个变量对应的各特征农户组能接受的最高利率之间差异不显著。

农村金融市场特征中，农户所在地到最近的正规金融机构所需时间和所在地附近是否有民间借贷组织两个变量对应的各特征农户组对看病等急事能接受的最高利率之间差异极显著。

（2）子女教育。

户主特征中，性别与外出务工经历两个变量所对应的各特征农户组对教育类借贷能接受的最高利率之间差异极显著；户主受教育水平对应的各特征农户组对教育类借贷能接受的最高利率之间差异显著；而户主年龄所对应的各特征农户组对教育类借贷能接受的最高利率之间差异不显著。

家庭特征中，农户常住人口与劳动力平均年龄所对应的各特征农户组对教育类借贷能接受的最高利率之间差异不显著。

生产经营特征中，土地面积、农业生产人数、外出务工人数三个变量对应的各特征农户组对教育类借贷能接受的最高利率之间差异均不显著。

收支情况中，农户主要收入来源对应的各特征农户组对子女教育类借贷能接受的最高利率之间差异极显著；而农户收入水平、主要生活支出类型、主要经营投资类型对应的各特征农户组对教育类借贷能接受的最高利率之间差异不显著。

农村金融市场特征中，农户所在地是否有民间借贷组织对应的各特征农户组为教育类借贷能接受的最高利率之间差异极显著；农户所在地到最近正规金融机构所需时间对应的各特征农户组对教育类借贷能接受的最高利率之间差异不显著。

（3）建房。

户主特征中，户主性别对应的各特征农户组对建房类借贷能接受的最高利率之间差异极显著；而户主年龄、受教育水平和外出务工经历三个变量所对应的各特征农户组为建房能接受的最高利率之间差异均不显著。

家庭特征中，农户家庭常住人口与劳动力平均年龄所对应的各特征农户组对建房类借贷能接受的最高利率之间差异不显著。

生产经营特征中，农业生产人数所对应的各特征农户组对建房类借贷能接受的最高利率之间差异显著，各组的比较分析结果显示，农业生产人数大于4人的农户组分别与农业生产人数为0人和3～4人的农户组之间差异显著；土地面积和外出务工人数两个变量对应的各特征农户组为建房类借贷能接受的最高利率之间差异不显著。

收支情况中，收入水平、主要收入来源和主要生活支出类型对应的各特征农户组为建房类借贷能接受的最高利率之间的差异显著，其中主要生活支出类型对应的各特征农户组之间差异极显著；主要经营投资类型对应的各特征农户组为建房类借贷能接受的最高利率之间差异不显著。

农村金融市场特征中，农户所在地到最近正规金融机构所需的时间和所在地是否有民间借贷组织对应的各特征农户组为建房类借贷能接受的最高利率之间差异均极显著。

（4）发展农业。

户主特征中，户主性别和外出务工经历对应的各特征农户组为发展农业能接受的最高利率之间差异极显著，年龄所对应的各特征农户组之间差异显著；户主受教育水平所对应的各特征农户组为发展农业能接受的最高利率之间差异不显著。

家庭特征中，常住人口与劳动力平均年龄所对应的各特征农户组为发展农业能接受的最高利率之间的差异均不显著。

生产经营特征中，土地面积、农业生产人数和外出务工人数三个变量对应的各特征农户组为发展农业能接受的最高利率之间差异均不显著。

收支情况中，农户的主要收入来源对应的各特征农户组为发展农业能接受的最高利率之间差异极显著；收入水平、主要生活支出类型、主要经营投资类型对应的各特征农户组为发展农业能接受的最高利率之间差异不显著。

农村金融市场特征中，农户所在地到最近的正规金融机构所需时间对应的各特征农户组为发展农业能接受的最高利率差异极显著；所在地是否有民间借贷组织对应的各特征农户组为发展农业能接受的最高利率之间差异显著。

（5）发展工商业。

户主特征中，性别和外出务工经历所对应的各特征农户组为发展工商业能接受的最高利率差异极显著；而年龄和受教育水平两个变量所对应的各特征农户组为发展工商业能接受的最高利率之间差异不显著。

家庭特征中，常住人口与劳动力平均年龄所对应的各特征农户组为发展工商业能接受的最高利率之间差异均不显著。

生产经营特征中，土地面积、农业生产人数和外出务工人数三个变量对应的各特征农户组为发展工商业能接受的最高利率之间差异均不显著。

收支情况中，农户收入水平、主要收入来源对应的各特征农户组为发展工商业能接受的最高利率的差异极显著，其中家庭总收入大于 10 万元的农户组能接受的最高利率均高于其他收入农户组，且差异均极显著；而主要生活支出类型、主要经营投资类型对应的各特征农户组为发展工商业能接受的最高利率之间差异不显著。

农村金融市场特征中，所在地是否有民间借贷组织对应的各特征农户组为发展工商业能接受的最高利率之间差异极显著；农户所在地到最近的正规金融机构所需时间对应的各特征农户组为发展工商业能接受的最高利率之间差异不显著。

（6）为归还其他贷款。

户主特征中，性别和外出务工经历所对应的各特征农户组为归还其他贷款能接受的最高利率之间差异极显著；年龄和受教育水平两个变量对应的各特征农户组为归还其他贷款能接受的最高利率之间差异不显著。

家庭特征中，常住人口与劳动力平均年龄所对应的各特征农户组为归还其他贷款能接受的最高利率之间差异均不显著。

生产经营特征中，土地面积、农业生产人数和外出务工人数三个变量对应的各特征农户组为归还其他贷款能接受的最高利率之间差异均不显著。

收支情况中，农户的主要收入来源对应的各特征农户组为归还其他贷款能接受的最高利率之间差异极显著；农户总收入、主要生活支出类型、主要经营投资类型对应的各特征农户组为归还其他贷款能接受的最高利率之间差异不显著。

农村金融市场特征中，农户所在地到最近的正规金融机构所需时间对应的各特征农户组为归还其他贷款能接受的最高利率之间差异极显著；所在地是否有民间借贷组织对应的各特征农户组为归还其他贷款能接受的最高利率之间差异不显著。

表6-7　　不同目的的借贷与农户愿意支付的最高利率的方差分析

类型	特征变量	看病等急事	子女教育	建房	农业	工商业等	归还其他贷款
户主特征	年龄	不显著	不显著	不显著	显　著	不显著	不显著
	性别	极显著	极显著	极显著	极显著	极显著	极显著
	受教育水平	不显著	显　著	不显著	不显著	不显著	不显著
	外出务工经历	极显著	极显著	不显著	极显著	极显著	极显著
家庭特征	常住人口	不显著	不显著	不显著	不显著	不显著	不显著
	劳动力平均年龄	不显著	不显著	不显著	不显著	不显著	不显著
生产经营特征	土地面积	不显著	不显著	不显著	不显著	不显著	不显著
	农业生产人口	不显著	不显著	显　著	不显著	不显著	不显著
	外出务工人数	不显著	不显著	不显著	不显著	不显著	不显著
收支情况	收入水平	不显著	不显著	显　著	不显著	极显著	不显著
	主要收入来源	极显著	极显著	显　著	极显著	极显著	极显著
	主要生活支出类型	不显著	不显著	显　著	不显著	不显著	不显著
	主要经营投资类型	不显著	不显著	不显著	不显著	不显著	不显著
农村金融市场特征	到最近正规金融机构所需时间	极显著	不显著	极显著	极显著	极显著	极显著
	附近是否有民间借贷组织	极显著	极显著	极显著	显　著	极显著	不显著

注：$P > 0.05$ 为不显著；$0.01 < P < 0.05$ 为显著；$P < 0.01$ 为极显著。

通过对基于不同目的金融需求，农户愿意接受的最高利率的方差分析发现，户主的性别和农户的主要收入来源量两变量对应的各特征农户组在不同目的的贷款中能接受的最高利率之间差异均显著；户主外出务工经历对应的各特征农户组在建房以外的其他原因的借贷中能接受的最高利率之间差异显著；农户所在地到最近的正规金融机构所需时间对应的各特征农户组对基于子女教育和工商业以外的其他目的的贷款能接受的最高利率的差异显著；农户所在地附近是否有民间借贷组织对应的各特征农户组对为归还其他贷款以外的贷款能接受的最高利率差异显著。另外，农户家庭中农业生产人数和主要生活支出类型对应的各特征农户组对基于建房类借贷能接受的最高利率的差异显著；农户主要收入来源对应的各特征农户组对基于建房和发展工商业目的的借贷能接受的最高利率的差异显著。

6.3.2.2　实证分析

（1）模型的设计。

通过运用OLogit（Ordered Logistic Regression）模型对农户基于不同目的

的借贷能接受的最高利率及其影响因素进行比较分析，其中因变量为农户能接受的最高年利率，分组如下：1＝5%以下；2＝5%~7%；3＝7%~10%；4＝10%~15%；5＝15%以上。解释变量主要为前文方差分析中差异显著的特征变量，并在此基础上，进行适当调整。分析结果如表6－8所示。

（2）结果分析。

从表6－8所示的估计结果可以看出农户的收入水平、主要收入来源及主要生活支出类型对农户基于不同目的的借贷中愿意支付的最高利率的影响均显著，具有一定的普遍性，其他各特征变量则不尽相同。各变量对农户基于不同类型贷款愿意支付的最高利率的影响如下：

农户家庭中农业生产人数和主要生活支出类型对农户因为看病等急事的借贷能承受的最高利率有显著影响，农业生产人数越多和主要生活支出中教育、医疗支出较少的农户对此类借贷中较高利率的接受程度较高。

户主外出务工经历、农户主要收入来源、主要生活支出类型及农户到最近正规金融机构所需时间对农户为子女教育类借贷能承受的最高利率有显著影响，其系数均为负，表明随着各变量取值的增加，农户能承受的最高利率降低。

主要收入来源和主要生活支出类型对农户为建房而愿意承受的最高利率的影响显著，其系数均为负，表明随着各变量取值的增加，农户能承受的最高利率降低。

农户主要收入来源对农户因发展农业而能承受的最高利率的影响显著，其系数均为负，表明随着各变量取值的增加，农户能承受的最高利率降低。

户主年龄、外出务工人数、收入水平、主要收入来源以及主要生活支出类型对农户为发展工商业而能承受的最高利率影响显著。其中户主年龄和主要收入来源系数为负，表明随着各变量取值的增加，农户能承受的最高利率降低；收入水平、外出务工人数和主要生活支出类型系数为正，表明随着各变量取值的增加，农户能承受的最高利率增加。

户主年龄和土地面积对农户为归还其他借款而愿意支付的最高利率的影响显著，其中年龄系数为负、土地面积系数为正，分别表明户主年龄越小、农户所拥有的土地面积越多对农户为归还其他借款而愿意支付的最高利率有正向影响。

表6-8　不同目的的借贷与农户愿意支付的最高利率的影响因素实证分析

特征变量	看病等急事 系数	看病等急事 标准差	教育 系数	教育 标准差	建房 系数	建房 标准差	发展农业 系数	发展农业 标准差	发展工商业 系数	发展工商业 标准差	归还其他借款 系数	归还其他借款 标准差
年龄	0.171	0.449	0.286	0.544	—	—	—	—	-1.490***	0.548	-1.347**	0.594
性别	-0.261	0.258	0.149	0.288	-0.250	0.268	-0.250	0.358	-0.518	0.345	—	—
受教育水平	—	—	-0.040	0.141	0.125	0.117	-0.275	0.351	0.241	0.352	-0.385	0.345
是否有外出务工经历	-0.017	0.260	-0.506*	0.293	—	—	—	—	—	—	-0.255	0.163
常住人口	-0.109	0.115	—	—	—	—	—	—	—	—	0.197	0.540
劳动力平均年龄	0.177	0.449	—	—	—	—	-0.173	0.161	—	—	—	—
土地面积	—	—	—	—	—	—	—	—	—	—	0.085*	0.047
农业生产工人数	0.231*	0.137	—	—	0.002	0.181	0.286	0.252	0.064*	0.038	0.141	0.192
外出务工人数	0.030	0.167	-0.254	0.196	-0.494*	0.280	-1.131***	0.376	1.025***	0.235	0.018	0.259
总收入	-0.288	0.256	-0.538*	0.294	-0.957**	0.303	-0.553	0.372	-1.121***	0.337	-0.384	0.362
主要收入来源	-0.450*	0.271	-0.895**	0.290	-0.190	0.208	—	—	—	—	-0.169	0.322
主要生活支出类型	—	—	-0.182	0.323	—	—	—	—	—	—	—	—
主要经营投资类型	-0.182	0.323	-0.485*	0.257	-0.009	0.014	-0.378	0.320	-0.516	0.410	-0.303	0.332
到最近正规金融机构所需时间	0.025	0.225	0.007	0.370	-0.060	0.347	-0.362	0.421	0.526*	0.289	0.229	0.341
所在地附近是否有民间借贷组织	-0.131	0.336	1.249***	0.292	0.320	0.264	0.452	0.348	—	—	—	—
inliveexpense	0.379	0.254	—		—		—		—		—	
cut1	1.731	3.536	4.061	3.597	0.641	2.543	1.151	3.567	7.649	3.887	-4.962	4.592
cut2	2.555	3.535	4.906	3.598	1.946	2.545	2.549	3.571	9.035	3.904	-3.323	4.582
cut3	4.141	3.536	6.036	3.607	4.538	2.578	3.817	3.585	10.413	3.921	-1.933	4.592
cut4	4.945	3.542	7.066	3.617	6.177	2.731	5.680	3.704	11.371	3.951	-0.301	4.681
Number of obs	233		200		233		199		216		187	
LR chi2	60.15		80.26		90.16		68.64		46.66		74.86	
Prob > chi2	0.0603		0.0026		0.0169		0.045		0.000		0.0249	
Pseudo R2	0.214		0.1487		0.139		0.2553		0.1146		0.2439	
Log likelihood	-349.16		-295.703		248.615		-159.363		-180.265		-161.853	

注：***、**和*分别表示1%、5%和10%的显著水平。

163

6.4　本章小结

本章重点就农户在正规农村金融市场的融资路径等一系列问题进行了分析，其中包括农户对正规金融供给主体的选择、借贷方式、现有利率下农户的借贷意愿以及基于不同借款目的时农户愿意承担的最高借贷利率等问题。

农户从正规金融机构获得贷款的比例较低，仅有18.2%的农户有从正规金融机构获得贷款的经历。没有从正规金融机构获得过贷款的农户中，有半数以上是因为没有申请过，而这其中主要的顾虑是担心申请了也会被拒绝。在尝试了向正规金融机构申请贷款的农户中，很大比例的农户贷款申请被拒绝或农户自动撤销了申请。

农户的借贷期限以3年以下为主。借贷方式的选择上，半数农户愿意选择信用贷款，而对其他贷款方式的选择比例较低。目前正规农村金融市场放贷过程中信用贷款主观性较大，放贷风险较高已成为普遍的共识。但就农户的选择偏好而言，如何加强信用贷款的监管，满足农户信用借贷需求是需要深入探讨的重要问题。

在农户向正规金融机构贷款过程中抵押品的选择上，农村土地承包经营权和住房是农户最愿意选择的两类抵押品。如何突破制度和法律上对农村土地抵押的约束障碍，解决农户贷款过程中抵押品缺失的问题，将对农户向正规金融机构借贷参与程度的提高有重要影响。

在现有利率下，农户对正规金融机构借贷的需求较为强烈，有一半以上的农户愿意从正规金融机构获得贷款。方差分析显示，户主性别、外出务工经历、农户家庭劳动力平均年龄、农户主要收入来源、农户到最近正规金融机构所需时间以及农户所在地附近是否有民间借贷组织六个变量的各特征分组农户之间在现有利率下是否愿意从银行借贷的差异显著，其他变量的各分组农户对在现有利率下是否愿意从银行借贷的差异不显著。这为今后细致划分农户金融需求市场进而引导农户借贷行为提供了依据。

基于不同借贷用途的正规金融机构贷款，农户能接受的最高利率的分析中，农户收入水平、主要收入来源及主要生活支出类型对基于不同目的借贷农户能接受的最高利率的显著影响具有一定的普遍性，其他各特征变量对不同目的贷款农户能接受的最高利率的影响效果则不尽相同。这不仅能为金融机构合理地开发不同金融产品提供依据，同时也让我们认识到，农户资金需求的满足不能仅仅寄托于农村金融市场的完善，应将教育、医疗等非生产投资性的资金需求纳入农村社会保障体系之中，通过多种渠道共同保障农户基本的社会福利和生活水平。

第七章 非正规金融市场中
农户融资路径比较实证分析

第六章比较分析了正规金融市场中农户融资路径的选择问题，作为农村金融市场上具有重要补充意义的非正规农村金融市场，在促进农村经济社会发展中发挥着不容忽视的重要作用。本章将以调查中农户参与非正规农村金融市场借贷的实际案例为基础，比较分析农户对非正规农村金融市场的认知和选择、非正规农村金融市场的借贷路径、交易成本等问题，探究不同特征农户在非正规农村金融市场上融资路径的特点及差异性，以期为进一步规范和完善农村非正规金融市场，促进农村金融市场健康发展提供参考。

7.1 农户对非正规金融供给主体的参与

下面分别从农村非正规金融市场的构成、农户对非正规农村金融市场的参与及原因解释等方面比较分析农户对非正规金融市场的认知问题。

7.1.1 非正规金融市场的构成

麦金农（1973）通过对发展中国家普遍存在的非正规金融市场的关注和研究，提出"二元"金融结构概念后，又有许多经济学家从不同视角对非正规金融市场的特征进行了描述，但对其概念及研究范畴的界定尚属于较为困难的事情（Jian，1999）。一般来讲，非正规金融市场（Informal Financial Market）是指除了银行、证券市场等现代金融市场以外的传统的金融机构和金融市场，其主要表现形式有高利贷、当铺、私人钱庄等。从交易方式的角度，按照交易中是否有金融机构作为借贷双方的交易中介，非正规金融可以分为非正规直接金融市场和非正规间接金融市场（王劲松，2004）。非正规直接金融市场的主要表现形式有个人（亲朋好友）或企业之间的偶然性借贷、专业的放贷人（Moneylenders）、轮流储蓄和贷款协会（如合会）等；非正规间接金融市场的主要表现形式有私人钱庄、私人银

166

行、资金互助组织、合作金融组织等。农户在农村非正规金融市场中的交易活动主要包括农户之间、农户与亲朋好友之间以及农户与当地的非正规金融组织之间的借贷。

7.1.2　农户对非正规金融市场的参与

第三章中农户附近是否有非正规金融组织的调查中了解到，陕西省非正规农村金融市场中存在着非正规直接金融市场和非正规间接金融市场并存的现象。非正规直接金融市场上农户对借贷主体的选择以亲朋好友间的私人借贷为主，从高利贷和私人放贷人那里借款的农户所占比例较低。农户急需用钱时对私人借款的选择上，有 268 户农户会选择向亲戚、朋友或熟人借款，占回答该问题农户总数的95.4%，会选择向生意伙伴、高利贷者和私人放贷人借款的农户所占比例不高。农户从非正规间接金融市场借款的比例很低（见表7-1）。

表7-1　　　　　　　　农户对非正规金融供给主体的选择

农户对非正规金融供给主体的选择	户数（户）	所占比例（%）
亲戚	268	95.4
朋友或熟人	268	95.4
生意伙伴	10	3.6
高利贷	1	0.4
私人放贷者	2	0.7
其他	3	1.1

数据来源：调查数据整理。

7.1.3　农户选择非正规金融供给主体的原因解释

基于对不同借贷主体的选择，农户主要从借款的便利程度、利率、借款的可获得性及借款额度的满足程度等方面综合考虑。农户选择私人借款原因的调查中，共有 277 户农户回答了该问题，其中，因为急用而选择私人借款的农户占受访农户总数的87.7%；因为借款手续简单且容易而选择私人借款的农户占受访农户总数的37.2%；认为私人借款期限灵活的农户有 99 户，占受访农户总数的35.7%；另有 73 户农户认为私人借贷利率较低，占受访农户总数的26.4%。农户选择向非正规金融机构借款的原因统计中，仅有8户农户向民间借贷组织借过款，其主要原因是民间借贷组织借款手续方便、不需要抵押或担保以及在银行和农村信用合作社贷不到款等。由此可见，农户选择私人借贷的理由主要有：急用（快捷）、手续简单方便、期限灵活、利率合适等；而选择非正规借贷组织则是基于手续的方便快捷和贷款的可获得性等（见表7-2）。

表7-2 农户选择非正规借贷主体的原因

借贷主体的选择	原因	户数（户）	所占比例（%）
向私人借款的原因	利率	73	26.4
	贷款手续简单容易获得贷款	103	37.2
	期限灵活	99	35.7
	急用，快捷	243	87.7
	合计	277	100.0
向民间借贷组织借款的原因	手续方便	4	50.0
	不需要抵押担保	4	50.0
	借款额度符合需要	0	0.0
	借款期限满足需要	0	0.0
	还款制约小	0	0.0
	银行、信用社距离远，不方便	0	0.0
	在银行、信用社贷不到款	4	50.0
	从银行、信用社得到的贷款不足	0	0.0
	其他	3	37.5
	合计	8	100.0

数据来源：调查数据整理。

7.2 借贷频率

农户的借款频率及借贷成功与否既可以反映农户借贷需求的频繁程度，同时也可以在一定程度上反映出农户借款的可获得性。对受访农户2007—2009年间所有借款经历（包括成功借款和不成功的借款经历）的调查统计结果显示，过去三年间农户的借贷频率较高，286户受访农户中，共有借款记录358次（笔），户均借贷次数1.3笔且有1~2笔借贷经历的农户所占比例较多。调查显示，农户私人借款的可获得性较高，借款成功率达96.6%，其中成功的私人借贷有339笔，失败的私人借贷记录为19

笔，分别占借贷总笔数的 94.7% 和 5.3%。在所有农户中，农户成功借款经历的最高频率为 6 笔，失败借款经历的最高频率为 2 笔。110 户农户没有私人借款经历，占受访农户总数的 38.5%。仅有 1 次成功借贷经历的农户占受访农户总数的 29.0%；仅有 2 次成功借款经历的农户占受访农户总数的 15.7%，有 3 次以上成功借款经历的农户占受访农户总数的 16.8%。在有失败借款经历的农户统计中，仅有 6.3% 的农户有失败的借款经历（其中 5.9% 的农户仅有一次失败借款经历，有两次失败借款经历的农户所占比例仅为 0.4%）（见表 7－3）。

表 7－3　　　　　　2007—2009 年间农户私人借贷经历统计

借贷频率	成功经历		借贷频率	失败经历	
	户数（户）	所占比例（%）		户数（户）	所占比例（%）
0 次	110	38.5	0 次	268	93.7
仅 1 次	83	29.0	仅 1 次	17	5.9
仅 2 次	45	15.7	仅 2 次	1	0.4
3 次以上	48	16.8	3 次以上	0	0.00
合计	286	100.00	合计	286	100.00

数据来源：调查数据整理。

下面分别运用一般统计分析和方差分析比较不同特征农户向非正规借贷主体借款经历的差异性问题。

7.2.1　一般统计分析

7.2.1.1　户主特征

户主年龄与其借贷频率的变化呈现一定的规律性，2007—2009 年间有成功借贷经历的农户，借贷频率以 1～2 次所占比重较大，借贷频率为 3 次以上的农户所占比重较少。从户主年龄的角度分析，随着户主年龄的增加，没有借贷经历的农户在各农户组所占比重呈现"V"形变动趋势。户主年龄大于 60 岁的农户组中没有借贷经历的农户所占比重最高；户主年龄在 25～60 岁的农户组中，3 年间成功借贷次数为 1～2 次和 3 次以上的农户所占比例均随户主年龄的增加不断增大，而户主年龄为 60 岁以上且有 3 次以上成功借贷经历的农户所占比例最低。户主性别与其借贷经历的比较发现，户主为女性的农户组中有 0～2 次成功借贷经历的农户所占比重均高于户主为男性的农户组，但户主为男性的农户组中3次以上成功借贷经历的农户在该组所占比重高于户主为女性的农户组。户主受教育水平不同的各农户组借贷经历差异较大。户主受教育水平为大专以上的农户组中没有借贷经历和成功借贷经历为3次以上的农户所占比例明显高于其他农户组；户主受教育水平为小学和高中的农户组中有1~2次借贷经历的农户所占比例明显高于其他农户组。户主有外出务工经历的农户组中成功借贷经历为0次的农户所占比例高于户主没有外出务工经历的农户组，而有1~3次成功借贷经历的农户所占比例却低于户主没有外出务工经历的农户组（见图7-1）。

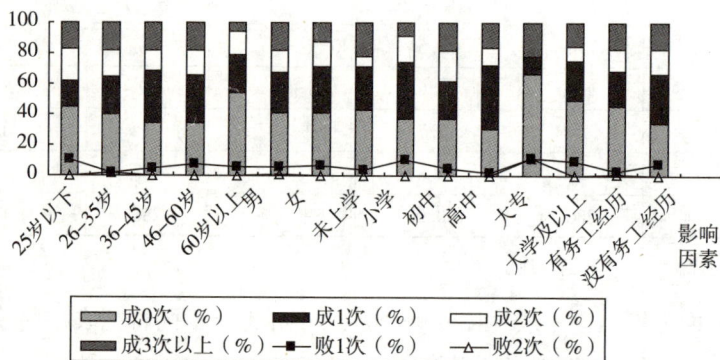

数据来源：调查数据整理。

图7-1　户主特征与农户借贷经历

7.2.1.2　家庭特征

随着农户家庭常住人口的增加，没有借贷经历的农户在各组中所占比重逐渐降低，有1次和2次以上成功借贷经历的农户在各组中所占比重不断增加。农户劳动力平均年龄的分组比较显示，劳动力平均年龄大于60岁的农户组中没有借贷经历的农户所占比重最高，劳动力平均年龄为51~60岁的农户组中有1次成功借贷经历的农户所占比重最高；劳动力平均年龄为41~50岁的农户组中有2次成功借贷经历的农户所占比重最高；劳动力平均年龄为31~40岁的农户组中有3次成功借贷经历的农户所占比重高于其他农户组。有失败借贷经历的农户在各组中所占比重均较低（见图7-2）。

在该类型样本中
所占比重（%）

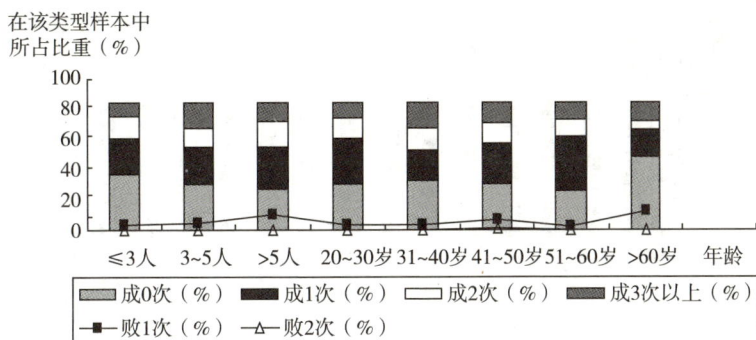

图例：
□ 成0次（%）　■ 成1次（%）　□ 成2次（%）　■ 成3次以上（%）
■ 败1次（%）　△ 败2次（%）

数据来源：调查数据整理。

图 7 – 2　家庭特征与农户借贷经历

7.2.1.3　生产经营特征

农户的土地面积与其借贷经历的比较发现，随着农户土地面积的增加，没有借贷经历的农户在各组中所占比重呈现先上升再下降的趋势，其中土地面积为 0～1 亩的农户组中没有借贷经历的农户占该组农户总数的 46.2%；土地面积大于 10 亩的农户组中有 1 次和 2 次成功借贷经历的农户所占比重分别为 55.0% 和 20.0%，均高于其他农户组；土地面积为 0 亩的农户组中有 3 次以上成功借贷经历的农户所占比重高于其他农户组。务农人数为 0 人的农户组中，有 0 次成功借贷经历的农户所占比例为 46.2%，高于其他农户组；务农人数大于 4 人的农户组中有 1 次和 2 次借贷经历的农户所占比重分别为 40.0% 和 20.0%，均高于其他农户组；务农人数为 3～4 人的农户组中有 3 次以上借贷经历的农户所占比重高于其他农户组。有外出务工劳动力的农户家庭中，外出务工人数大于 4 人的农户组中成功借贷经历分别为 0 次和 1 次的农户所占比例分别为 50.0% 和 50.0%，均高于其他农户组；外出务工人数为 1～2 人的农户组中成功借贷经历为 2 次和外出务工人数为 3～4 人的农户组中成功借贷经历为 3 次以上的农户在各组所占比例分别为 17.7% 和 17.0%，分别高于其他农户组。有失败借贷经历的农户在各组中所占比重均较低（见图 7 –3）。

7.2.1.4　收支水平

随着农户收入水平的提高，没有借贷经历的农户在各收入农户组中所占比例不断增加。收入水平为 10 万元以上的农户组中，没有借贷经历的农户所占比重达 75%，高于其他农户组；收入水平为 5 000～10 000 元的农

在该类型样本中
所占比重（%）

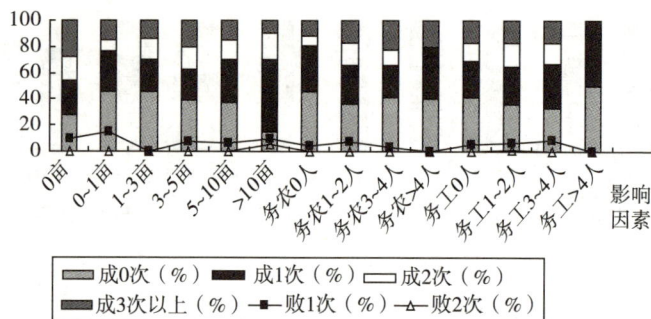

数据来源：调查数据整理。

图7-3 生产经营特征与农户借贷经历

户组中，有1次成功借贷经历的农户所占比重为40.9%，高于其他农户组；收入水平为1万~2万元的农户组中，有2次成功借贷经历的农户所占比重高于其他农户组；收入水平低于10万的农户组中，有3次以上成功借贷经历的农户在各组所占比重差别不大。主要收入来源为农业收入的农户组中，有0次、1~2次成功借贷经历的农户所占比重均高于主要收入来源为非农业收入的农户组，而成功借贷经历为3次以上的农户所占比例则低于主要收入来源为非农业收入的农户组。主要生活支出类型为日常生活支出的农户组中有0次成功借贷经历的农户所占比重高于其他农户组；有1次成功借贷经历的农户在不同支出类型的农户组中所占比重差异不大；主要生活支出类型为日常生活支出的农户组中有2次以上成功借贷经历的农户所占比重低于主要生活支出类型为教育支出和医疗支出的农户组。由此可见，教育和医疗费用支出较高的农户组其借贷的比例也较高。主要经营投资类型为私营的农户组中有0次和1次借贷经历的农户所占比重高于主要经营投资为农业的农户组，而主要经营投资类型为农业的农户组中有2次以上借贷经历的农户所占比重则高于其他农户组。有失败借贷经历的农户在各组中所占比重均较低（见图7-4）。

7.2.1.5 农村金融供给市场特征

到最近正规金融机构所需时间不同的农户组与农户借贷需求频率之间存在一定的差异性。到最近的正规金融机构所需时间为0~30分钟的农户组中有0次和2次借贷经历的比例明显低于到最近的正规金融机构所需时

在该类型样本中所
占比重（%）

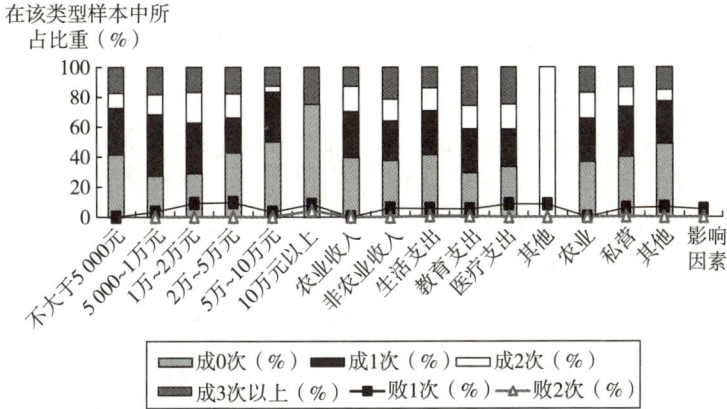

数据来源：调查数据整理。

图7－4　收支情况与农户借贷经历

间更长的农户组；而有1次和3次以上成功借贷经历的农户所占比重则高
于到最近的正规金融机构所需时间更长的农户组。民间借贷组织的存在与
否与各农户组之间农户借贷经历的差别不大（见图7－5）。

在该类型样本中所占
比重（%）

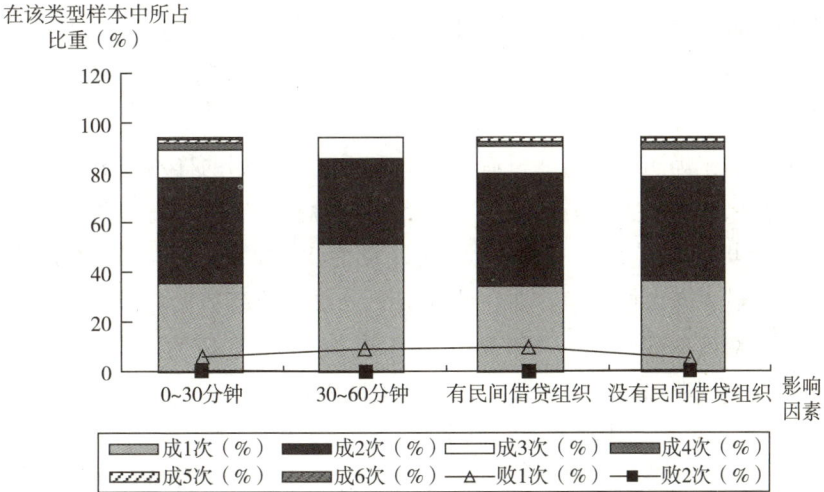

数据来源：调查数据整理。

图7－5　农村金融市场特征与农户借贷经历

173

7.2.2 方差分析

7.2.2.1 户主特征

户主年龄的分组变量有五个，可以采用单因素方差分析比较不同特征组的农户向私人借贷次数差异的显著水平。样本 Bartlett 方差齐次性检验在当前自由度下对应的 P 值为 0.864，远大于 0.05，通过了齐次性检验，无效假设 H_0 检验对应的 P 值大于 0.05，可以认为不同特征组的农户向私人借贷次数之间差异不显著。

户主性别特征的分组变量有两个，采用两组数据的样本 T 检验。首先进行户主性别特征不同的农户组向私人借贷次数的方差齐次性检验，然后进行 T 检验。在方差齐次性分析中，户主性别特征不同的农户组向私人借贷次数的齐次性检验的 F 统计量为 1.107，P 值为 0.552，大于 0.05，通过了齐次性检验。而在此前提下分析的两组数据均值是否相等的检验中，对应的 T 值为 −1.784，自由度为 284，P 值大于 0.05，说明两农户组向私人借贷次数之间差异不显著。

户主受教育水平的分组变量有六个，可以采用单因素方差分析比较不同特征农户组向私人借贷次数差异的显著水平。样本 Bartlett 方差齐次性检验在当前自由度下对应的 P 值为 0.756，远大于 0.05，通过了齐次性检验，无效假设 H_0 检验对应的 P 值大于 0.05，可以认为不同特征农户组向私人借贷次数之间差异不显著。

外出务工经历的分组变量有两个，采用两组数据的样本 T 检验。首先进行两组农户向私人借贷次数的方差齐次性检验，然后进行 T 检验。方差齐次性分析中，齐次性检验的 F 统计量为 1.112，P 值为 0.530，大于 0.05，通过了齐次性检验。而在此前提下分析的两组数据均值是否相等的检验中，对应的 T 值为 −15.791，自由度为 284，P 值为 0.000，远小于 0.05，说明两农户组向私人借贷次数均值间差异极显著。

7.2.2.2 家庭特征

常住人口的分组变量有三个，可以采用单因素方差分析比较农户家庭常住人口特征不同的各农户组向私人借贷次数差异的显著水平。样本 Bartlett 方差齐次性检验 P 值为 0.583，大于 0.05，通过了齐次性检验。无效假设 H_0 检验对应的 P 值大于 0.05，可以认为不同特征农户组向私人借贷次数之间的差异不显著。

　　劳动力平均年龄的分组变量有五个，采用单因素方差分析比较劳动力平均年龄特征不同的各农户组向私人借贷次数之间差异的显著水平。样本 Bartlett 方差齐次性检验 P 值为 0.787，大于 0.05，通过了方差齐次性检验。无效假设 H_0 检验对应的 P 值大于 0.05，可以认为不同组农户向私人借贷次数之间的差异不显著。

7.2.2.3　生产经营特征

　　农户土地面积的分组变量有五个，采用单因素方差分析比较土地面积特征不同的各农户组向私人借贷次数之间差异的显著水平。样本 Bartlett 方差齐次性检验 P 值为 0.741，大于 0.05，通过了方差齐次性检验。无效假设 H_0 检验对应的 P 值大于 0.05，可以认为不同组农户向私人借贷次数之间差异不显著。

　　农户家庭中农业生产人数的分组变量有四个，采用单因素方差分析比较农业生产人数特征不同的各农户组向私人借贷次数之间差异的显著水平。样本 Bartlett 方差齐次性检验 P 值为 0.698，大于 0.05，通过了方差齐次性检验。无效假设 H_0 检验对应的 P 值大于 0.05，可以认为不同组农户向私人借贷次数之间差异不显著。

　　农户家庭中外出务工人数的分组变量有四个，采用单因素方差分析比较外出务工人数特征不同的各农户组向私人借贷次数之间差异的显著水平。样本 Bartlett 方差齐次性检验 P 值为 0.937，大于 0.05，通过了方差齐次性检验。无效假设 H_0 检验对应的 P 值大于 0.05，可以认为不同组农户向私人借贷的次数之间差异不显著。

7.2.2.4　收支水平

　　农户收入水平的分组变量有六个，采用单因素方差分析比较收入特征不同的各农户组向私人借贷次数之间差异的显著水平。样本 Bartlett 方差齐次性检验 P 值为 0.995，大于 0.05，通过了方差齐次性检验。无效假设 H_0 检验对应的 P 值大于 0.05，可以认为不同组农户向私人借贷的次数之间差异不显著。

　　农户主要收入来源的分组变量有两个，采用两组数据的样本 T 检验。在方差齐次性检验中，齐次性检验的 F 统计量为 0.795，在当前的自由度下 P 值为 0.181，大于 0.05，说明具备方差齐次性。在均值检验中，对应的 T 值为 –14.627，自由度为 276，P 值为 0.0000，远小于 0.05，说明两组农户向私人借贷的次数之间差异极显著。

农户家庭中主要生活支出类型的分组变量有四个，采用单因素方差分析比较主要生活支出类型特征不同的各农户组向私人借贷次数之间差异的显著水平。样本 Bartlett 方差齐次性检验 P 值为 0.664，大于 0.05，通过了方差齐次性检验。无效假设 H_0 检验对应的 P 值大于 0.05，可以认为不同组农户向私人借贷的次数之间差异不显著。

农户家庭中主要经营投资类型的分组变量有三个，采用单因素方差分析比较主要生活支出类型不同的各农户组向私人借贷次数之间差异的显著水平。样本 Bartlett 方差齐次性检验在当前自由度下对应的 P 值为 0.0406，小于 0.05，说明不具备齐次性。因此采用 Kruskal and Wallis 方法对各组中位数进行检验。检验对应的 P 值为 0.343，大于 0.05，说明不同组农户向私人借贷的次数之间差异不显著。

7.2.2.5 农户所在地农村金融市场特征

农户到最近的正规金融机构所需时间的分组变量有两个，不能使用单因素方差分析，而是采用两组数据的样本 T 检验。在方差齐次性检验中，齐次性检验的 F 统计量为 1.091，在当前的自由度下 P 值为 0.964，大于 0.05，说明具备方差齐次性。两组数据的均值分析结果表明，对应的 T 值为 12.529，P 值为 0.0000，远小于 0.05，说明两组农户向私人借贷的次数之间差异极显著。

农户所在地附近是否有民间借贷组织的分组变量有两个，采用两组数据的样本 T 检验。在方差齐次性检验中，不同组农户向私人借贷次数的齐次性检验 F 统计量为 1.045，在当前的自由度下 P 值为 0.804，大于 0.05，说明具备方差齐次性。对各组数据的均值分析结果显示，对应的 T 值为 4.481，P 值为 0.0000，远小于 0.05，说明两组农户向私人借贷的次数之间差异极显著。

综合以上分析，户主的外出务工经历、农户家庭主要收入来源、农户所在地到最近的正规金融机构所需时间以及农户所在地附近是否有民间借贷组织四个变量的分组农户向私人借贷的次数之间差异显著。

表 7 −4　　　　2007—2009 年间不同特征农户向私人借贷经历统计

农户特征			户数（户）	成功经历（%）				失败经历（%）		显著水平
				0 次	1 次	2 次	3 次以上	1 次	2 次	
户主特征	年龄（岁）	25 岁以下	29	44.83	17.24	20.69	17.24	10.34	0.00	不显著
		26~35 岁	45	40.00	24.44	17.78	17.78	2.22	2.22	
		36~45 岁	82	34.15	34.15	13.41	18.29	4.88	0.00	
		46~60 岁	97	34.02	31.96	15.46	18.56	7.22	0.00	
		60 岁以上	33	54.55	24.24	15.15	6.06	6.06	0.00	
	性别	男	158	40.51	27.22	13.92	18.35	5.70	0.63	不显著
		女	128	49.20	37.10	20.10	21.50	6.25	0.00	
	受教育水平	未上学	28	42.86	28.57	7.14	21.43	3.57	0.00	不显著
		小学	46	36.96	36.96	17.39	8.70	10.87	0.00	
		初中	140	37.14	24.29	20.00	18.57	5.00	0.00	
		高中	43	30.23	41.86	11.63	16.28	2.33	0.00	
		大专	9	66.67	11.11	0.00	22.22	11.11	11.11	
		大学及以上	20	50.00	25.00	10.00	15.00	10.00	0.00	
	外出务工经历	有	107	45.79	22.43	14.95	16.82	2.80	0.93	显著
		没有	179	34.08	32.96	16.20	16.76	7.82	0.00	
家庭特征	常住人口	≤3	90	44.44	27.78	16.67	11.11	4.44	0.00	不显著
		3~5	162	36.42	29.01	14.20	20.37	5.56	0.62	
		>5	34	32.35	32.35	20.59	14.71	11.76	0.00	
	劳动力平均年龄	20~30 岁	25	36.00	36.00	16.00	12.00	4.00	0.00	不显著
		31~40 岁	132	39.10	24.06	17.29	19.19	4.55	0.00	
		40~50 岁	81	36.25	31.25	16.25	16.25	8.64	1.23	
		51~60 岁	30	30.00	43.33	13.33	13.33	3.33	0.00	
		>60 岁	14	57.14	21.43	7.14	14.29	14.29	0.00	
		缺失值	4							

续表

农户特征			户数（户）	成功经历（%）				失败经历（%）		显著水平
				0次	1次	2次	3次以上	1次	2次	
生产经营特征	土地面积（亩）	0	22	27.27	27.27	18.18	27.27	9.09	0.00	不显著
		0~1	13	46.15	30.77	7.69	15.38	15.38	0.00	
		1~3	66	45.45	24.24	16.67	13.64	0.00	0.00	
		3~5	68	39.71	23.53	16.18	20.59	7.35	0.00	
		5~10	93	37.63	32.26	15.05	15.05	6.45	0.00	
		>10	20	15.00	55.00	20.00	10.00	10.00	5.00	
		缺失值	4							
	农业生产人数	0	25	46.15	34.62	7.69	11.54	4.00	0.00	不显著
		1~2	201	36.50	29.50	17.50	16.50	6.97	0.50	
		3~4	55	41.82	23.64	12.73	21.82	3.64	0.00	
		>4	5	40.00	40.00	20.00	0.00	0.00	0.00	
	外出务工人数	0	118	41.53	27.97	13.56	16.95	5.08	0.00	不显著
		1~2	153	35.95	29.41	17.65	16.99	6.54	0.65	
		3~4	12	33.33	33.33	16.67	16.67	8.33	0.00	
		>4	2	50.00	50.00	0.00	0.00	0.00	0.00	
		缺失值	1							
收支水平	总收入	不大于5 000元	29	41.38	31.03	10.34	17.24	3.45	0.00	不显著
		5 000~1万元	22	27.27	40.91	13.64	18.18	9.09	0.00	
		1万~2万元	83	28.92	33.73	20.48	16.87	9.64	0.00	
		2万~5万元	124	42.74	23.39	16.13	17.74	3.23	0.00	
		5万~10万	24	50.00	33.33	4.17	12.50	8.33	4.17	
		10万以上	4	75.00	0.00	25.00	0.00	0.00	0.00	
	收入主要来源	农业收入	134	39.55	30.60	17.16	12.69	5.97	0.00	显著
		非农业收入	144	37.50	26.39	14.58	21.53	5.56	0.69	
		缺失值	8							
	主要生活支出类型	生活支出	215	41.40	29.30	15.35	13.95	5.12	0.47	不显著
		教育支出	58	29.31	29.31	15.52	25.86	8.62	0.00	
		医疗支出	12	33.33	25.00	16.67	25.00	8.33	0.00	
		其他	1	0.00	0.00	100.00	0.00	0.00	0.00	
	主要经营投资类型	农业	232	36.64	28.88	17.24	17.24	6.03	0.43	不显著
		私营	15	40.00	33.33	13.33	13.33	6.67	0.00	
		其他	39	48.72	28.21	7.69	15.38	5.13	0.00	

续表

农户特征		户数（户）	成功经历（%）				失败经历（%）		显著水平
			0 次	1 次	2 次	3 次以上	1 次	2 次	
农村金融市场环境特征	到最近的金融机构时间	0～30 分	269	37.92	29.74	15.24	17.1	5.95	0.37	显著
		30～60 分	11	54.55	18.18	18.18	9.09	9.09	0.00	
		>60 分	0							
		缺失值	6							
	是否有民间借贷组织	有	52	36.54	28.85	19.23	15.38	9.62	0.00	显著
		没有	232	38.79	29.31	15.09	16.81	5.17	0.43	
		缺失值	2							

数据来源：调查数据整理。

7.3　借贷额度

非正规金融市场农户向私人借贷额度的统计发现，近半数私人借贷的平均额度为 0～30 000 元，农户对 30 000 元以上较高额度的借贷需求比例不高（见表 7-5）。2007—2009 年间，农户从非正规金融市场获得的单笔借款最低额度为 300 元，最高额度为 200 000 元，平均每笔借款 12 263 元。在有借款经历的农户中，平均借款额度为 5 000 元以下的农户所占比重最高，达受访农户总数的 32.5%，平均每次借款额度为 5 000～10 000 元、10 000～30 000 元和 30 000 元以上的农户分别占受访农户总数的 14.7%、11.5% 和 2.8%。因此，在农村信贷产品的设计中，不仅要有针对少数农业生产经营大户的大额信贷产品，也要根据农户信贷需求的特点，有针对性地开展各种小额信贷产品，以适应农户的实际借贷需求。

表 7-5　　农户从非正规金融市场借款的平均额度统计　单位：户（%）

平均借款额度	成功借款经历	失败借款经历
0 元	110（38.5）	268（93.7）
0～5 000 元	93（32.5）	9（3.2）
5 000～10 000 元	42（14.7）	4（1.4）
1 万～3 万元	33（11.5）	3（1.1）
3 万元以上	8（2.8）	2（0.7）
合计	286（100.0）	286（100.0）

数据来源：调查数据整理。

7.4 交易费用

交易费用理论从 20 世纪 70 年代开始广为传播以来，到目前为止，尚未对其概念、分类及度量等形成一个统一的观点和共识。按照科斯对交易成本的界定，可以将交易成本分为信息搜寻成本、谈判成本、缔约成本、监督履约情况的成本以及可能发生的处理违约行为的成本等。威廉姆森（Williamson，1975）将交易成本区分为搜寻成本、信息成本、议价成本、决策成本、监督交易进行的成本和违约成本等。然而学术界一般认可交易费用可分为广义交易费用和狭义交易费用两种。广义交易费用是指为了达成交易所需要的有形及无形的成本。狭义交易费用是指市场交易费用即外生交易费用，包括：搜索费、谈判费和履约费。依据以上关于交易费用的界定，具体到农户借贷的交易成本来讲，也应有广义交易费用和狭义交易费用之分，然而在实际的考察中，两种类型交易费用的具体指标及各指标数值的获取和测度存在一定的困难和障碍。在此，本书从狭义交易费用的视角，结合测量指标的可获得性，从以下角度尝试探讨农户借贷的交易费用问题，农户从正规金融市场借贷的直接交易费用可通过利率进行衡量，而农户从非正规金融市场借贷的交易费用，特别是农户的无息借贷，其交易费用的考量则主要涉及借贷需要的时间、金钱等。

7.4.1 直接交易费用

在私人借款中，农户的借贷主要涉及农户向亲戚朋友、私人放贷人和高利贷者等非正规金融供给主体的借贷，其中亲戚朋友之间的借款较为频繁和普遍，且基本上不计利息，以无息借款为主；私人放贷人以有息借款为主，利率一般低于高利贷；高利贷借款基本上都是有息借款，且利息较高。受访农户向私人借款的最低利率为 0，最高利率为 5%，向私人借款的农户中有 276 户（占总数的 98.2%）农户的借款利息为 0，仅有 5 户（占总数的 1.8%）农户向私人借款时计算利息，利率均在 5% 以下。通过私人放贷人获得借款的农户共有 43 户，其中最低利率为 0，最高利率为 30%，有 11 户农户的借款利率在 5%~10% 之间，占向私人放贷人借款农户总数的 25.6%；另外分别有 23 户和 2 户农户的借款利率分别在 10%~20% 和 20%~30% 之间，分别占向私人放贷人借款农户总数的 53.5% 和 4.7%。

通过高利贷获得借款的农户共有 50 户，其中最低利率为 7.5%，最高利率为 50%，利率在 5%~10%、10%~20% 和 20%~30% 之间的农户分别有 5 户、11 户和 3 户，分别占向高利贷借款农户总数的 23.8%、52.4% 和 14.3%，另外还有 2 户农户向高利贷借款利率为 50%，占向高利贷借款农户总数的 9.5%（见表 7-6）。

表 7-6　　　　　　农户向私人借贷利率的比较　　　　单位：户（%）

向私人借款的利率（年利率）	亲戚朋友	私人放贷人	高利贷
0	276（98.2）	4（9.3）	0（0.0）
0~5	5（1.8）	0（0.0）	0（0.0）
5~10	0（0.0）	11（25.6）	5（23.5）
10~20	0（0.0）	23（53.5）	11（52.4）
20~30	0（0.0）	2（4.7）	3（14.3）
30~40	0（0.0）	0（0.0）	0（0.0）
40~50	0（0.0）	0（0.0）	2（9.5）
>50	0（0.0）	0（0.0）	0（0.0）
单笔最低利率	0	0	7.5
单笔最高利率	5	30	50
总户数	281	43	21

数据来源：调查数据整理。

7.4.2　间接交易费用

7.4.2.1　时间

在农户向私人借款的成功借款案例中，共统计到了 310 笔借款过程中农户为获得借款所花费的时间信息，为了获得借款农户往返于农户所在地和借款供给方之间的奔波次数最少为 0 次，最多 10 次，平均每笔借款需要奔波 1.5 趟。为获得借款跑了一趟的成功借款最多，达 205 笔，占成功借款总笔数的 66.1%，跑了 2 趟、3 趟、4 趟、5 趟和 6 趟以上的成功借款分别有 55 笔、23 笔、11 笔、5 笔和 2 笔，分别占成功借款总笔数的 17.7%、7.4%、3.5%、1.6% 和 0.6%。由此可见，少数的成功借款不需要农户奔波，六成以上的成功借款仅需要农户奔波一趟即可（见表 7-7）。

表7-7 农户向私人借款时花费的交易时间统计

平均为每笔借款奔波的次数（次）	借款笔数（笔）	所占比例（％）	平均每次花费时间（小时）	借款笔数（笔）	所占比例（％）
0	9	2.9	0	19	6.1
1	205	66.1	0~0.5	78	25.2
2	55	17.7	0.5~1	99	32
3	23	7.4	1~2	54	17.5
4	11	3.5	2~3	21	6.8
5	5	1.6	3~4	16	5.2
≥6	2	0.6	>4	22	7.1
合计	310	100	合计	309	100

数据来源：调查数据整理。

农户成功借款的案例中关于平均每趟借款所需时间的统计显示，统计到的309笔借款关于每趟奔波所需时间的信息中，最短时间为0，最长时间为30小时，平均每趟借款需要花费时间为1.7小时。没有花费时间的借款共有19笔，占统计到的借款总笔数的6.1％；每趟借款花费时间为0~0.5小时、0.5~1小时、1~2小时、2~3小时、3~4小时、4小时以上的借款分别有78笔、99笔、54笔、21笔、16笔和22笔，分别占成功借款总笔数的25.2％、32.0％、17.5％、6.8％、5.2％和7.1％。

7.4.2.2 其他费用

除利率外，较为常见的资金费用有交通费用和为实现借贷而花费的礼品等寻租性费用。成功借款的案例对每笔借款共花费了多少交通费用的统计中，共统计到了284笔成功借款的交通费用信息，其中最低交通费用为0元，最高交通费用为500元，平均每笔借款的交通费用成本为6.6元。交通费用为0元的借款共有197笔，占统计到的成功借款总笔数的69.4％，交通费用分别为0~10元、10~20元、20~30元、30~40元、40~50元和50元以上的借款分别有43笔、25笔、8笔、3笔、5笔和3笔，分别占统计到的成功借款总笔数的15.1％、8.8％、2.8％、1.1％、1.8％和1.1％。

在对每笔借款的其他花费（如为了获得借款而进行的请客送礼等费用）的统计中，共统计到了285笔借款的其他花费信息，其中最小花费为0元，最大花费为700元，平均每笔借款用于请客送礼方面的花费为21.2

元。请客送礼等额外花费为 0 元的借款共有 221 笔，占借款总笔数的 77.5%；在有额外花费的借款中，额外花费额度分别为 0 ~ 10 元、10 ~ 20 元、20 ~ 30 元、30 ~ 40 元、40 ~ 50 元、50 ~ 100 元、100 ~ 200 元、200 ~ 300 元和大于 300 元的借款分别有 6 笔、8 笔、6 笔、6 笔、11 笔、15 笔、7 笔、3 笔和 2 笔，分别占借款总笔数的 2.1%、2.8%、2.1%、2.1%、3.9%、5.3%、2.5%、1.1% 和 0.7%（见表 7 – 8）。

表 7 – 8　　　　　　农户向私人借贷时交通费用及其他费用统计

交通费用 （元）	借款笔数 （笔）	所占比例 （%）	其他费用 （送礼等）（元）	借款笔数 （笔）	所占比例 （%）
0	197	69.4	0	221	77.5
0 ~ 10	43	15.1	0 ~ 10	6	2.1
10 ~ 20	25	8.8	10 ~ 20	8	2.8
20 ~ 30	8	2.8	20 ~ 30	6	2.1
30 ~ 40	3	1.1	30 ~ 40	6	2.1
40 ~ 50	5	1.8	40 ~ 50	11	3.9
>50	3	1.1	50 ~ 100	15	5.3
			100 ~ 200	7	2.5
			200 ~ 300	3	1.1
			>300	2	0.7
合计	284	100	合计	285	100

数据来源：调查数据整理。

7.5　合约的履行

7.5.1　合约方式

对农户借款过程中关于"借贷合约的签订形式"的统计发现，农户向私人借贷以口头约定为主，有正规借款协议的所占比例较少，甚至有的借贷没有任何形式的协议。278 户回答了该问题的农户中，借款过程中签订了借款协议的仅有 49 户，占受访农户总数的 17.6%；通过口头约定方式确定借贷关系的有 183 户，占受访农户总数的 65.8%；没有任何形式的协议或约定的有 50 户，占受访农户总数的 18.0%（见表 7 – 9）。

表 7 - 9 农户向私人借贷时合约的签订方式

合约的签订情况	农户（户）	所占比例（%）
无任何形式	50	18.0
口头约定	183	65.8
借款协议	49	17.6
合计	278	—

数据来源：调查数据整理。

7.5.2 借贷期限

在正规金融市场的借贷中，通常会明确地约定借贷的期限且有相应的约束条件，而农户向私人借贷过程中，借贷期限的问题常常不明确，一般由双方协商确定，且若出现逾期未还现象时，通常会依据借款方的实际情况相应做出适当调整，一般不存在违约约束。回答私人借贷期限约束问题的 274 户农户中有 272 户农户认为民间借款过程中借款期限是根据自己的需要制定的，占回答该问题农户总数的 99.3%；另外有 2 户（占回答该问题农户总数的 0.7%）农户认为借款期限应与农村信用社的期限一致。

7.5.3 担保和抵押

"农户参与民间借款过程中是否有担保或抵押"的调查中，共有 277 户农户回答了该问题，其中有担保和抵押的有 6 户，仅占受访农户总数的 2.2%，其余 271 户农户（占受访农户总数的 97.5%）在参与民间借款时均无担保和抵押。

7.6 偿还情况

私人借贷特别是亲朋好友之间的借贷，不仅对借贷合约、期限、担保和抵押等的约定较为灵活，对借贷款的偿还情况也很少有严格的约束。在民间借贷过程中是否按期归还借款的调查中，共有 273 户农户回答了该问题，其中仅有 92 户农户到期归还了借款，占回答该问题农户总数的 33.7%；有 7 户农户没有如期归还借款，占回答该问题农户总数的 2.6%；另外有 174 户农户直到有钱时才归还借款，占回答该问题农户总数的 63.7%。在"发生不能按时归还借款的情况下，放贷方采取的措施"的调查中，共有 245 户农户回答了该问题，其中分别有 3 户和 67 户农户采取了加息或找人代还的措施，分别占回答该问题农户总数的 1.2% 和 27.3%；仅有 2 户农户采取了法律手段，占回答该问题农户总数的 0.8%；有 161 户农户采取了其他措施（主要是通过与借出方沟通协商，无条件延期的方式），占回答该问题农户总数的 65.7%；另外有 15 户农户认为没有不按时归还借款的情况发生，占回答该问题农户总数的 6.1%（见表 7–10）。

表 7–10　　　　　　农户不能按时归还借款时采取的措施

不能如期归还借款时采取的措施	户数（户）	所占比例（%）
加息	3	1.2
找人代还	67	27.3
采取法律手段	2	0.8
其他措施	161	65.7
无该情况	15	6.1

数据来源：调查数据计算整理。

　　农户与私人特别是亲戚朋友之间"互助"性质的借款，因"亲缘"或"地缘"关系而使借贷手续及程序均较为方便便捷，且借款的可获得性高。由于亲朋之间"信用较高"，故其表现为借贷双方对借款的额度、期限等环节的处理较为"宽容"和"灵活"，当借贷方不能如期偿还贷款时，放贷方一般会等借款方有钱时再偿还。而在这种情况下，农户之间因为借贷产生纠纷的现象也很少。在对农户参与民间借款过程中是否"因为借钱发生过纠纷"的调查中，共有 276 户农户回答了该问题，其中仅有 6 户农户因为借钱发生过纠纷，占受访农户总数的 2.2%，其余 270 户农户（占受访农户总数的 97.8%）在参与民间借款的过程中没有因为借款发生过纠纷。

　　受访农户关于向私人无息借款时"是否会觉得欠了'人情债'"的调查中，共有 249 户农户回答了该问题，其中 163 户农户会因接受无息借款，而对借款人心存感激，继而会通过帮工、送礼品、找其他机会给予帮助等方式作为酬谢，这部分农户占回答该问题农户总数的 65.5%；另外 34.5% 的农户认为私人之间互相帮助比较普遍，不必介意。

7.7　本章小结

　　通过农户对非正规金融市场融资路径的选择特征的分析发现，农户在非正规金融市场的借贷以非正规市场的直接借贷（尤其是亲朋好友间无息借贷）为主，而从高利贷和私人放贷人等非正规金融市场的间接借贷比例较低。农户选择非正规金融借贷的原因主要是借贷手续便捷且可获得性强，同时，私人借贷还具有期限灵活、利率等费用低的优势。农户选择非正规金融借贷组织则是基于手续的方便快捷和贷款的可获得性较高。农户向非正规金融供给主体借贷的频率和借贷的可获得性均较高，借贷额度以3万元以内的小额借贷为主，农户对3万元以上高额度的借贷需求不高。2007—2009 年间户均借贷频率为 1.3 次且有 1～2 笔借贷经历的农户所占比例居多，借贷成功率达 96.6%。借贷中担保抵押及借贷手续的分析发现，农户间彼此信用较高，私人借款手续灵活简单。

非正规金融供给市场对于满足农户的金融需求具有重要意义。以陕西省为代表的欠发达地区的农村金融市场中，农户层面的非正规借贷呈现出频发性和灵活性的特点，且大部分是"互助"性的无息或低息借贷。这种建立在"地缘"、"血缘"和"人缘"基础上并充分发挥内部监督和信用机制的私人借贷行为，在很大程度上降低了信贷的风险。另外，以盈利为目的的高利贷、私人放贷和民间金融组织在欠发达地区并不普遍。

非正规金融供给市场受自身规模、组织形式等制约和限制，其发展和运作自发性较强，管理和控制过程中借贷双方的私人关系、彼此信任和了解程度等主观因素强，加之借贷方式、额度、期限等均体现出较强的灵活性，使得其较正规金融供给市场而言具有一定的优势，但同时其运营及管理上也暴露出缺乏有效的约束和风险控制机制等弱点。因此，针对农村非正规金融市场的发展，应重点判断各类金融供给主体的主要特点及服务功能，依据其特点和模式有区别地采取相应措施。对于"互助性质"的农村金融服务及农户借贷，要积极鼓励，并从风险防控的角度予以引导和规范；对于高利贷、私人放贷以及民间借贷组织，要积极从制度和法律的角度，将他们纳入市场监管范畴，引导其规范健康发展，以更好地发挥其支农扶农功能。

第八章　优化农户借贷行为的政策建议

　　陕西省位于我国西部地区，农户整体生产生活水平较为落后。随着土地、劳动力等生产要素流动性的不断增强，农户专业化、兼业化、非农化现象日益明显，一部分农户通过土地流转等方式逐步成为农业生产经营专业种养户，也有一部分农户兼顾农业和非农业生产，还有一部分农户不再从事农业生产经营活动，转而投入到了非农产业的生产经营之中。不断分化过程中农户的资金需求非常强烈，且呈现出生活消费性资金需求明显高于生产投资性资金需求的特点。在陕西省现有农村金融供给市场上，不同特征农户的借贷需求以及他们对农村金融供给市场、金融供给主体的认知和选择等均呈现出了明显的差异。在此背景下，不考虑市场经济的作用，单方面地要求农村金融市场无条件地满足农户的金融诉求，抑或无视农户借贷需求的共性和个性问题，"一刀切"地实施金融资源配给是既不科学也不现实的。只有兼顾农户的金融需求与金融机构的生存和发展，以农户的金融需求为导向，不断推进农村金融市场的完善和创新，优化农户的借贷行为，方可实现农村金融市场的金融供给与农户金融需求的良性互动，进而促进农户经济社会的协调发展。

8.1　加强资源整合，构建农户金融服务信息平台

　　目前农村金融中存在的一个重要问题就是供需矛盾，农村金融机构的供给总量虽每年都有不同程度的增加，但相对于农户资金需求的增加而言，仍显得杯水车薪。从农户的角度来讲，随着社会经济的发展，农户对生产经营、生活消费等方面金融需求的种类不断增多，额度不断增加，而与此同时农户在金融市场上信息搜索和判断能力则相对有限，对农村金融市场及农村金融市场提供的金融产品认知不足，导致农户主动搜索和利用现有农村金融资源的能力和水平不高。对农村金融机构而言，一方面现有农村金融机构提供的涉农金融产品在总量上不能满足农户的需求，另一方面是所提供的金融产品的种类和额度与农户金融需求的特点不相吻合，导

致农户对农村金融机构的接受和认可程度不高，融资效率低，运行效果不佳。鉴于上述问题，建议应加强资源整合，构建完善的农村金融服务信息平台，以提高农村金融服务的效率和水平。要建设农村金融服务信息平台，需要注意以下几点：

8.1.1 对农村金融服务机构进行分类管理

鼓励各类涉农金融服务机构积极参与农村金融服务信息平台的建设。纳入平台管理的涉农金融服务机构不仅应包括传统概念中涉农金融供给主体，如中国农业银行、农村信用合作社、邮政储蓄银行以及注册在案的村镇银行、农村资金互助合作社等新型农村金融机构，还应包括不断拓展了农户信贷业务的其他商业银行，同时也要将涉农保险公司、担保抵押、风险投资公司等机构纳入金融服务机构的范围。在管理过程中，要根据各机构单位的功能和特点进行分类管理，鼓励各机构积极开展农村金融服务及产品创新和相关产品信息的发布，对各机构的金融服务进行信息发布和分类管理，以加强和提高农户对这些机构的了解和认知。

8.1.2 完善农户信贷需求信息库的建设及管理

加强和完善农户金融需求信息服务平台建设。对存在金融需求的农户进行注册和分类整理，并积极探索统计局、农村信用合作社及愿意纳入该信息平台的各类信息统计部门和金融机构在农户信息方面的资源共享机制。通过将有资金需求的农户特别是专业种养殖户、农业生产经营大户、新兴农民以及各类散户的个体特征、生产经营特征、收支状况等基本信息以及他们的信用记录、金融需求特点（类型、额度、期限）等信息登录入库，便于各类农村金融供给机构在分析潜在目标客户群体时，全面地了解农户的各种需求信息，通过对农户需求进行分类，有针对性地制定合适的农村金融产品，以提高农村金融市场配给效率。

8.1.3 建立和完善农村金融信息咨询中介机构

由于农户的金融需求的类型、额度以及各涉农金融机构的特点、涉农金融产品等信息繁杂多样，因此，对农户而言，充分了解农村金融供给市场各类信息，并从繁杂的信息中筛选出符合自身需求的金融机构和相应的信贷产品并不容易。加之，个体农户对金融机构和金融产品的认知水平和谈判能力都相对有限，使得他们在面对机构健全、管理完善的专业金融机构时，在信息搜索、谈判能力等方面都明显处于弱势地位。因此，需要引入并完善农村金融信贷咨询中介服务制度以帮助农户在纷杂的金融信息中找到适合自己的金融产品。农村金融信贷咨询中介服务需要涉及以下几个方面：第一，通过咨询中介的初步评估和筛选，为各金融机构挑选最适合本部门产品的农户群体，以提高管理效率，有效降低金融风险；第二，帮助农户在复杂的农村金融市场中，筛选出最能满足自身需求的农村金融产品，进而提高农村金融的供给效率；第三，承担针对农户的各种贷款担保、抵押、保险及涉农风险投资等相关信息的咨询和服务工作；第四，信息咨询中介机构同时面对农村金融市场的供给与需求，更容易把握供需矛盾中存在的突出困难和关键问题，可为政策制定者和农村金融的改革和创新提供合理的对策建议，以利于提高农村金融服务效率和农户资金需求满足度。

8.1.4　建设农户金融服务信息互动平台

农户金融服务信息的整合最重要的目的是加强供需双方的了解和认知，因此，应建设并完善农户金融服务信息互动平台，通过网站、传媒、期刊杂志等方式对整合的资源信息进行及时发布。一方面提高和加强农户对各金融服务机构的职能和业务范围的认知，同时通过农户金融需求类型和特点的分类发布，帮助金融服务机构明确市场需求特征；另外，还可以通过互动平台及时发布相关涉农信贷政策及农产品供求市场信息和公告，以增强农村金融供需双方的了解和信息互动。

8.2　建立农户信息分类制度，对农户借贷需求实行分类管理

通过前文对农户借贷需求行为的系列比较分析，发现农户借贷需求特征差异非常明显，总体而言体现为三种类型，其一是文化水平比较低，家庭劳动力不足，生产经营条件差的弱势农户，此类农户借贷需求以维持基本生活消费的借贷需求为主；其二是农业生产户，这包括专业规模种养殖户以及主要的收入来源及经营投资领域仍以农业为主的部分兼业农户，这类农户的资金借贷需求主要是农资、农机具等涉农类的生产投资性借贷需

求；其三是为了发展非农性质的私营项目而存在的借贷需求。上述三类农户对生活消费型借贷需求均占较大比例，但第一类农户的生活消费借贷局限于维持基本的生活消费，而后两类农户的生活消费性借贷则是基于生活条件的改善和生活质量的提高。鉴于不同特征农户金融需求特点的差异性，应建立并完善农户金融需求信息分类制度，对农户的资金需求类型进行分类，帮助相关机构和主体明确选择客户群体，有针对性地实行分类管理。

8.2.1 探索"扶持性"借贷与社会保障的结合机制，缓解弱势群体的基本需求

对于弱势农户用于基本生活的金融需求，要了解和掌握引起其借贷需求的根本原因，将确实困难的弱势农户纳入社会保障体系，帮助其较好地解决教育、医疗等基本生活困难。同时，要鼓励通过政府贴息、相关非营利性质的资金扶持机构给予这类农户"发展启动资金"，帮助农户选择合适的农业生产发展项目，有针对性地提供技能培训，提高他们的生产经营能力、市场竞争力和谈判能力，以帮助他们摆脱生活窘迫的状态。

8.2.2 提高涉农贷款的金融供给，满足农业生产发展需求

对于主要从事农业生产经营的农户，要注重增加相关农村金融产品的供给，满足生产发展型农户的借贷需求。国家、各级地方政府及涉农金融机构要从政策的角度对涉农信贷给予适当的优惠和倾斜，以充分调动中国农业银行、农村信用合作社、邮政储蓄银行、新型农村金融机构以及其他商业银行对涉农信贷供给的积极性，根据涉农信贷需求的特点，提高涉农贷款比例，满足农户用于生产发展的资金需求。

8.2.3 提高非农性商业金融供给，满足非农生产经营需求

随着农户非农化程度的不断提高，一部分农户逐渐退出农业生产经营领域，转而主要从事非农性质的商业生产经营活动。对于这些拥有的土地规模较小，主要的从业类型为非农业生产经营的农户群体，应鼓励各类金融供给机构，通过设立创业投资型信贷产品，对农户的生产经营项目进行充分考察论证，结合借贷主体的信用等级、生产经营管理能力、项目盈利

能力及风险评估等多项因素，在保证风险可控的情况下，提高对农户非农性商业信贷的供给，满足农户从事非农生产经营的资金需求。

8.2.4　探索不同类型的消费信贷供给，满足各类农户改善型消费需求

随着农户生活水平的整体提高，农户对改善型生活消费品的需求也日渐强烈。论文第四章发现，受访农户中55.3%的借贷需求属于生活消费型借贷需求。生活较为困难的农户、农业专业种养户、兼业户、非农农户等，均存在不同层次的消费信贷需求。因此，积极探索和创新针对农户的消费信贷供给模式，满足不同类型农户改善型消费信贷需求，对提高农户信贷需求满足度具有重要作用。

8.3　以优化农户借贷行为为导向，推进农村金融创新

通过对农户融资路径选择的分析，得出农户对正规金融市场借贷有很强的参与积极性，但农户从正规金融市场上获得贷款的比例却比较低，抵押品缺失现象较为普遍。农户对非正规金融市场中私人借贷的选择和参与频率均较高，其主要原因是该种借贷方式具有手续简便、期限灵活、可获得性高等特点，更能满足农户的信贷需求。因此，要提高农户对正规金融市场的参与性和正规金融市场对农户资金需求的满足程度，需要以农户金融需求特点为导向，推进农村金融特别是正规金融机构的体制、结构、业务等方面的改革和创新，调动和提升正规金融市场对农村金融的供给潜能。

8.3.1　积极推进农村金融供给体制的创新

我国农村金融市场上正规农村金融和非正规农村金融并存的现象存在已久，一方面是正规农村金融机构由于管理机制和发展模式的影响，没有很好地发挥其支农扶农的金融功能，反而呈现资金逐渐偏离农村市场的趋势。另一方面，非正规金融市场在满足农户信贷需求，促进农户经济社会发展中发挥了不容忽视的重要作用，其重要性也已得到了国内外学者的广泛认可，但非正规金融在法律层面却因不被认可而长期处于一种非常尴尬的状态。要提高农村金融服务水平和供给效率，在体制创新上，首先要从

法律法规上突破非正规金融不被法律认可的障碍，修改和完善相关法律法规，完善金融机构的市场准入和退出机制，降低农村金融市场准入门槛，在相关法律法规许可的范围内鼓励各种新型农村金融机构的发展，充分发挥其在农村金融信贷中的区位、信息和成本等方面的优势，开展涉农金融服务业务，满足农户金融需求。同时也要加强对各类金融机构业务的监管工作，不断完善各类农村金融机构的退出机制，允许经营管理上不能适应市场需求、绩效不佳、资不抵债的金融机构，通过破产、倒闭的方式，通过市场化的手段有步骤平稳地实现资产的清算、冻结、清理等工作，逐步退出农村金融市场。

8.3.2　积极推进农村金融供给结构的创新

随着农户借贷需求分化现象的日益普遍，农村金融体系结构的调整也势在必行。首先是正规金融体系结构的调整和创新。要通过优惠政策鼓励中国农业银行、农村信用合作社、邮政储蓄银行以及其他商业银行在现有基础上，稳步扩大对涉农信贷特别是农户信贷需求的扶持力度，积极创新符合农户实际需要的农村金融产品；其次，积极鼓励其他商业性金融机构和工商资本进入涉农信贷市场。通过其他商业银行和社会工商资本的介入，依托他们在资本、金融机构、客户管理中完善的管理模式和有效经验，为农村金融市场注入新的活力，有效盘活正规农村金融供给市场；再次，在法律规定许可内，扶持和鼓励符合条件的新型农村金融机构的成立和发展。充分发挥其在信息搜集等方面的优势，提高它们的经营管理水平、服务水平和服务效率；最后，由于农户所拥有的各类生产资本要素如土地使用权等的特殊性，使得农户在借贷过程中抵押品不足的现象较为普遍，按照现有正规金融借贷思路为农户提供金融服务，势必会出现供需不匹配的问题。因此，尝试依据现阶段农户生产发展的特点，创建一个或几个专门针对农村生产基本要素流转的农村金融组织或服务机构，如创新土地、农机具等生产要素流转银行，进而促进农村生产要素的可流动性，激发农村金融市场的活力。

8.3.3　积极推进农村金融供给业务的创新

金融业务的创新是农村金融创新的重要组成部分，也是体制创新和结构创新的重要体现。具体到针对农户借贷需求市场的农村金融业务的创新，就是要以农户借贷需求的特点以及农户生产生活的实际情况为基本出发点，积极探索出既能满足不同特征农户借贷需求又能使金融机构或组织的利益得到充分保证的办法，在有效地防范金融风险的同时，提高金融机构的服务效率和水平。基于此，根据陕西省农户借贷行为呈现出来的主要特征及差异性，应着重从以下几个方面加大农村金融业务创新的力度。

8.3.3.1　搭建第三方信用平台，积极探索农户信用评级共享机制

针对涉农金融中农户信用评级的问题，许多专家学者以及各级政府、金融机构都从不同的方面进行了积极的探索和尝试。可借鉴的做法是对农户进行信用评级，建立农户信用档案并颁发贷款证，以此作为农户借贷时的信用抵押。另外，由于对所有农户进行信用评级工作量大，如果每家金融机构在发放涉农贷款时都对农户开展相应的信用评审，势必会造成工作内容的重复以及资源的严重浪费。因此，应积极探索构建由农户和金融机构均认可的第三方信用服务平台和科学有效的农户信用评级共享机制。由第三方按照三方均认可的信用评级管理办法，承担对农户的信用评级工作，并负责系统跟踪、信息更新及管理。在农户需要贷款时，第三方出具三方均认可的信用评级证明，既是对现有信用评级制度的完善，也提高了资源配置效率，避免了每家金融机构都开展信用评级工作造成的资源浪费，从而可有效降低金融机构的放贷成本。

8.3.3.2　深度挖掘农户现有资产的产权抵押、担保功能

对农户最愿意选择的抵押品的分析发现，土地所有权和房屋是农户最愿意选择的抵押品。然而，根据相关法律和农村的现实，房产、农业生产设施、生物资源等评估较为困难（罗剑朝，2005），加之农户仅拥有土地、房产的使用权，而不具备所有权，因此在资产抵押过程中上述资产的产权抵押功能不能得到发挥，这已经成为农户抵押借贷中的严重桎梏。因此，深度挖掘农户现有资产的产权抵押、担保功能，以解决农户借贷过程中抵押品不足的问题显得尤为重要。首先要在法律层面上解决农户现有资产产权抵押的法律障碍，同时要积极尝试和探索农户产权抵押机制。结合农户生产生活的实际情况，可探索的产权抵押担保物有：农地使用权、大型农用机械设备设施、农业生物资产等。积极探索上述物品产权抵押机制的改革和创新，通过设立相关产权交易中心，为贷款抵押物提供交易平台，满

足农户贷款抵押担保过程中对不同物品的抵押担保功能的需要。

8.3.3.3 积极推动农村金融产品和服务的创新

要结合农户借贷需求特征的共性和差异性，积极推动涉农金融产品和服务的创新。依据不同客户群体如初始创业的青年农民、专业种养殖户以及农业生产、加工、销售等农业产业链条上不同环节的涉农生产经营者的实际需要，在信贷额度、期限、还款方式等环节上提供差异化的金融产品。在借贷额度上，尽管目前有部分专家学者认为农户的授信额度普遍过低，不能较好地满足农户的借贷需求。然而本书的分析发现，借款需求额度在1万元（含）以下的农户占有借贷需求农户总数的61.4%。由此可见，尽管对部分生产经营大户而言其借贷需求额度较高，但总体来看，小额信贷仍有较大的发展空间和客户群体。因此，小额信贷在今后一段时期内，仍应作为陕西省农户信贷发展的主要方向和重点内容。在农村金融服务上，由于农户文化程度普遍不高，生产经营能力有限，因此要不断提高金融供给方的专业化服务质量和水平。通过由具备农业生产经营相关知识的人员担任各金融机构对已放贷农户的客户跟踪服务工作，为他们提供相关市场信息的咨询，并协调相关技术专家及时解决生产过程中遇到的技术难题，帮助农户及时了解相关市场信息，在农闲时期开展相关的涉农生产经营管理培训等配套服务，提高农户的经营管理和市场参与能力，降低和减少农户生产经营投资失败的风险和损失，进而提高农户的偿还能力。

8.4 农户借贷行为优化的保障措施

8.4.1 完善农村金融市场进入和退出机制，有效防范金融风险

由于非正规金融的存在受法律层面的限制和制约，使相关监督管理部门对非正规金融机构的监管长期处于无法可依的状态。然而，非正规金融特别是民间私人借贷在满足农户借贷需求，服务农村金融市场，盘活农村资本等方面发挥了重要作用。尽管如此，非正规金融在运行过程中出现和存在的问题也不乏其多。要解决这些问题，将民间资本的金融活动"阳光化"，使其接受相关部门的监督和管理势在必行。因此，需要适度开放农村金融市场，使非正规金融机构通过申请、注册备案等方式合法地开展相关业务。通过将非正规金融的服务功能纳入法律许可的层面，不仅更有利

于其服务功能的发挥，同时也能有效降低金融风险。另外，还要通过政策法规健全和完善经营不善、资不抵债的金融机构的退出机制，使部分组织结构和经营管理方式不健全、不完善、市场运行绩效不佳，资不抵债的金融机构，通过完善的金融机构重组和退出机制，实施破产、倒闭或重组兼并。只有这样，才能充分保障农户的根本利益，稳定农村金融市场秩序。

8.4.2　完善监管机制，加强对农村金融市场的监管

由于农户居住分散、金融需求种类繁杂、交易频繁，加上农村金融机构点多面广，且基层管理部门人员能力、监督管理力量相对有限等诸多原因，造成农村金融市场监督力量不足。因此，构建并完善农村金融监管机制，加强对农村金融市场的管理，对保障农村金融市场健康稳步发展，不断提高农村金融服务效率和服务水平具有重要意义。要加强农村金融监管，第一，要厘清监管的范围和内容，不仅要对金融机构在农村金融市场的进入审核和退出清算过程进行监管，同时要对各类型的农村金融供给主体，特别是新型农村金融机构经营管理过程的规范性进行监管，确保其服务"三农"的经营主旨；第二，要加强专业监管人才队伍的培育和建设，提高监管能力；第三，要积极调动社会力量特别是农户的广泛参与，接受并欢迎社会力量对农村金融市场的协同监管。

8.4.3　提高农户的专业化、组织化水平，增强其融资谈判能力

个体农户在市场竞争中处于弱势地位，通过鼓励农户参与农业专业合作社、生产经营行业协会等组织机构，提高农户的专业化和组织化水平，增强其市场竞争力。在金融借贷过程中，通过专业化和组织化的运作及管理，提高农户融资过程中主体地位的谈判能力。同时，通过农户专业化、组织化程度的提高，有利于金融供给机构有针对性地选择和培育借贷需求主体，为农村金融供给机构在对不同目标客户群体的选择及产品的设计上提供便利，对效降低双方的交易成本，提高农村金融供给效率具有重要意义。

8.4.4　加大农村金融科研和人才培养力度，为农村金融储备后继力量

目前我国农村金融理论的研究，已严重滞后于当前监管、改革和发展

的需求。并且随着农村金融市场的不断调整和完善，其发展过程中势必面临许多新的制度设计、政策限制等方面的问题和障碍。因此，要保障农村金融市场的稳步完善和发展，满足农户借贷需求，促进农户经济社会发展，需要加大对农村金融研究及人才培养的扶持力度，为农村金融储备后继力量。同时，对现有金融机构及其从业人员，积极开展相关专业培训，加强他们对涉农金融的了解和支持，为农村金融的发展提供智力支持。

8.4.5　完善社会保障和服务功能，探索保障和扶持相结合的服务机制

对生活上确实存在困难的弱势农户群体，特别是他们在教育、医疗、基本生活等方面的生活型资金需求，应主动通过社会保障机制将他们纳为扶持救助对象。与此同时，要积极探索社会保障和扶持发展相结合的服务机制，即通过社会保障机制帮助他们解决基本的生活困难的同时，通过专项扶持基金积极开展相关专业技能培训，提高他们的生产经营能力的同时配以"扶持性"启动资金。使得此类农户的借贷需求通过"保障＋扶持"的方式获得资金帮助的同时，增强持续发展能力，从根本上帮助他们解决生活和生产的困难，推动农户经济社会的发展。

结束语

本书选取陕西省农户借贷行为的差异性为研究对象，在查阅了大量文献的基础上，通过运用实地调查和典型调查相结合的方法，获取了翔实的数据资料，这些为本书的完成奠定了基础。

通过对调查区域样本农户生产生活状况的调查和统计分析发现，陕西省农户收入水平相对较低，生活负担较重，且农户的兼业化、专业化和非农化现象较为明显，农户平均生产技术效率为 68.1%，农户生产技术效率的提高与户主特征、农户家庭中劳动力和资金的投入方向（农业领域和非农业领域）以及农户所在地农村金融市场环境等因素均显著相关，农村金融市场便利程度的改善可有效提高农户的生产技术效率。

农户借贷需求行为比较分析发现，69.5% 的农户存在金融需求，其中户主特征、家庭特征、生产经营特征、收支状况及农村金融供给市场特征等 5 大类 10 个因素对农户的金融需求有显著影响。农户借贷需求类型的选择上，生活消费型借贷在所有农户的借贷需求中所占比例最高，达 55.3%；其次是农户的生产投资型借贷需求。户主特征（年龄、性别、外出务工经历）、农户家庭收入情况（收入水平、主要收入来源）、农村金融市场环境特征等 3 大类 7 个因素对农户借贷需求类型的选择有显著影响。农户的借贷需求额度以小额借贷为主，其中借贷需求额度在 1 万元（含）以下的农户占有借贷需求农户总数的 61.4%。户主的受教育水平、收入水平和农户所在地到最近的正规金融机构所需时间对农户借贷需求额度的影响显著。

农户融资选择行为比较分析发现，农户主观期望的融资渠道仍以亲朋好友间"互助性"的无息借贷为主，所占比例达受访农户总数的八成以上。在有息借贷的选择中，农户对融资渠道的选择则以中国农业银行、农村信用合作社等正规金融机构为优先；而对非正规农村金融机构的选择和参与均较少。农户对私人借贷在贷款的公平性、贷款期限、利率、手续、资金需求满足程度等方面的满意度均高于其他金融供给主体；对正规金融机构在政策宣传、服务态度等方面满意度则较高；对中国农业银行贷款政策、贷款期限方面的满意度较高；农户对其他商业银行的贷款额度、工作人员服务等方面满意度较高。

农户对正规金融市场和非正规金融市场融资路径选择的分析结果显示，农户对参与正规金融市场的借贷有很强的积极性，但从正规金融机构获得贷款的农户所占比例较低，农户向正规金融机构贷款过程中抵押品缺失的情况较为普遍。在现有利率下，户主特征（性别、外出务工经历）、家庭特征（劳动力平均年龄）、主要收入来源、农村金融市场环境特征等因素特征不同的农户就是否愿意从银行获得借贷的选择差异显著。针对不同借贷用途的贷款，不同特征农户从正规金融机构借贷能接受的最高利率差异显著。选择从高利贷和私人放贷人那里获得有息借款的农户所占比例很低。农户借贷时选择非正规金融的原因主要是急用（快捷）、手续简便、期限灵活、利率合适等；而选择非正规金融借贷的原因则是基于手续的方便快捷和贷款的可获得性较高。农户向亲朋好友借贷具有频率高、额度小、可获得性高的特点。

基于以上研究结论，针对陕西省农户经济发展的现状、农户借贷行为的特点和差异性，本书提出了加强资源整合，搭建农村金融服务信息平台，对农户借贷需求进行分类管理；以农户借贷需求为导向，推进农村金融创新，进而优化农户借贷行为，促进农村经济社会发展的相关对策建议。

由于时间和精力有限，本书的分析和研究也存在一定的不足之处。调查区域、调查对象的局限性和代表性仍值得进一步的商榷以及部分敏感数据较难获取等原因都可能在一定程度上影响分析结果的准确性。另外，关于民间借贷过程中的"高利贷"现象以及以陕北为代表的"资源型"农业区农户的借贷类型、额度和特点等问题，在本文的论述及分析中涉及较少，但却是不容忽视的。因此，在今后的研究工作中，会努力改善，深化问题的研究深度和宽度。

附录：陕西省农户借贷行为调查问卷①

尊敬的农民朋友：

您好，感谢您在百忙之中抽出时间接受我们的调查访问，这次调查主要是要向您了解目前农户的经济发展状况、农户对农村金融服务的需求和获取金融服务的渠道，为进一步改进对农户的金融服务，提高农户经济发展水平提供决策参考。调查中您回答的问题将受到《统计法》的保护，严格保密不向外泄露，而且整理资料过程中我们会进行技术处理，所以，对您不会产生任何负面影响，希望您和您的家人协助我们搞好这次调查，调查需要耽误您一些宝贵时间，谢谢您的合作！

调查人员注意事项及要求：

1. 做调查首要的原则就是实事求是，千万不要主观编造数据或歪曲事实；

2. 熟悉调查提纲与调查问卷的内容和细节，调查时按照提纲或问卷提问并记录，注重调查的效率，提高自信心，克服心理障碍；

3. 调查前要说明此次调查的意义与目的，化解被访问人的疑虑与担忧；

4. 请尽可能多地提供一些反映村庄面貌的照片或相关调查原始文件资料；

5. 本问卷的调查对象为农村住户的户主，如果户主不在家，可向了解情况的家庭成员调查。

西北农林科技大学经济管理学院

《陕西省农户借贷行为研究》课题组

二〇一〇年七月

---

① 此调查问卷的设计参考了《调查中国》（下册）（韩俊，2009.4，中国发展出版社）中《农户金融行为调查问卷》（第 1160－1178 页）。

受访农户家庭住址：_____省_____县（市、区）_____乡（镇）_____村

被调查人姓名：_____；联系电话：_____

调查地点位置：（1）城市郊区　　　（2）农村

调查员姓名_____电话_____年级_____专业_____学号_____

调查起始时间：___年___月___日___时　调查结束时间：___年___月___日___时

A. 基本情况

A01 被调查者性别：_____。（1）男（2）女

A02 年龄_____岁。

A03 文化程度？_____。

（1）未上学（2）小学（3）初中（4）高中（5）中专（6）大学及以上

A04 2009 年家庭常住人口_____人；

其中：男性_____人；

16 岁以上劳动力_____人；

劳动力平均年龄_____岁；

从事农业生产_____人；

外出务工劳动力_____人；

劳动力最高受教育程度_____。

您有_____个子女，

其中：小学在校生_____人；

初中在校生_____人；

高中在校生_____人；

中专在校生_____人；

大学及以上在校生_____人。

A05 您现在或者曾经是否是村干部？_____。（1）是（2）否

A06 您是否是党员？_____。（1）是（2）否

A07 您身体健康情况如何？_____。（1）健康（2）一般（3）差

A08 您有无得过大病住过医院？_____。（1）有（2）没有

A09 您家是否属于本村的大户姓氏？_____。（1）是（2）不是

A10 您认为本人的信用在村内属于？_____。

（1）很高（2）较高（3）一般（4）较低（5）低

A11 您是否有外出打工的经历？_____。（1）有（2）没有

A12 您主要从事的工作或职业是_____？（1）务工或公职（2）自营工商业（3）农业

A13 您家主要从事哪种农业生产经营活动_____？

（1）农作物种植（2）畜牧养殖（3）渔业（4）林业（5）没有

A14 您家有没有从事非农业生产经营项目_____？（1）有（2）没有

如果有，您家主要从事哪类非农行业生产经营活动_____？

（1）采矿业（2）电力、燃料、水生产及供应业（3）建筑业（4）交通运输、仓储及邮政业（5）居民服务及其他服务业（6）批发零售（7）制造业（8）住宿餐饮业（9）其他，请注明_____。

A15 您家属于哪一类型的家庭（可多选）_____。

（1）纯农业生产户（2）专业种养户（3）个体工商户（4）干部户（5）外出打工户（6）贫困户（7）其他，请注明_____。

A16 2009 年末您家实际经营情况　　　　　　编号 A1601－A1605

经营土地类型	山地（亩）	园地（亩）	牧草地（亩）	养殖水面（亩）	合计（亩）
编码	A1601	A1602	A1603	A1604	A1605
2009					

A17 您的家庭财产在本村属于什么水平？_____。

（1）下等（2）中下等（3）中等（4）中上等（5）上等

A18 2009 年您的全家累计外出从业时间是_____个月，主要外出从业地点_____。

（1）乡内（2）乡外县内（3）县外省内（4）省外国内（5）国外

A19 您所在村的道路是否能通车？_____。（1）能（2）否

A20 您的主要交通工具是？_____。（1）步行（2）自行车（3）摩托车（4）汽车

A21 您附近都有哪些金融机构及非金融机构？_____（可多选）。

（1）农业银行（2）工商银行（3）建设银行（4）农村信用合作社（5）邮政储蓄机构（6）其他，请说明：_____。

A22 您所在村是否有正规金融机构的业务网点？_____。（1）没有（2）有

A23 到距离您家最近的金融机构业务网点需要_____分钟。

A24 农户家庭收入统计（单位：元）　　　　编号 A2401 – A2407

年份	种植业 A2401	养殖业 A2402	工资性收入 A2403	私营收入 A2404	政策补贴收入 A2405	其他收入 A2406	合计 A2407
2009							

A25 农户家庭经营支出统计（单位：元）　　　　编号 A2501 – A2505

年份	种植业 A2501	养殖业 A2502	私营 A2503	其他 A2504	合计 A2505
2009					

A26 农户生活消费支出统计（单位：元）　　　　编号 A2601 – A2612

年份	食品	燃料	水电	衣着	居住	子女 教育	交通和 通讯	文教 娱乐	医疗 保健	人情 往来	其他	合计
编码	A2601	A2602	A2603	A2604	A2605	A2606	A2607	A2608	A2609	A2610	A2611	A2612
2009												

其中：食品费：主食、副食、在外饮食、食品加工等费用。居住支出：住房、房屋修理费、家庭设备及服务。交通通讯费：交通和电话、网络、邮递等费用。文教娱乐及服务费：技术培训、文化娱乐等费用。医疗保健费：医药卫生用品及医疗保险等费用。人情往来费：送礼、红白事费用。

B. 农户储蓄情况

B01 您家在银行、农村信用合作社、邮政储蓄银行等正规金融机构是否有储蓄存款?_____。

（1）有（2）没有（跳至问题 B10）

B02 目前的存款总额为_____元。

B03 存款时选择的机构和处理方式（按照主要次序排序）_____。

（1）存在农村信用合作社（2）存在农业银行（3）存在邮政储蓄银行（4）购买债券、股票（5）放在家中（6）借给小额贷款机构（7）购买保险（8）无息借给亲戚朋友（9）有息借给亲戚朋友（10）参与打会（11）其他，请说明：_____。

B04 您家存款的主要方式是什么?_____。（1）定期（2）活期

B05 与 2008 年底相比，2009 年底储蓄存款的增减情况是_____。

（1）下降（2）增长 1% ~10%（3）增长 10% ~50%（4）增长 50% ~100%（5）增长 50% ~100%（6）增长 1~2 倍（7）增长 2 倍以上

B06 您家现有存款的计划用途是什么？（可多选，请按重要程度排序）_____。

（1）归还借款（2）购买大型家用电器（3）婚丧嫁娶（4）经商（5）用于来年购买化肥、农药、种子等生产资料（6）其他生产投资（7）供子女上学（8）建房（9）看病，养老（10）以后生活用（11）结余，无目的（12）其他，请注明：_____。

B07 没有在银行、信用合作社或邮政储蓄银行存款的原因是？（可多选，按重要程度排序）_____。

（1）在银行、信用合作社存款容易取款难（2）对银行、信用合作社的信用不信任（3）服务不好（4）离家太远不方便（5）没有多余的资金（6）利率太低（7）其他，请注明：_____。

B08 2009 年您家是否有储存粮食或其他作物？_____。（1）是（2）否（跳至 C101）

B09 不同用途和目的的粮食各自储存了多少？

（1）口粮_____。

（2）饲料粮_____。

（3）种子_____。

（4）等着涨价_____。

（5）其他，请说明：_____。

C. 农户借贷情况

（一）农户借贷意愿

C101 在您需要大量资金的时候，您最希望从_____得到？

（1）向亲戚或朋友无息借款（2）向亲朋或关系户有息借款（3）农村信用合作社（4）农业银行（5）邮政储蓄银行（6）其他商业银行（7）村镇银行（8）贷款公司（9）资金互助社（10）合会（轮会、标会等）（11）其他，请注明：_____。

C102 您期望一次能借或贷到多少钱？_____。

（1）3 000 元以下（2）3 000 ~5 000 元（3）5 000 ~10 000 元

（4）10 000～50 000 元 （5）50 000 元以上

C103 如果能自由选择，您希望借或贷款的期限为_____比较好？

（1）6 个月 （2）1 年 （3）2 年 （4）3 年 （5）5 年或以上

C104 如果能自由选择，您希望多长时间还一次款比较合适？_____。

（1）6 个月 （2）1 年 （3）贷款到期日一次还清

C105 在现有约束下如需多付利息才能获得贷款，您的选择是？_____。

（1）不愿意为争夺获取贷款机会而多付利息 （2）在急用情况下，愿意多付利息 （3）只要能够获得贷款机会，愿意多付利息 （4）其他，请注明：_____。

C106 如下几种情况下，您可接受的最高年利率分别为_____？

C1061－C1066

	看病等急事 C1061	孩子上学 C1062	建房 C1063	发展农业 C1064	发展工商业 C1065	归还其他借款 C1066
年利率%						

选项：（1）5% 以下 （2）5%～7% （3）7%～10% （4）10%～15% （5）15% 以上

C107 在现有利率下，您是否愿意从银行贷款？_____。 （1）是 （2）否

C108 您希望的借款方式是：_____。

（1）信用借款 （2）小组联保贷款 （3）抵押贷款 （4）担保 （5）质押贷款 （6）政府贴息 （7）其他

C109 你希望以后采取的信用和担保方式是？_____。

（1）信用评估 （2）亲朋担保 （3）房产抵押 （4）家庭财产抵押 （5）土地使用权抵押

C110 希望谁给您作信用担保？_____。

（1）亲戚朋友 （2）村干部 （3）小组联保 （4）其他，请注明：_____。

C111 希望用什么作抵押或质押（可多选）_____。

（1）家电（2）土地经营权（3）大牲畜（4）本人或他人存单（5）住房（6）有价证券

（7）拖拉机、大型农机具或其他大型生产资料（8）其他，请注明：_____。

C112 你认为通过借款可以改变家里的生活条件吗？_____。

（1）有很大改善（2）有所改善（3）没什么变化（4）反而降低

（二）农户借贷的基本情况

C201 过去三年内您家有无资金困难？_____。（1）有（2）否（跳至问题 C203）

C202 在哪方面存在资金困难？_____。（1）生产及投资（2）生活和消费（3）非正常借款

C203 没有资金困难的主要原因是？_____。

（1）打工有钱，不用借（2）没有好的发展项目，不需要贷款（3）没有借钱的习惯，有多少钱，办多大事（4）自有资金已满足现有生产生活需要（5）已有其他更方便的资金来源渠道（6）其他，请注明：_____。

C204 缺钱后有没有尝试去借钱？_____。（1）有（跳至问题 C206）（2）没有

C205 缺钱后没有尝试借钱的原因？_____。

（1）能不借尽量不借（2）不知该向谁借（3）觉得成功的可能性很小（4）怕还不上（5）利息及其他成本太高了（如请客送礼等），觉得不划算（6）其他，请注明：_____。

C206 2007—2009 年，您家累计负债多少_____元？

C207 截至 2009 年底，您家负债余额（未偿还）_____元？

C208 什么季节比较容易借钱？_____。（1）春（2）夏（3）秋（4）冬

C209 2007—2009 年期间顺利借款的案例情况（包括家庭成员借款）

（表内第 01、04、07、10、11、13、16、22、23 个问题填代码）

C209011 – C209246

	问题	单位或选择	第1笔	第2笔	第3笔	第4笔	第5笔	第6笔
			1	2	3	4	5	6
借款人信息	01 借款人与户主关系	代码1						
	02 借款人性别	①男②女						
	03 借款人年龄	周岁						
	04 借款人文化程度	代码2						
数量和来源	05 何时借款	年						
	06 借款数量	元						
	07 借款来源	代码3						
	08 借款期限	月						
	09 借款利率	厘/月						
	10 借款用途	代码4						
	11 实际用途	代码4						
抵押和担保	12 是否要抵押	①是②否						
	13 要用什么抵押	代码5						
	14 抵押价值	元						
	15 如果不要抵押，是否要担保	①是②否						
	16 担保人是谁	代码6						
交易成本	17 为借这笔钱，您跑了几趟	次						
	18 平均每趟花费多长时间	小时						
	19 共花了多少交通费	元						
	20 其他各项花费（送礼等）	元						
还款	21 是否如期还完借款	①是②否						
	22 到期未归还的借款数额	元						
	23 未按期归还的原因	代码7						
	24 还款资金的主要来源	代码8						

C210 2007—2009 年期间的借款 |失败的| 情况（包括家庭成员借款）

（表内第 01、04、07、10 个问题填代码） C210011－C210146

		问题	单位或选择	第1笔 1	第2笔 2	第3笔 3	第4笔 4	第5笔 5	第6笔 6
借款人信息	01	借款人与户主关系	代码1						
	02	借款人性别	①男②女						
	03	借款人年龄	周岁						
	04	借款人文化程度	代码2						
数量和来源	05	何时借款	年						
	06	借款数量	元						
	07	向谁借款？	代码3						
	08	对方不借的理由	代码9						
	09	自己认为没有借到的原因	代码9						
	10	借款用途	代码4						
交易成本	11	为借这笔钱，您跑了几趟	次						
	12	平均每趟花费多长时间	小时						
	13	共花了多少交通费	元						
	14	其他各项花费（送礼等）	元						

注：资金互助社包括合会、摇会和标会等；其他民间金融机构包括：地下钱庄、典当铺/店、私人放贷人（包括高利贷）。

代码1	①本人②丈夫③妻子④子女⑤父母⑥孙子孙女⑦其他，请注明
代码2	①未上学②小学③初中④高中⑤中专⑥大学及以上
代码3	①农村信用社②农业银行③其他银行④资金互助社⑤合会⑥其他民间金融机构⑦亲戚朋友⑧乡村干部⑨工商业主⑩国际项目⑪其他
代码4	①发展工商业②看病③归还其他借款④购买农资⑤购买畜禽⑥孩子上学⑦婚丧嫁娶⑧建房⑨购置农机⑩外出打工⑪其他
代码5	①家庭财产中的大件②牲畜③房屋④土地⑤他人存折⑥本人存折⑦家庭财产⑧免抵押⑨其他
代码6	①亲戚朋友②乡村干部③小组联保④其他
代码7	①经营项目失败②没有钱还③家庭有意外支出④别人都不还⑤不知道要还⑥其他
代码8	①工商业收入②种植收入③养殖业收入④打工收入⑤自家存款⑥借款⑦其他
代码9	①太穷，不给借②有老借款没有归还，不给借③无抵押或担保而没有借到④没有明确的盈利项目⑤被借方资金短缺⑥个人信用太低，不给借⑦其他

（三）与正规金融机构的信贷关系

C301 是否从银行、信用合作社得到过贷款？_____。 （1）否（2）是（跳至 C307）

C302 未得到过贷款的原因是什么？（可多选）_____。

（1）没有申请（2）申请后自动放弃（跳至 C304）（3）申请了，但被拒绝（跳至 C305）

C303 没有申请的主要原因是？（可多选）_____。

（1）担心还不起（2）担心即使申请了，也贷不到（3）贷款没有借钱（民间）方便（4）不知道农户也可以申请贷款（5）不懂贷款的条例和手续（6）利息及其他成本太高了（如请客送礼、担保费用等）（7）无抵押担保（8）贷款额度太小，不能满足需要（9）不需要贷款（跳至 C308）（10）其他，请注明_____。

C304 申请后自动放弃的原因？（可多选）_____。

（1）手续麻烦，附加条件太多（2）银行服务态度不好（3）贷款额度太小（4）贷款期限太短（5）距离太远（6）利率太高（7）从其他渠道筹到了钱（说明筹资渠道：_____）（8）其他，请注明_____。

C305 申请被拒绝的原因？（可多选）_____。

（1）没有人缘关系贷不到（2）太穷，不给贷（3）有老贷款没有归还，不给贷（4）无抵押或担保而没有贷到（5）没有明确的盈利项目（6）银行资金短缺（7）其他，请注明_____。

C306 您当时需要贷款做什么？您都尝试过哪些渠道借钱，具体包括哪些渠道？没有获得贷款，给您的生活和生产带来什么样的影响？_____
_____。

C307 请您对您周围的金融机构进行评价　　　　C307011 – C307105

编码	问题	单位或选择	农村信用社 1	农业银行 2	其他商业银行 3	民间借贷组织 4	私人借贷 5
01	住处离网点的距离	km					
02	三年内从该机构成功借款的次数	次					

编码	问题	单位或选择	农村信用社 1	农业银行 2	其他商业银行 3	民间借贷组织 4	私人借贷 5
03	贷款的公平性						
04	政策的宣传	满意度标准： ①很好 ②较好 ③一般 ④不太好 ⑤不好					
05	额度						
06	期限						
07	利息						
08	借款的便捷程度（手续）						
09	工作人员服务态度						
10	对资金需求的满足程度						

C308 您认为能从银行得到贷款最重要的决定因素是什么？（可多选，按照重要程度排序）_____。

（1）本村或组的干部担保 （2）能够找到有经济能力的人组成联保小组 （3）找到有经济能力的人担保 （4）有抵押担保 （5）个人信用 （6）是乡村干部或工薪人士 （7）家庭还款能力 （8）在信用社有可靠的关系 （9）不了解 （10）其他，请注明：_____

（四）民间借贷

C401 本地有除银行、信用社以外的有组织的民间借贷活动吗？_____。

（1）有 （2）没有（跳至 C407）

C402 本地民间借贷组织的借贷利息最高年利率是_____%。

C403 您的家庭成员中是否有人加入民间借贷组织（合会、摇会、标会等）？_____。

（1）有 （2）没有（跳至 C404）

A. 您家成为会员有几年了？_____。

B. 您家加入民间借贷组织（合会、摇会、标会等）的原因是什么？_____。

（1）为了存款获得高利息（2）为了能够得到贷款（3）银行和信用社服务不好，不愿意去（4）其他，请注明_____。

C. 您每月付会款总额_____元。

D. 从2007—2009年您家所得的会钱总额_____万元。

E. 投入给民间借贷组织的资金，在需要时是否能够及时回收？_____。（1）能（2）不能

C404 您家是否向本地民间借贷组织借过款？（1）有（2）没有（跳至C406）

C405 向民间组织借款的原因是什么？（可多选）_____。

（1）手续方便（2）不需要抵押担保（3）借款额度符合需要（3）借款期限满足需要（4）还款制约小（5）银行、信用社距离远，不方便（7）在银行、信用社贷不到款（8）从银行、信用社得到的贷款不足（9）其他，请注明_____。

C406 您是否从私人处借过钱？_____。（1）是（2）否

C407 在急需用钱时，您一般都会向哪些私人借钱_____（可多选）？

（1）亲戚（2）朋友或熟人（3）生意伙伴（4）高利贷（5）私人放贷者（6）其他，请说明：_____。

C408 向私人借钱的原因（可多选，按照重要程度排序）？_____。

（1）利率（2）贷款手续简单容易获得贷款（3）期限灵活（4）急用

C409 一般情况下，您向私人借钱，最多一次能借多少钱？_____。

（1）1 000元以下（2）1 000~3 000元（3）3 000~5 000元（4）5 000~1万元（5）1万元以上

C410 向私人借款的利率大约分别是多少？　　　　C4101 – C4104

	亲戚朋友 C4101	私人放贷人 C4102	高利贷 C4103	其他（请说明：_____）C4104
年利率%				

C411 是否有借钱还物的情况？_____。（1）有（2）没有

C412 合约的签订情况？_____。（1）无任何形式（2）口头约定（3）借款协议

C413 借款担保和抵押？_____。（1）有（2）没有

C414 借钱发生过纠纷？_____。（1）有（2）没有

C415 借款的期限？_____。（1）根据自己的需要来定（2）与农村信用合作社的期限一样

C416 到期还款的情况：是否按期归还？_____。（1）是（2）否（3）有钱才还

C417 不能归还时采取的措施？_____。

（1）加息（2）找人代还（3）采取法律手段（4）其他措施

C418 如果向私人借款，没有利息，请问即使债务还清，一般是否也会觉得欠了点"人情债"，会通过帮工、节日送礼品等形式偿还吗？具体采用什么形式？

_____。

（五）今后两年打算借款的情况

C501 今后两年内您家需要较大规模资金的项目是什么？_____。

（1）发展加工业和经商（2）购买大牲畜（3）购置大型农机具（4）建房（5）归还借款（6）孩子上学（7）婚丧嫁娶（8）其他，请注明：_____。

C502 自有资金能满足需要吗？_____。（1）能（调查结束）（2）不能

C503 有借款的打算吗？_____。（1）有（2）没有（调查结束）

C504 今后借款的额度选择？_____。

（1）500~1 000元（2）1 000~2 000元（3）2 000~4 000元（4）4 000~7 000元（5）7 000~10 000元（6）10 000元以上

C505 今后借款时你会首选_____。

（1）农村信用合作社（2）中国农业银行（3）其他商业银行（4）亲朋好友（5）高利贷者（6）其他_____。

被调查人员对问卷的理解程度：（1）非常理解（2）比较理解（3）理解较少（4）很不理解

被调查者是否愿意接受调查：（1）非常愿意（2）比较愿意（3）不太愿意（4）很不愿意

调查员对问卷的看法和建议：_____

_____。调查员签名：_____

参考文献

［1］曹大宇. 环境质量与居民生活满意度的实证分析［J］. 统计与决策，2011（21）：84－87.

［2］曹幸穗. 旧中国苏南农家经济研究［M］. 北京：中央编译出版社，1996.

［3］曹轶英. 开放贸易背景下农户粮食销售行为与我国粮食安全的关系［J］. 中国农业大学图书馆论文，2001.

［4］曹玉贵，李一秀. 农村金融机构与农户借贷行为的博弈分析［J］. 金融理论与实践，2009（2）：25－27.

［5］柴洪，杨林娟. 经济欠发达地区农户借贷特征及其制约因素分析——基于甘肃省的实证研究［J］. 陕西农业科学，2009（2）：156－160.

［6］陈春生. 中国农户的演化逻辑与分类［J］. 农业经济问题，2007（11）：79－84.

［7］陈凤波，丁士军. 农村劳动力非农化与种植模式变迁——以江汉平原稻农水稻种植为例［J］. 南方经济，2006（9）：43－52.

［8］陈宏. 我国农户借贷需求特点分析——以河南省为例［J］. 中州学刊，2010（3）：70－72.

［9］陈敏敏，刘建菊，杨璐，费红霞. 影响农户对金穗"惠农卡"满意度因素的实证分析［J］. 中国外资，2011（5）：47－50.

［10］池泽新. 农户行为的影响因素、基本特点与制度启示［J］. 农业现代化研究，2003（5）：368－371.

［11］褚保金，卢亚娟，张龙耀. 农户不同类型借贷的需求影响因素实证研究——以江苏省泗洪县为例［J］. 江淮学刊，2008（3）：58－62.

［12］褚保金，卢亚娟，张龙耀. 信贷配给下农户借贷的福利效果分析［J］. 中国农村经济，2009（6）：51－61.

［13］戴迎春，朱彬，应瑞瑶. 消费者对食品安全的选择意愿［J］. 南京农业大学学报（社会科学版），2006，6（1）：47－51.

［14］都阳．中国贫困地区农户劳动供给研究［M］．北京：华文出版社，2001．

［15］范群芳，董增川，杜芙蓉，陈康宁．随机前沿生产函数在粮食生产技术效率研究中的应用［J］．节水灌溉，2008（6）：30－33．

［16］费孝通．乡土中国［M］．上海：上海三联书店，1985．

［17］费玉娥，刘涛，刘志英．新疆样本县（市）农户借贷行为调查分析［J］．新疆财经，2009（5）：41－46．

［18］傅晨，狄瑞珍．贫困农户行为研究［J］．中国农村经济，2000（2）：39－42．

［19］高晓红．二元结构转换与体制转型中的农户粮食种植行为分析［J］．首都经济贸易大学学报，2000（1）：61－65．

［20］庚德昌，程春庭，储英奂．农户经济行为量化分析［J］．中国农村观察，1996（1）：42－49．

［21］宫建强，张兵．农户借贷对其收入影响的实证分析——基于江苏省农户调查的经验收据［J］．江苏社会科学，2008（3）：223－227．

［22］宫建强，张兵．影响农户借贷需求的因素分析——基于江苏农户调查的经验数据［J］．中国农学通报，2008（5）：501－507．

［23］郭红东，蒋文华．影响农户参与专业合作经济组织行为的因素分析［J］．中国农村经济，2004（5）：10－17．

［24］韩俊，罗丹，程郁．信贷约束下农户借贷需求行为的实证分析［J］．农业经济问题，2007（2）：44－52．

［25］韩宁．低收入农户借贷需求因素分析［J］．浙江农业科学，2010（1）：206－208．

［26］何广文，冯兴元，林万龙．农户借贷、农村中小企业融资与农村金融市场［M］．北京：中国财政经济出版社，2005．

［27］侯旭丹．农户民间借贷行为研究——基于乐清市的实证分析［硕士学位论文］［D］．杭州：浙江大学，2006．

［28］胡豹，卫新，王美青．影响农户农业结构调整决策行为的因素分析——基于浙江省农户的实证［J］．中国农业大学学报（社会科学版），2005（2）：50－56．

［29］黄薇．武汉市先建村农户民间借贷研究［硕士学位论文］［D］．

武汉：华中农业大学，2008.

[30] 黄晓红．农户借贷中的声誉作用机制研究［博士学位论文］［D］．杭州：浙江大学，2009.

[31] 黄宗智．长江三角洲小农家庭与乡村发展［M］．北京：中华书局，2000.

[32] 加里·斯坦利·贝克尔．家庭论［M］．北京：商务印书馆，1998.

[33] 蒋乃华，封进．农村城市化进程中的农民意愿考察——对江苏的实证分析［J］．管理世界，2002（2）：24－28，73.

[34] 蒋难．农户借贷需求行为的经济学分析与实证——以中部某省750家农户调查为例［J］．金融发展研究，2009（5）：78－80.

[35] 蒋永穆，纪志耿．农户借贷过程中信任机制的构建——一种基于完全信息动态博弈模型的分析［J］．四川大学学报（哲学社会科学版），2006（1）：5－9.

[36] 柯水发．基于进化博弈理论视角的农户群体退耕行为分析［J］．林业经济，2007（2）：59－62.

[37] 黎翠梅，陈巧玲．传统农区农户借贷行为影响因素的实证分析——基于湖南省华容县和安乡县农户借贷行为的调查［J］．农业技术经济，2007（5）：44－48.

[38] 黎红梅，许洁．湖南农户借贷行为的调查与剖析——以临澧县为例［J］．湖湘论坛，2008（3）：53－54.

[39] 李春．农户借贷行为演变趋势比较研究——以1986—2002年浙江10村固定跟踪观察农户为例［J］．农业经济问题，2005（9）：16－22.

[40] 李谷成，冯中朝，占绍文．家庭禀赋对农户家庭经营技术效率的影响冲击［J］．统计研究，2008，25（1）：35－42.

[41] 李江．中国农业文化特征与农户的融资次序［J］．上海金融，2004（10）：12－14.

[42] 李尽法，吴育华．河南省农业全要素生产率变动实证分析［J］．农业技术经济，2008（2）：96－102.

[43] 李盼盼．山东省外出务工农户借贷行为研究［硕士学位论文］［D］．青岛：中国海洋大学，2008.

［44］李晓明，何宗干．传统农区农户借贷行为的实证分析——基于安徽省农户借贷行为的调查［J］．农业经济问题，2006（6）：36－38.

［45］李延敏，李盼盼，齐剑初．外出务工农户借贷行为的实证分析［J］．农村经济，2008（3）：62－64.

［46］李延敏，罗剑朝．农户借贷行为区域差异分析及金融对策［J］．农村经济，2006（11）：60－63.

［47］李延敏，宋增芬．当前农户借贷需求特征变化之分析［J］．海南金融，2010（4）：76－80.

［48］李延敏．中国农户借贷行为研究［博士论文］［D］．西安：西北农林科技大学，2005.

［49］李延敏．不同类型农户借贷行为特征［J］．财经科学，2008（7）：23－30.

［50］李颖，陈瑞燕，郭翔宇．农户借贷行为调查研究［J］．乡镇经济，2008，24（9）：22－25.

［51］李岳云，蓝海涛，方晓军．不同经营规模农户经营行为的研究［J］．中国农村观察，1999（4）：39－45.

［52］林毅夫．小农与经济理性［J］．农村经济与社会，1998（3）：42－47.

［53］刘纯彬，刘俊威．中部较发达地区农户借贷需求的影响因素研究［J］．经济经纬，2009（5）：140－143.

［54］刘洁，秦富．我国农户金融参与意愿及其影响因素分析——基于河北省435名农户的调研数据［J］．技术经济，2009（4）：81－87.

［55］刘克春．农户农地流转决策行为研究［博士论文］［D］．杭州：浙江大学，2006.

［56］刘庆丰．贫困农户的借贷行为研究［硕士学位论文］［D］．贵阳：贵州大学出版社，2007.

［57］刘西川．贫困地区农户的信贷需求与信贷约束［博士学位论文］［D］．杭州：浙江大学，2007.

［58］刘易斯．经济增长理论．北京：商务印书馆，1987.

［59］卢迈，戴小金．现阶段的农户经济行为浅析［J］．经济研究，1987（7）：17－21.

［60］陆建康，吕美康，周曙东．粮食综合生产能力支持与保护政策实施对农户的影响研究［J］．江苏社会科学，2006（3）：227－230.

［61］吕青芹．欠发达地区与发达地区农户借贷需求意愿比较研究——以贵州同仁地区和北京郊区为例［硕士学位论文］［D］．北京：中国农业大学，2007.

［62］吕涛，郑宏涛．中国农户销售行为与影响因素［J］．中国农村经济，1999（9）：33－37.

［63］罗芳，程中海．兵团农户借贷行为特征与制约因素研究［J］．新疆农垦经济，2009（10）：66－72.

［64］罗芳，李平．新疆兵团农户借贷行为及其影响因素的实证分析［J］．技术经济，2009：87－95.

［65］罗剑朝．杨凌农业高新技术产业示范区农村金融改革试验与政策建议［J］．沈阳农业大学学报（社会科学版），2011，13（6）：648－651.

［66］马若孟．中国农民经济［M］．南京：江苏人民出版社，1999.

［67］彭克强，胡星城．中国中部地区农户借贷情况的实证分析：以曹冲村为个案［J］．山东农业大学学报（社会科学版），2007，9（4）：71－83.

［68］恰亚诺夫．农民经济组织［M］．萧正洪译．北京：中央译文出版社，1996.

［69］钱文荣．浙北传统粮区农户土地流转意愿与行为的实证研究［J］．中国农村经济，2002（7）：64－68.

［70］邱书钦．转型期传统农区农户借贷行为研究——以中部传统农区宁陵县为例［硕士学位论文］［D］．南宁：广西师范大学，2008.

［71］屈小博，钟学军，霍学喜．传统农区农户借贷的需求与供给——基于陕西渭北地区农户借贷行为的调查［J］．西北农林科技大学学报（社会科学版），2005（3）：11－14.

［72］屈小博．不同规模农户生产技术效率差异及其影响因素分析——基于超越对数随机前沿生产函数与农户微观数据［J］．南京农业大学学报，2009，9（3）：27－35.

［73］全炯振．中国农业全要素生产率增长的实证分析：1978—2007

年［J］．中国农村经济，2009（9）：36－47．

［74］石慧，孟令杰，王怀明．中国农业生产率的地区差距及波动性研究——基于随机前沿生产函数的分析［J］．经济科学，2008（3）：20－33．

［75］史清华，陈凯．欠发达地区农民借贷行为的实证分析：山西745户农民家庭的借贷行为的调查［J］．农业经济问题，2002（10）：29－35．

［76］史清华，卓建伟．农户家庭粮食经营行为研究［J］．农业经济问题，2005（4）：18－22．

［77］舒尔茨．改造传统农业［M］．北京：商务印书馆，1987．

［78］宋圭武．农户行为研究若干问题述评［J］．农业技术经济，2002（4）：59－64．

［79］宋洪远．经济体制与农户行为——一个理论分析框架及其对中国农户问题的应用研究［J］．经济研究，1994（8）：22－28．

［80］孙善侠．农户借贷行为研究——以山东省农村固定跟踪观察户为例［硕士学位论文］［D］．上海：上海交通大学，2008．

［81］孙先明，杨丽萍．中国农村金融业务创新问题研究［J］．农村经济，2011（2）：80－82．

［82］孙学敏，赵昕．经济不发达地区农户借贷行为调查研究［J］．财政与金融，2007（8）：61－64．

［83］孙岩．中国农村非正规金融演进研究［博士学位论文］［D］．沈阳：辽宁大学，2010．

［84］万江红，张远芝．农户借贷行为的调查与特征分析［J］．农村经济，2006（7）：80－81．

［85］汪婉莉，杨林娟．甘肃农户借贷行为的实证研究［J］．甘肃农业大学学报，2008（3）：148－152．

［86］王红贵．农村金融监管有效性有待提高［J］．中国金融，2011（9）：95．

［87］王建花．农户借贷行为与农村金融供给体系分析［硕士学位论文］．沈阳：沈阳农业大学出版社，2007．

［88］王静，贾丹花．关中地区农户借贷行为及其影响因素分析［J］．管理观察，2009（35）：221－223．

［89］王丽萍，霍学喜，邓武红．西部地区农户资金借贷实证分析——

以陕西省 248 户调查为例［J］．中国农业大学学报，2006（3）：53 – 57.

［90］王丽萍，李平，霍学喜．论非农化进程的农户借贷行为［J］．重庆大学学报（社会科学版），2006（4）：28 – 33.

［91］王丽萍，李平，霍学喜．西部地区农户借贷行为分析——基于陕西 248 家农户的调查与思考［J］．电子科技大学学报（社会科学版），2007（1）：22 – 27.

［92］王学忠．新型农村金融机构市场准入法律制度研究［博士学位论文］［D］．合肥：安徽大学，2010.

［93］卫龙宝，胡慧洪，钱文荣，曹明华．城镇化过程中相关行为主体迁移意愿的分析——对浙江省海宁市农村居民的调查［J］．中国社会科学，2003（5）：38 – 48.

［94］吴绍田．中国农户投资行为分析［M］．北京：中国农业出版社，1998.

［95］向国城，韩少凤．农户兼业化——基于分工视角的分析［J］．中国农村经济，2005（8）：4 – 10.

［96］熊建国．中国农户融资的状况分析与民间金融［J］．中国农村经济，2006（3）：59 – 62.

［97］熊学萍，阮红新，汪晓银．农户金融行为与融资需求的实证分析——基于湖北省天门市 198 个样本农户的调查［J］．农业技术经济，2007（4）：85 – 94.

［98］徐勇，邓大才．社会化小农：解释当今农户的一种视角［J］．学术月刊，2006（7）：5 – 12.

［99］杨林娟，张军，汪婉莉，柴洪．甘肃省农户资金借贷实证分析［J］．华东经济管理，2008（10）：40 – 43.

［100］叶静忠，朱炎洁，杨洪萍．社会学视角的农户金融需求与农村金融供给［J］．中国农村经济，2004（8）：33 – 37.

［101］尤小文．农户：一个概念的探讨［J］．中国农村观察，1999（5）：17 – 20.

［102］曾学文，张帅．我国农户借贷需求影响因素及差异性的实证分析［J］．统计研究，2009（11）：82 – 86.

［103］张博．农户借贷行为分析——以中部传统农区为例［J］．浙江

金融，2009（11）：36-37.

［104］张建杰．惠农政策背景下粮食主产区农户粮作经营行为研究［J］．农业经济问题，2007（10）：58-65.

［105］张鸣鸣．贫困地区农户借贷行为初探［J］．农村经济，2005（11）：68-69.

［106］张树基．经济较发达地区农户借贷行为的实证分析［J］．浙江金融．2006（9）：45-46.

［107］张晓艳，罗剑朝．西部农区农户民间借贷现状与对策——基于陕西省大荔县128户农户的调查［J］．经济纵横，2007（4）：37-39.

［108］张颖．农户借贷行为与农村金融支持研究［硕士学位论文］［D］．上海：上海交通大学，2007.

［109］郑风田．制度变迁与中国农民经济行为［M］．北京：中国农业出版社，2000.

［110］郑世忠．交易成本对农户借贷行为的影响分析［J］．内蒙古科技与经济，2008，21（11）：4-5，10.

［111］郑世忠．农户借贷行为中的信息分类及其比较［J］．内蒙古科技与经济，2008，176（22）：68-72.

［112］周小斌，耿洁，李秉龙．影响我国农户借贷需求的因素分析［J］．中国农村经济，2004（8）：28-30.

［113］朱喜，李子奈．农户借贷的经济影响：基于IVQR模型的实证研究［J］．系统工程理论与实践，2007（2）：68-75.

［114］朱喜．农户借贷的福利影响［J］．统计与决策，2006（10）：41-43.

［115］Akram，W.，Hussain，Z.，Sial，M. H. and Hussain，I. 2008. Agricultural Credit Constraints and Borrowing Behavior of Farmers in Rural Punjab. *European Journal of Scientific Research*，23（2）：294-304.

［116］Aleem，I. 1993. Imperfect information，screening and the costs of informal lending：study of a rural credit market in Pakistan.

［117］Barham，B.，Boucher，S.，and Carter，M. 1996. Credit constraints，credit unions and small scaleproducers in Guatemala. *World Development*，24（5）：792-805.

［118］ Boucher, S. , Guirkinger, C. and C. Trivelli. 2005. Direct elicitation of credit constraints: Conceptual and practical issues with an empirical application to Peruvian agriculture. Selected paper presented at the American Agricultural Economics Association Annual Meeting, Providence, 7: 24 – 27.

［119］ Carter, M. R. and Weibe, K. D. 1990. Access to capital and its impact on agrarian structure and productivity in Kenya. *American Journal of Agricultural Economics*, 72: 1146 – 1150 .

［120］ Carter, M. R. 1988. Equilibrium credit rationing of small farm agriculture. *Journal of Developing Economies*, 28: 83 – 103.

［121］ Coelli, T. and Battese, G. 1996. Identification of factors which influence the technical inefficiency of India farmers. *Australian Journal of Agricultural Economics*, 40: 103 – 128.

［122］ Coelli, T. and Fleming, E. 2004. Diversification economies and specialization efficiencies in a mixed food and coffee amalholder farming in Papua New Guinea. *Agricultural Economics*, 31: 229 – 239.

［123］ Conning, J. , and Udry, C. 2005. Rural financial markets in developing countries. In R. Evenson, P. Pingali, & T. Schultz (Eds.) . The handbook of agricultural economics, (Vol. 3) . North – Holland.

［124］ Daniel Solis. , Doris E. , Bravo – Ureta and Ricardo E. Quiroga. 2009. Technical Efficiency among Peasant Farmers Participating in Natural Resource Management Programmes in Central America, *Journal of Agricultural Economics*, 60 (1): 202 – 219.

［125］ Gonzalez – Vega, C. 1984. Credit – rationing behavior of agricultural lenders: The iron – law of interest – rate restrictions. In W. Dale, D. H. G. Adams, & J. V. Pischke (Eds.), Undermining rural development with cheap credit. Boulder and London: Westview Press.

［126］ Guirkinger, C. 2008. Understanding the Coexistence of Formal and Informal Credit Markets in Piura, Peru. *World Development*, 36 (8): 1436 – 1452.

［127］ Hoff, K. , and Stiglitz, J. 1990. Imperfect information and rural credit markets: Puzzles and policy perspectives. *World Bank Economic Review*,

5: 235 –250.

[128] J. Edward Taylor and Irma Adelman. 2002. Agricultural Household Model: Genesis, Evolution and Extensions. Review of Economics of the House-hold Evolution and Extensions. Review of Economics of the Household, August.

[129] Jain, P. 1996. Managing credit for the rural poor: lessons from the GrameenBank. World Development, 24: 79 –89.

[130] Kaushik Basu. 2001. A Model of Household Behaviour with Endog-enously – determined Balance of Power. *Gender and Say*: 9.

[131] M. J. McGregor, M. F. Rola – Rubzen, and R. Murray – Prior. 2001. Micro and Macro – level Approaches to Modeling Decision Making. *Agri-cultural Systems*: 63 –83.

[132] Ma hongyun. 1993. The economic behaviour of the Chinese rural households, Book published by the Shanghai Renmin Publishing corporation.

[133] Qureshi, S. A, Ijaz Nabi, and Rashidur R Faruqee. 1996. Rural Finance for Growth and Poverty Alleviation in Pakistan. Washington, DC: *World Bank Policy Research Working Paper*: 1593.

[134] Ravi, S. 2003. Borrowing Behaviour of Rural Households, October 7.

[135] Simon. H. A. 1955. A Behavioral model of rational choice. *Quarter-ly Journal of Economics*, 69: 99 –118.

[136] Stiglitz, J. E. and Weiss, A. 1981. Credit rationing in markets with imperfect information. *American Economic Review*, 71 (3): 393 –410.

[137] Turkey, C. G. , Kong, R. and Huo, X. X. 2010. Borrowing a-mongst friends: the economics of informal credit in rural China. *China Agricul-tural Economic Review*, 2 (2): 133 –147.

[138] Von Pischke, J. , Adams, D. , and Donald, G. (Eds.) . 1983. Rural financial markets in developing countries. Baltimore: The Johns Hopkins University Press.

[139] Zeller, M. 1994. Determinants of credit rationing: A study of infor-mal lenders and formal credit groups in Madagascar. *World Development*, *Elsevi-er*, 22 (12): 1895 –1907.

后 记

本书是在我博士学位论文的基础上修改完成的，并得到教育部 2011 年度"长江学者和创新团队发展计划"创新团队项目（IRT1176）经费资助。回首博士研究生阶段学习过程中的点点滴滴，颇多的感慨涌上心头，难以言表的感激之情凝噎在喉，却不知如何才能请来生花的妙笔，助我一一写出内心深处满满的感恩。

还记得 2001 年初到杨凌的那个细雨蒙蒙的清晨，父亲用他有力的肩膀几乎扛起了我所有的行李，前行的身影因行李的重负而变得有些扭曲，可却丝毫未能影响他执着而略显匆忙的脚步。第一次出远门的我背着自己的双肩包，怯怯地跟在父亲的身后，不敢相信这个偏远的西部小镇就是我编织过无数次彩色梦想的大学。帮我安顿好一切，父亲陪我在这里吃的第一顿也是唯一一顿午饭，席间他点了几样平常最爱吃的小菜，尽管我努力地装作吃得津津有味的样子，可一想到饭后就要与父亲告别，曾经的最爱在那一刻却变得难以下咽。父亲起身准备离开的时候，我依然心有不甘地拉着父亲的衣角，诺诺地问"是否可以把我带回家?"时，父亲那坚定的眼神，让我知道，与杨凌，缘难了!

本科、硕士、博士，一年年春夏秋冬的轮回，一幅幅如花的景致总在不经意间美得令人心动，如痴如醉。学校悠久而浓厚的人文底蕴，蓬勃向上的精神面貌，一次次地洗涤着我的身心，修正着我这个在城里长大的孩子对农民、农村和农业的认识和情感。转眼间，十年前那个懵懂的少年，在母校的培养下，如今竟也走到了博士学习的最后关头。所以，第一声感谢，请允许我致给可亲可敬母校，感谢她十年如一日对我的培养和教诲!

第二声感谢，致给我尊敬的导师罗剑朝教授! 博士学习的每一个环节都倾注了罗老师大量的心血。罗老师富于新意的观点、敏锐的洞察力、渊博的学识、科学严谨的治学态度、亲切真诚的待人态度，都使我感到弥足珍贵和难忘。同时，在博士学习和本书的撰写过程中，经济管理学院的霍学喜教授、郑少锋教授、赵敏娟教授、李录堂教授、姚顺波教授、陆迁教授、朱玉春教授、王征兵教授、李世平教授、王礼力教授、杨立社教授、王静教授、姜志德教授、吕德宏教授的精彩授课以及对他们对本书后期的撰写和修改所给予的建议和指导都令我受益匪浅。另外，人文学院樊志民教授也对本书的写作提出了宝贵的建议。在此向他们致以由衷的感谢！同时，需要感谢的还有我的硕士导师周庆生教授！经管学院的白晓红、王军智等老师也对我给予了莫大帮助，在此向各位老师表示深深的谢意！

调研过程中经管学院 2008 级保险专业本科生孔孟麒、黄政、梁营营等 22 位同学和我的师妹赵雯给予了积极协助，使调研数据的搜集工作和基础资料的获取得以顺利开展。还有同学王磊玲、张云燕、马文博、刘震、冯颖、李立群、王云、师姐于转利、师弟何然、师妹王芹、王佳楣、师弟房启明、黎毅等，也都给予了无私的帮助，在此向他们表示深深的感谢！

读博士期间，我有幸获得国家留学基金委的资助以联合培养博士生的身份前往加拿大农业与农业食品部访问学习。在加拿大访问学习期间，我的合作指导导师 Yvon, Martel 博士用他渊博的知识从宏观方向和具体方法上都对我的学习和本书的写作给予了指导，还耐心细致地帮助我了解和学习西方社会的传统文化、风土人情。加拿大农业与农业食品部国际合作局的周坚强博士也对我的学习给予了很大帮助。另外，访加拿大期间，Johanne, Boisvert 女士、何山先生、马保罗博士、严威凯博士、郁庆博士、Neil, McLaughlin 博士、Khakbazan, Mohammad 博士，加拿大农场信贷（公司）的 Boswall, Anne 女士以及同期在加拿大农业与农业部学习的杜宇能、刘婷婷等同学也都从各自的研究领域和研究视角对本书的研究提出了有价值的建议，感谢他们对我的支持和帮助！

最后，我想向长期以来一直默默支持我的家人说一声："谢谢！"是他们数十年如一日，不断地鼓励和支持给了我莫大的前行动力，伴随着我一直走到今天。如今，父母亲的步履已日渐蹒跚，不再似从前那般执著有力，皱纹也早已爬满了他们的额头，根根银发无声地诉说着岁月的沧桑……感谢他们为我无私的付出。感谢我的爱人，他的支持和鼓励给予了我克服困难，不断进取的勇气！

感谢母校、感谢所有关心和帮助过我的老师、同学、朋友和至亲……

此时此刻，此书即将出版，我的内心深处满满的全是感恩，为母校、为所有给予我关心和帮助的良师益友和亲朋祝福和祈祷，你们所有的关心、帮助和支持，都将化作我今后人生旅程上勇往直前，无惧困难和挫折的勇气和动力！

王　芳
二〇一五年六月于郑州